# ANNALES DE L'INSTITUT DE PHILOSOPHIE
## ET DE SCIENCES MORALES

(UNIVERSITÉ LIBRE DE BRUXELLES)

La collection des *Annales de l'Institut de Philosophie et de Sciences Morales de l'Université libre de Bruxelles* est la lointaine descendante de la revue *Morale et Enseignement* fondée en 1951 sous la direction du professeur Jeanne Croissant-Goedert. De simple liasse de seize à vingt pages agrafées, elle est reliée et dotée d'une couverture à partir des n° 33-34 en 1960. Le n° 64 publié fin 1967 est le dernier de *Morale et Enseignement* proprement dit. Elle revient sous le titre *Annales de l'Institut de Philosophie* et la direction du professeur Chaïm Perelman en 1969. « Morale et Enseignement » apparaît désormais comme une sorte de sous-titre, reconnaissance symbolique du passé, car un éditorial souligne qu'il ne s'agit plus de se limiter à « des problèmes de morale » mais bien de pouvoir « couvrir la totalité du champ de la philosophie ». Les volumes sont annuels et, à partir de 1974, édités par Ch. Perelman et J. Sojcher. En 1979, les *Annales* deviennent thématiques et sont éditées par J. Sojcher et G. Hottois. En 1985, Gilbert Hottois devient le directeur de la collection qui quitte, en 1989, les Éditions de l'Université de Bruxelles pour être désormais publiée chez Vrin. C'est en 1992, avec le titre « H. Arendt et la Modernité », que les *Annales* acquièrent tout à fait leur forme actuelle : celle d'un livre collectif sur un thème ou un auteur traité par des spécialistes internationaux sous la responsabilité scientifique d'un coordinateur. La référence aux anciennes *Annales* n'apparaît plus qu'en pages intérieures. Il demeure cependant que depuis un demi siècle, la série de publications qui va de *Morale et Enseignement* à la collection d'aujourd'hui constitue un bon témoignage historique de l'activité philosophique à l'Université libre de Bruxelles.

# LIBERTÉ AU MOYEN ÂGE

**DANS LA MÊME COLLECTION**

ANNALES DE L'INSTITUT DE PHILOSOPHIE DE BRUXELLES

Directeur : Thierry LENAIN

# LIBERTÉ AU MOYEN ÂGE

*coordination scientifique*

**Odile Gilon et Christian Brouwer**

PARIS

LIBRAIRIE PHILOSOPHIQUE J. VRIN

6, place de la Sorbonne, V$^e$

2017

© *Librairie Philosophique J. VRIN*, 2017
*Imprimé en France*

ISSN 0778-4600
ISBN 978-2-7116-2782-0

*www.vrin.fr*

# INTRODUCTION

Il reste tant à apprendre de la question de la liberté au Moyen Âge. Elle se caractérise comme l'institution d'un problème philosophique à partir de contextes historico-doctrinaux, qui s'enchevêtrent autour des doctrines chrétiennes en un réseau philosophique éclectique de traditions, depuis l'aristotélisme jusqu'au néoplatonisme, en passant par le stoïcisme. Le statut de la notion de liberté dont ont hérité les modernes est donc le fruit de croisements dont il faut tenter de démêler l'écheveau.

La figure centrale de la définition médiévale de la liberté est celle d'Augustin. La liberté est pour lui une nécessité tout à la fois anthropologique et théologique. Si l'homme n'était pas libre, la présence du mal dans le monde ne s'expliquerait pas, puisqu'un Dieu bon ne crée que des choses bonnes. L'innocence divine, devenue paradoxalement le signe de la toute-puissance de Dieu qui ne veut *que* le bien, exige à rebours que l'homme soit libre de choisir le mal et l'introduise dans le monde. Le siège de la liberté humaine est dans la volonté humaine, lieu du péché et de la grâce. Mais la volonté humaine est une puissance impuissante car, tandis qu'elle veut le bien, elle n'en est pas capable, et lui préfère souvent le mal. Tandis qu'elle devait naturellement, selon l'ordre voulu par Dieu, s'élever vers la contemplation, l'acceptation et l'amour du principe premier, elle s'illusionne sur sa capacité à s'approprier les choses et s'abandonne à l'amour des biens matériels, croyant s'en rendre maître alors qu'elle s'en rend esclave. La liberté augustinienne demande dès lors d'assumer un paradoxe : la volonté est naturellement orientée vers le bien, mais elle ne peut plus s'orienter vers lui qu'avec l'aide de la grâce divine. Il lui faut, en d'autres termes, recevoir la grâce pour comprendre ce à quoi elle était pourtant naturellement destinée.

La théorie augustinienne de la liberté est le vivier de multiples questions. Prise entre la puissance de vouloir le mal si elle s'oriente d'elle-même et l'impuissance de vouloir le bien sans une aide divine extérieure, la volonté semble se définir comme une puissance qui peut le bien ou – tout autant – le mal. C'est ce que comprenait Pélage, et qu'exprimera la liberté d'indifférence chez les modernes. Il ne peut en être ainsi chez Augustin, puisque la volonté saisie dans sa nature propre et non déchue ne veut que le bien.

Ce n'est pas là l'unique difficulté de la théorie augustinienne. Comment comprendre par ailleurs l'impuissance de la volonté humaine à suivre sa propre nature ? D'un point de vue métaphysique, la question de la détermination de la volonté humaine par la volonté divine conduira certains penseurs médiévaux à définir une co-action des deux volontés, afin que la volonté humaine ne se réduise pas à une pseudo-volonté guidée par la seule volonté divine. Or ce problème se pose surtout à partir de la réception, au début du XIIIᵉ siècle, de la *Physique*, de la *Métaphysique* et de l'*Éthique à Nicomaque* d'Aristote, qui pose à nouveaux frais la question de la naturalité de l'acte de choisir et de son inclination vers le bien.

*Entre nature et volonté* : ainsi se dessine l'horizon médiéval de la liberté, dans un dialogue entre Augustin et Aristote. Thomas d'Aquin tentera une synthèse entre les deux points de vue, en réinscrivant la volonté au cœur de l'appétit naturel. À l'inverse, la lecture de Duns Scot, qui fait de la volonté une puissance auto-déterminante, aura tendance à scinder deux « domaines » différents – celui des causes naturelles et déterminées, et celui de l'autodétermination, propre à la volonté –, constituant ainsi les conditions d'apparition de la troisième antinomie de la *Critique de la raison pure* de Kant.

Or la question de la liberté ne se résout pas dans ce débat métaphysique ; il faut également résoudre le problème de la faiblesse de la volonté d'un point de vue éthique et théologique, celui qu'Aristote évoquait déjà comme *akrasia* et dont le christianisme augustinien a voulu qu'il s'agisse d'un péché co-naturel à l'homme.

L'ensemble de ces questions nous a conduit, les 17 et 18 décembre 2013, à croiser les réflexions de spécialistes de l'Antiquité et du Moyen Âge sur la question de la liberté, au cours d'une journée d'étude à l'Université Libre de Bruxelles, intitulée « Liberté au Moyen Âge. Autour des travaux d'Olivier Boulnois ». Il nous a en effet semblé fécond d'emprunter la méthode généalogique de lecture des textes avancée par Olivier Boulnois, et mise en œuvre dans ses récents travaux sur la liberté au Moyen

Âge, pour poser à nouveaux frais la question de la naturalité de la volonté au Moyen Âge[1].

La lecture généalogique des textes se situe au croisement entre histoire et philosophie au sens où opérer la généalogie d'une pensée, c'est se libérer d'elle afin de pouvoir construire ses propres énoncés philosophiques :

> Les problèmes deviennent insolubles lorsqu'on les laisse s'enraciner dans le temps. L'histoire nourrit le problème; il ne cesse plus de s'approfondir et de se ramifier; une fois ancré dans notre culture, il devient indéracinable. Mais le fruit principal de l'historien est de nous permettre d'apercevoir la genèse du problème : un même acte le rappelle à notre mémoire et l'absout.[2].

La composante historique revêt toute son importance méthodologique parce que relire c'est préciser, au sens poppérien d'une lecture qui se prête à la falsifiabilité – toute lecture trop générale ou englobante étant *a contrario* infalsifiable. C'est à l'aide de cette méthode que l'on peut notamment relire les thèses heideggériennes sur l'histoire de la philosophie, comme le propose Olivier Boulnois dans son ouvrage *Métaphysiques rebelles*, ou revoir l'évolution de la conception de l'image – comme il le fait dans *Au-delà de l'image*[3].

Prenons la question de la structure des métaphysiques comme illustration de cette méthode. Dans son ouvrage *Jean Duns Scot. Sur la connaissance de Dieu et l'univocité de l'étant,* partant d'une relecture de la construction scotiste de la métaphysique autour du concept d'univocité de l'étant comprise comme l'univocité d'un concept s'opposant à la notion d'indétermination de l'étant avancée par Henri de Gand (plutôt qu'à l'analogie thomiste), Olivier Boulnois montre qu'elle engage une structure extrêmement complexe de la métaphysique, qui ne doit la primauté de son objet qu'à un fragile équilibre fonctionnant par «jeu d'inclusions» des

---

1. Directeur d'études à l'École Pratique des Hautes Études, membre du Laboratoire d'études sur les monothéismes (LEM), dont il a été directeur de 2010 à 2013, Olivier Boulnois est membre du comité éditorial des *Œuvres complètes* d'Étienne Gilson aux éditions Vrin. Les axes de ses travaux sont la structure des métaphysiques médiévales, les théories de la représentation et de l'image, la liberté humaine et la faiblesse de la volonté. L'ensemble de ces recherches est aujourd'hui reconnu internationalement comme fondamental pour la compréhension de la pensée médiévale.

2. O. Boulnois, *Métaphysiques rebelles: genèse et structures d'une science au Moyen Âge*, «Épiméthée», Paris, P.U.F., 2013, p. 411.

3. O. Boulnois, *Au-delà de l'image : une archéologie du visuel au Moyen Âge, Vᵉ-XVIᵉ siècle*, «Des travaux», Paris, Seuil, 2008.

propriétés de l'étant, ne permettant de réduire la métaphysique à l'ontologie qu'au prix de cette acrobatie.

L'ouvrage *Être et représentation*[1], qui explique la genèse et l'émergence des structures de la théorie moderne de la représentation objective à
la charnière des XIII<sup>e</sup> et XIV<sup>e</sup> siècles, montrait déjà que la constitution
progressive de la métaphysique en théorie générale de l'objectité prendrait
ses racines dans la théorie scotiste de l'être objectif (*esse obiective*),
insufflant un tournant décisif qui, de la métaphysique comme cosmo-
théologie chez Thomas d'Aquin, conduirait à la métaphysique comme
science de l'objectité chez Duns Scot et ses héritiers modernes. Le débat est
initié, avec Jean-François Courtine, Ludger Honnefelder, Jan Aertsen, afin
de débrouiller les fils de l'écheveau métaphysique conduisant à la métaphysique transcendantale (*metaphysica transcendens*) qui a pour objet
l'être saisi dans un seul concept univoque, dépassant en généralité les
autres objets, et englobant Dieu comme sujet d'une métaphysique spéciale.
Or, là aussi les lignes droites sont à briser car, si le terme d'ontologie naît
plus tard chez Lohrard pour désigner la science du représentable, la science
de l'objet en général, la popularisation du terme par Goclenius au
XVII<sup>e</sup> siècle en reconduit inversement le sens à l'idée d'une science réelle
plutôt qu'une science du pensable. C'est donc le sens même de l'ontologie
qu'il faut revoir.

Dans *Métaphysiques rebelles*, c'est la thèse heideggérienne du destin
onto-théologique de la métaphysique qu'Olivier Boulnois propose de
relire. L'étude généalogique des métaphysiques médiévales montre que le
dédoublement de la métaphysique en ontologie et théologie n'est pas,
contrairement à ce qu'avance Heidegger, l'essence même de la métaphysique : l'idée d'onto-théologie doit elle aussi être historiquement
située, car c'est à partir de Duns Scot seulement que s'opérerait la disso-
ciation. Bien plus, plutôt que de parler de la métaphysique, il faut en
reconnaître la pluralité structurelle :

> [...] la pensée médiévale interdit une téléologie simple – l'accom-
> plissement d'une seule essence de la métaphysique qui se dispenserait
> (*Austrag*) dans l'histoire en vue de son avènement (*Ereignis*). [...] l'on
> pourrait alors se borner à invoquer la singularité rebelle des philosophies
> [...]. Je crois plus judicieux de constater que ces métaphysiques se

---

1. O. Boulnois, *Être et représentation. Une généalogie de la métaphysique moderne à
l'époque de Duns Scot*, « Épiméthée », Paris, P.U.F., 1999.

groupent en plusieurs structures, qui s'organisent autour d'une ou de plusieurs hypothèses fondamentales, mais selon leur histoire propre [1].

Trois structures déterminent les métaphysiques médiévales : l'une, théologique, identifiant la métaphysique à la théologie, l'autre « katholou-protologique », animée par une tension interne entre la primauté de l'universel et le premier en principe, et la dernière, proprement « onto-théologique ».

La méthode généalogique permet d'ailleurs d'aller plus loin : *Métaphysiques rebelles* montre non seulement que la métaphysique ne tombe pas sous un seul concept, mais qu'elle n'est pas non plus, dans ses formes médiévales, l'abandon de l'idéal antique de la philosophie comme sagesse, au profit d'une discipline théorique qui aurait pour nom « thé*ologie*»; pas davantage le *logos* grec ne s'évanouit-il dans cette époque qui a placé la révélation biblique au principe de sa pensée; pas davantage, enfin, le néoplatonisme, terreau conceptuel des pensées médiévales, ne constitue-t-il le dépassement de la métaphysique en vue d'une théologie – il doit au contraire être relu comme un mouvement qui peut la structurer de l'intérieur, pointant du sein même de la métaphysique la transcendance qui l'appelle.

Prenant appui sur cette méthode généalogique, la journée d'étude qui s'est tenue à l'U.L.B. s'est donnée pour enjeu de se pencher sur la *genèse de la notion de liberté*[2].

Nous avons ordonné les contributions composant ce volume de manière à ce que les études se répondent, en croisant les exigences chronologiques et la cohérence doctrinale, entre traditions augustiniennes et aristotéliciennes. La contribution d'Olivier Boulnois ouvre naturellement le volume.

Olivier Boulnois retrace dans son article la généalogie du concept de liberté et de volonté qui a conduit à la troisième antinomie kantienne. Les transformations successives imposées par Augustin, puis Duns Scot, au concept aristotélicien de *prohairesis*, d'action de plein gré, et d'*akrasia*, par le biais d'une constellation à la teneur progressivement éthique, puis

---

1. O. Boulnois, « Heidegger, l'ontothéologie et les structures médiévales de la métaphysique », *Le Philosophoire*, 9, 1999/3, p. 14.

2. Voir O. Boulnois, « Liberté, causalité, modalité. Y a-t-il une préhistoire du principe de raison ? », *Quaestio*, 2, 2002, p. 291-338; « La liberté fautive. La question de l'origine du mal, d'Augustin à Duns Scot », dans M. Mazoyer (dir.), *Le péché originel*, Paris, F. X. de Guibert, 2008 (« *Disputatio* 1 »), p. 79-97, qui convoque la dimension ontologique et psychologique de la volonté pour en dresser la genèse au travers de trois grandes figures (Augustin, Pierre de Jean Olieu, Jean Duns Scot).

métaphysique, conduisent la conception originaire de la liberté vers un destin dont elle devient prisonnière. Le premier infléchissement est la transformation augustinienne de l'éthique aristotélicienne de l'action de plein gré en éthique intériorisée, dirigée par l'intention, et qui trouve le lieu de l'action non plus dans la *prohairesis* ni les circonstances extérieures, mais dans la volonté elle-même. Joignant la volonté au libre arbitre, dont il fait un attribut, saint Augustin doit assumer le paradoxe selon lequel la volonté est le siège de l'action bonne ou mauvaise, alors que sa nature même n'est pas mauvaise. Cette position paradoxale, qui rompt avec le manichéisme, enfonce la volonté dans sa propre impuissance. Duns Scot pousse le geste jusqu'à donner une portée métaphysique à la volonté, pour en faire non seulement le siège de l'action (éthique augustinienne), mais aussi le siège de la contingence. Envisageant la question de la liberté comme devant être pensée à la manière d'un commencement absolu, Duns Scot creuse la distinction entre nature et volonté, qu'Augustin avait reprise de Cicéron, et la porte à son comble.

Abordant la question de la volonté chez Augustin, Isabelle Bochet revient sur le débat entre Augustin et Pélage à propos du libre arbitre. Elle soulève une difficulté dans l'interprétation d'Augustin en s'appuyant sur le *De spiritu et littera* et le *De gratia Christi et de peccato originali* : comment Augustin peut-il soutenir le rôle déterminant du libre arbitre et rappeler dans le même temps la faiblesse de la volonté humaine sans l'aide de Dieu ? Le libre arbitre, loin d'être supprimé par la grâce, est établi par elle. La question se traite à partir du rapport entre *potestas* et *voluntas* : si nous ne pouvons pas toujours ce que nous voulons, ni ne voulons exactement ce que nous pouvons, la volonté préside néanmoins à la puissance effective – incluant l'agir sous contrainte. Et ce vouloir se reporte ultimement à sa source comprise comme charité, Dieu lui-même, confirmant ainsi la nécessité de la grâce pour vouloir le bien. Nous n'avons aucun pouvoir sur les représentations qui s'annoncent à l'esprit; en revanche, notre pouvoir d'y consentir ou non est bien réel. Ce pouvoir propre à l'homme n'est pas un pouvoir d'indifférence au sens où l'homme aurait à décider par sa propre volonté de choisir entre Dieu et le péché; une *delectatio* ultime l'oriente, insufflée par Dieu lui-même, celle de faire le bien, qui revient à consentir à la nature propre de l'homme tel que créé par Dieu, et à connaître de cette manière la véritable liberté – tandis que la préférence pour les biens matériels détourne l'homme de sa vraie nature et le prive finalement de liberté en le conduisant à la dispersion. La volonté divine est en ce sens l'intime de la volonté humaine, plus intérieure qu'elle-même.

L'article suivant est consacré à Anselme de Canterbury, qui revisite les positions augustiniennes. Dans son étude, Bernd Goebel analyse la question de la faiblesse de la volonté chez Anselme, bien que celui-ci n'use pas des expressions augustiniennes. Il l'interprète comme une faiblesse de la persévérance, selon laquelle l'intention se modifie avant d'aboutir à l'acte, en la distinguant de la faiblesse de la motivation (Aristote) et de la faiblesse de l'exécution (Augustin). La faiblesse de la volonté s'analyse dès lors comme une incapacité à maintenir la volonté jusqu'à l'acte, même si dans tous les cas le pouvoir de la maintenir est conservé, fût-ce sous une forme très affaiblie. L'analyse se poursuit par les conditions de la (non-) persévérance de la volonté humaine, celle du juste et comme celle de l'injuste. Bernd Goebel décèle chez Anselme une distinction entre liberté de l'arbitre et liberté de la volonté. Définissant la liberté de l'arbitre comme « le pouvoir de garder la droiture de la volonté pour la droiture même », Anselme fait de la liberté de l'arbitre le pouvoir de la justice, un pouvoir faible puisqu'il suppose de posséder la droiture pour pouvoir la conserver. Pour faible qu'il soit, ce pouvoir garantit la responsabilité morale. Mais seul le pouvoir de ne pas pécher constitue la liberté de l'arbitre. En revanche, la liberté de la volonté, mise-en-acte de la volonté de l'arbitre, est la justice même. La volonté n'est jamais libre sans justice.

Sylvain Delcomminette remonte aux sources de la tradition aristoté-licienne et propose de revenir sur l'opposition devenue classique dans les études aristotéliciennes, entre la contingence et l'éthique, d'une part, et la nécessité et la science d'autre part. La thèse soutenue par l'auteur est que la responsabilité morale réfère au devoir et intègre donc la nécessité plutôt qu'elle ne s'y oppose. En effet, la responsabilité morale n'appelle ni la liberté ni la volonté chez Aristote, mais la *prohairesis*, qui s'assimile à un principe d'action interne à l'agent – et non à une faculté de choix entre les contraires. Or il n'y a *prohairesis* que si l'on agit en conformité au bien tel qu'il nous apparaît – le phénomène de l'*akrasia* venant temporiser le choix. Par ailleurs, ce n'est pas parce qu'elles dépendent de nous que nos actions sont contingentes, mais parce qu'elles sont contingentes qu'elles dépendent de nous : la contingence est certes une précondition de l'action éthique, mais n'en forme pas l'enjeu; il semble même au contraire qu'Aristote tente de limiter l'action de la contingence dans l'éthique. Selon sa composante corporelle, l'homme relève de la contingence propre à la matière, mais en tant qu'il accomplit la tâche qui lui incombe, à savoir celle d'accomplir l'intelligence qui lui est propre, il s'identifie et s'immortalise, certes de manière intermittente, en son *eidos*, acte de la pensée pure.

Or cette divinisation ne constitue pas la seule expression de la nécessité dans la vie éthique de l'homme ; en effet, Aristote identifie le bien en soi à la nécessité absolue elle-même, conduisant à l'idée, si souvent occultée dans les études aristotéliciennes, selon laquelle le devoir est le nexus de la vie morale, en tant qu'il agit selon la droite raison, en vue du bien. Il apparaît alors que la plus haute vertu est celle du devoir, qui n'est autre qu'une *restriction* du champ de la contingence, c'est-à-dire la plus haute liberté, comprise comme l'aspiration à *réaliser* la nécessité qui est l'essence même de l'homme.

Lambros Couloubaritsis propose de traiter la question de la volonté en changeant les perspectives habituelles. On a coutume de chercher chez les penseurs la présence ou l'absence de volonté, en usant de catégories sémantiques qui voilent la présence de l'idée de délibération ainsi que l'infléchissement de la notion de « sagesse pratique » (*phronèsis*) chez Aristote en *prudentia* chez Thomas d'Aquin. La sagesse pratique se caractérise par une bonne délibération (*euboulia*) de la volonté (*boulèsis*) visant à réaliser une fin bonne, fondée sur un *ethos* vertueux. Dans ce cadre, le critère de l'action atteste d'une limite qui n'excède pas le domaine de l'action dominée par la sagesse pratique (*phronèsis*), mais plutôt celui de l'homme politique qui cherche le bien des citoyens libres. Thomas d'Aquin infléchit cette notion, en remplaçant la problématique de la délibération par celle du conseil (*consilium/concilium*) et la problématique du *phronimos* (sage) par celle de l'homme prudent. La *prudentia* devient d'ailleurs l'une des quatre vertus cardinales – tandis qu'elle était chez Aristote une vertu intellectuelle transcendant les vertus éthiques. Cet infléchissement conduit à faire de la volonté la véritable source de la liberté, sous-déterminant la délibération au profit de la syndérèse.

Pour sa part, Jean-Marc Goglin s'attache à suivre l'évolution de la doctrine de Thomas d'Aquin sur la liberté. Sa contribution dresse un paysage détaillé de la conception de la liberté chez Thomas, déployant les efforts de l'Aquinate pour concilier l'idée d'une inclination naturelle du désir vers le bien (optique aristotélicienne) avec celle d'une volonté capable de faire le mal (optique augustinienne). Soulignant la nécessité théologique d'un libre arbitre comme sujet de la grâce, le *Commentaire sur les Sentences* porte l'arbitre au rang d'une faculté de la volonté, liant ainsi la dimension théologique de la liberté à l'anthropologie d'inspiration aristotélicienne de l'âme. L'arbitre est la capacité de jugement (au sens boécien) portant sur le choix (*electio*) des moyens aptes à mener à la fin voulue par la volonté. Le jugement est guidé par la syndérèse, entendue comme habitus des premiers principes. Dans le *De Veritate*, la volonté est prise sous son angle métaphysique aristotélicien, dans lequel elle est à nouveau pensée comme appétit *naturel* qui se porte vers le bien qui lui convient, rehaussé d'une dimension rationnelle (appétit supérieur) qui laisse la volonté libre des moyens. Dans la *Somme contre les Gentils*, le problème est posé en termes physico-métaphysiques. Thomas infléchit sa théorie de l'*operatio* vers l'idée d'une coaction entre volonté humaine et divine, où l'*operatio* est la causalité efficiente propre à l'acte humain, subordonnée à la cause première, divine, mais néanmoins condition de l'acte. La contingence des effets en garantit la liberté en raison de sa nature. Dans la *Somme de Théologie*, Thomas pose à nouveau la question de la liberté de l'arbitre, soutenant que seuls les actes délibérés sont véritablement libres. La volonté s'auto-détermine à vouloir les moyens, tout en étant naturellement portée à vouloir le bien et, s'unissant à lui, à atteindre la *fruitio*. Il y analyse l'*akrasia* comme la faiblesse de la volonté en dépit d'un jugement correct sur les principes. La liberté de l'arbitre demeure cependant inamissible et est capable de résister par la pratique de la vertu de tempérance. Il faudra cependant revenir sur ces thèses, suite aux attaques de Gauthier de Bruges et de Gérard d'Abbeville, pour que Thomas affirme à nouveau, dans le *De malo*, la liberté de vouloir ou de ne pas vouloir. Il y exprime la thèse originale d'une volonté précédant la délibération et celle de l'amour, principe déterminant au bien.

Enfin, Kristell Trego pose la question de l'ancrage métaphysique de la liberté chez les auteurs médiévaux, qui voit son acmé lors de la réception de la pensée d'Aristote au XIIIᵉ siècle. L'ouverture de la notion de liberté à l'idée d'indétermination de la volonté chez les auteurs franciscains exige certains réaménagements conceptuels de la pensée aristotélicienne pour passer de l'idée de l'indétermination comme défaut (l'indétermination de la matière) à l'indétermination comme ouverture à l'ensemble des possibles. Conçue comme marque de perfection, l'indétermination de la volonté pose également un problème théologique, puisque la créature partage l'infinité avec le créateur. La question est d'abord posée par Henri de Gand. L'indétermination propre à tout être sensible prend la forme d'une auto-détermination lorsqu'il s'agit d'êtres doués d'un intellect, sans toutefois rejoindre l'excès d'infinité que représente le divin. Cette prérogative de la volonté humaine devient chez Duns Scot le moyen de déplacer les frontières du problème, en posant comme distinction métaphysique première celle de la nature (déterminée) et de la volonté (autodéterminée), sans gommer pour autant ce qui sépare l'illimitation de la volonté créée de l'infinité de la volonté divine.

Christian BROUWER et Odile GILON
Université Libre de Bruxelles

## DÉSIRER LA VÉRITÉ.

### DU LIBRE ARBITRE À LA LIBERTÉ
### SELON ARISTOTE, AUGUSTIN ET DUNS SCOT

Sommes-nous libres?

Cette question simple est devenue si difficile qu'elle résonne comme une incongruité. Elle pose de sérieuses difficultés. D'une part, elle suppose que nous puissions nous entendre sur une *définition* de la liberté. Qu'est-ce qu'être libre? Est-ce le pouvoir de choisir, de faire ce que nous voulons? Ou bien est-ce la caractéristique des hommes libres, l'affranchissement de toute servitude morale et politique?

D'autre part, elle suppose que nous puissions résoudre la troisième antinomie kantienne[1]. L'action de l'homme est-elle toujours déterminée par ses causes, ou bien peut-elle s'expliquer par un commencement sans cause? Le principe de raison admet-il des exceptions ou non?

La question est difficile, mais nous ne pouvons pas manquer de la poser. C'est d'ailleurs ce qui caractérise les antinomies chez Kant : elles répondent à un besoin de la raison, un besoin de comprendre ce que nous ne pouvons pas connaître – l'origine de notre être, l'origine secrète de nos actions. – Mais ce qui est plus essentiel encore, c'est *d'apercevoir le dispositif*, que Kant lui-même situe au sommet de la métaphysique, par lequel vient se construire cette alternative, et que la philosophie anglo-saxonne appelle une alternative entre «déterminisme» et «libertarianisme». L'antinomie de la liberté suppose un sujet; ce sujet possède une faculté psychique, la volonté; et la volonté est cause de l'action. La question de la

---

1. Kant, *Critique de la raison pure*, «Antithétique de la raison pure», «Troisième conflit des idées transcendantales», A 444/B 472, Ak. III, 308, trad. fr. A. Delamarre et F. Marty, dans *Œuvres Philosophiques*, t. I, «Bibliothèque de la Pléiade», Paris, Gallimard, 1980, p. 1102-1105.

liberté se pose donc à l'intérieur du concept de cause, le problème étant de savoir si nature et volonté sont l'une et l'autre des causes soumises au principe de causalité, ou si le déclenchement de la volonté fait *exception* à ce principe.

Ces questions, nous ne pourrons pas les résoudre aujourd'hui. Mais il y en a une dont dépendent toutes les autres, c'est celle du libre-arbitre, de la liberté de décider et de choisir entre diverses options. En effet, il semble vain d'espérer une libération de la servitude, qu'il s'agisse d'une libération éthique des passions ou d'une libération politique de l'oppression, si celle-ci ne peut pas venir de nous. Il semble vain d'espérer une libération de la contrainte, si nous n'avons pas le choix de nos décisions. Comme dit Aristote, dans l'*Éthique à Eudème,* si « la beauté d'une vie » ne dépendait pas de nous, « beaucoup de gens ne pourraient l'espérer »[1]. La possibilité d'agir de plein gré est pour Aristote la clé d'un phénomène fondamental, l'espoir. Tout espoir repose sur l'idée qu'une partie de l'avenir dépend de nous. Et sans espoir, il n'y a pas de vie digne d'être vécue. Le roman de Malraux, *L'Espoir,* est d'ailleurs truffé de réflexions sur ce thème : « l'âge du fondamental recommence. [...] La raison doit être *fondée à nouveau* »[2].

Trois questions permettront de transformer cette énigme en une série d'analyses.

Comment est né le concept de libre arbitre ?

Comment surgit l'opposition entre nature et volonté, entre désir et liberté ?

Qu'est-ce que la faiblesse de la volonté, et celle-ci est-elle irrémédiable ?

Comment est né le concept de libre arbitre ?

L'expression « libre arbitre » est attestée dans la littérature latine, au sens courant de faculté de choisir[3]. Dans son traité *Sur la clémence,* Sénèque explique que le sage ne pardonne pas, car pardonner au coupable

---

1. Aristote, *Éthique à Eudème* I, 3, 1215 a 13-15 (la plupart des traductions citées dans cet article sont corrigées).

2. A. Malraux, *L'Espoir,* Paris, Gallimard, 1937, rééd. Folio, s. d., p. 323 (les italiques sont de l'auteur).

3. Depuis Tite-Live, *Histoire romaine* VIII, 2, 3, il s'agit d'une alliance entre les peuples du Latium et les Samnites : « à l'égard de Sidicius, on laisse au peuple samnite son libre droit de paix ou de guerre (*pacis bellique liberum arbitrium*) » – comprenons, sa faculté de choisir la paix ou la guerre. *Cf.* XXI, 11, 17 : des ambassadeurs sont envoyés pour dicter les conditions de paix « le peuple romain leur laissant tout pouvoir (*liberum arbitrium*) à cet égard ».

le rendrait lui-même injuste. En revanche, il peut faire preuve d'indulgence : « la clémence a son libre arbitre (*liberum arbitrium*), elle ne juge pas d'après une règle, mais selon l'équité et la bonté »[1]. L'expression signifie clairement une marge d'appréciation, la possibilité d'opter pour un adoucissement.

Mais c'est chez les Pères de l'Eglise que l'expression devient vraiment un *concept*, parce qu'elle s'insère au sein d'un complexe problématique, celui de la responsabilité, de l'éthique et du choix. – Tertullien s'efforce de réfuter la gnose de Marcion, coupable à ses yeux d'opposer deux principes, un Dieu bon et séparé, et un Dieu créateur, responsable du mal dans le monde. Contre ce dualisme, Tertullien soutient que le Dieu unique est à la fois bon et créateur. L'origine du mal ne doit donc pas être imputée à Dieu mais à l'homme : « Je trouve l'homme créé par Dieu, libre par sa décision et par son propre pouvoir (*liberum et sui arbitrii et suae potestatis*) »[2]. Le créateur est bon, car il est innocent des fautes de l'homme ; celui-ci ne peut donc pas en rejeter la responsabilité sur un Dieu mauvais[3]. Dès l'origine, la doctrine du libre arbitre est une théodicée à elle toute seule :

> Si nous prenons pour fondement le libre pouvoir de l'homme, qui consiste en son choix (*liberam hominis potestatem arbitrii sui*), c'est pour qu'on n'aille pas imputer à Dieu mais à lui-même [l'homme] ce qui lui est arrivé[4].

L'argument se trouvait déjà chez Irénée : l'homme est doué de raison ; il a été « créé libre dans sa décision (*liber in arbitrio*), et en son propre pouvoir (*suae potestatis*) ; il est pour lui-même cause de ce qu'il devient »[5]. L'homme est cause de ses actes, qui le rendent bon ou mauvais, il a donc

---

1. Sénèque, *La Clémence* II, 7, 3.

2. Tertullien, *Contre Marcion*, II, 5, 5, trad. fr. R. Braun, Paris, Cerf, 1991 ; SC 368, 45.

3. Même doctrine chez son contemporain Clément d'Alexandrie, *Stromates* I, 17 ; 83, 5 : « Ni les éloges, ni les blâmes, ni les honneurs, ni les punitions ne sont justes, si l'âme n'a pas la puissance (*exousia*) de poursuivre et de fuir, et si la méchanceté est involontaire. » « Et ainsi, Dieu est au plus haut point non-responsable (*anaition*) de notre méchanceté. » (84, 1 ; ce texte est cité par Schopenhauer comme le plus ancien témoignage de cette problématique, mais l'expression se trouve déjà chez Philon, *Quaestiones in Exodum* I, 23 ; éd. et trad. fr. A. Terian, Paris, Cerf, 1992, p. 100-101 : « nous ne devons d'aucune façon attribuer à la divinité la cause du mal »). *Cf.* Platon, *République* X, 617 c : « Dieu n'est pas responsable, la responsabilité incombe à celui qui choisit », repris par tout le moyen platonisme, et cité chez les Pères de l'Église, dès l'*Apologie* de Justin I, 44, 8 (SC 507, 245).

4. Tertullien, *Contre Marcion*, II, 6, 1 (SC 368, 49).

5. Irénée, *Contre les Hérésies* IV, 4, 3, trad. fr. A. Rousseau, Paris, Cerf, 1965 ; SC 100**, 424 (trad. modifiée). La rétroversion grecque traduit *eleutheros tên gnomên kai autexousios*, mais peut-être le latin est-il encore une fois un hendiadys ; dans ce cas, *autexousios* suffirait.

la capacité de décider, et ce qu'il devient est en son propre pouvoir. Un fragment conservé en grec affirme que l'Écriture montre « la libre disposition de soi-même propre à l'homme » (*to autexousion* [...] *tou anthropou*), ce qui est traduit : *liberum et suae potestatis* [...] *hominem*. La traduction latine du texte d'Irénée est remarquable ; le grec *autexousion*, « disposant de soi-même », difficile à traduire parce qu'il condense deux idées, celle de puissance d'agir (*exousia*), et celle d'agir par soi-même (*autos*) a précisément été rendu par un *hendiadys* : « libre et en son propre pouvoir ». Dieu remet l'homme en son propre pouvoir, il l'exhorte au bien mais ne l'y contraint pas. Dans la création s'exprime à la fois « notre faiblesse (*infirmitas*) et le fait d'être remis à notre propre pouvoir (*quod essemus nostrae potestatis*) » – autre traduction possible de *autexousion*[1]. Or, depuis Cicéron, « en notre pouvoir » *in nostra potestate*) traduit aussi le grec : « ce qui dépend de nous » (*eph' hêmin*). Les trois concepts sont noués ensemble.

Irénée s'appuie sur un rapprochement avec le vocabulaire grec de la liberté. Selon Irénée, saint Paul

> enseigne ainsi la liberté de l'homme (*to eleutheron tou anthropou*) en vertu de laquelle tout est loisible, puisque Dieu ne le contraint pas. [...] S'il n'était pas en notre pouvoir de *faire* ou de *ne pas faire* ces choses, quelle raison aurait donc eue l'Apôtre [...] de nous conseiller de poser certains actes et de nous abstenir d'autres ? Mais l'homme est libre dans sa décision (*sententia*) depuis le commencement[2].

*Liber* traduit d'abord une pleine disposition de soi-même, à condition d'être associé (dans la traduction) à « ce qui dépend de nous ». Mais *libertas* indique un pouvoir d'agir ou de ne pas agir, qui provient de la « décision ». Chez Irénée, le terme s'oppose, non à la nécessité, mais à la contrainte (une force venue du dehors). Il existe donc une ambiguïté entre l'adjectif « libre » et le substantif « liberté ».

La liberté de l'homme revêt quatre caractères :

– elle se caractérise d'abord par l'absence de contrainte ;
– elle inclut « ce qui dépend de nous » ;

---

1. *Contre les Hérésies* IV, 38, 4 (SC 100**, p. 960). La rétroversion grecque porte : *to asthénès hemôn kai autexousion*. Ici, le terme grec n'est pas traduit par un doublon.
2. *Contre les Hérésies* IV, 47, 4 (SC 100**, 928, incluant le fragment grec 21) qui commente Paul : « Tout m'est loisible (*panta moi exestin*) mais tout n'est pas profitable » (I *Corinthiens* 6, 12).

– elle est une liberté des contradictoires, agir ou ne pas agir : « il est en notre pouvoir de faire ces choses ou de ne pas les faire »[1] ;
– elle implique une « disposition de soi-même ».

Les trois premiers caractères de la liberté correspondent exactement à un phénomène qu'Aristote n'appelait *pas* liberté, ni choix, ni libre arbitre, mais l'action *qui dépend de nous (eph' hemin)*[2] : une « action de plein gré », sans contrainte. L'action de plein gré est celle que nous pouvons accomplir ou non. – Le dernier reprend exactement l'analyse d'Alexandre d'Aphrodise, qui met en avant le concept d'*autexousia*. Ce que le latin appelle libre arbitre s'identifie avec « ce qui dépend de nous », c'est-à-dire avec l'action « de plein gré » chez Aristote, et avec la « disposition de soi » chez Alexandre.

Ainsi, le terme « libre arbitre » (*liberum arbitrium*) surgit dans la langue latine, au sens de libre décision, pour *traduire* un concept et un problème qui appartient à un autre champ sémantique, celui de l'*autexousia* (la disposition de soi-même). Le libre arbitre apparaît *dans l'épaisseur de la traduction,* car *autexousion* en grec n'est pas du champ lexical de la liberté. L'ajout en latin de l'adjectif « libre » montre que le concept de libre arbitre est un concept *romain, et non grec.*

Ce que nous appelons question du libre arbitre, c'est la surimpression vertigineuse de plusieurs problèmes véhiculés par des concepts radicalement différents en divers contextes :

1. Nous rencontrons d'abord le problème aristotélicien : à quelles conditions puis-je affirmer qu'une action a été faite de plein gré, et non pas malgré moi, dans l'ignorance et la contrainte ?

2. Puis la disposition de nous-mêmes (*autexousia*), dans un espace qui se déploie entre les stoïciens et Alexandre d'Aphrodise : si tout ce qui arrive est déterminé par des causes, mon action peut-elle faire exception à la règle ?

3. Enfin, chez Irénée et Tertullien, dans un contexte théologique, nous trouvons, contre la gnose, le thème de l'innocence de Dieu : si Dieu est créateur et bon, le mal ne vient pas de lui, mais de nous, c'est-à-dire de notre libre arbitre.

---

1. Ce qui évoque Aristote, *Éthique à Eudème* II, 10, 1226 b 30-31.
2. Aristote, *Éthique à Nicomaque* III, 1, 1110 a 15-17.

Nietzsche a partiellement raison, quand il affirme que le libre arbitre est une invention de théologiens pour nous rendre responsables de nos actes[1]. Il est facile de vérifier que les théologiens, depuis Irénée jusqu'à Duns Scot, soutiennent que l'homme est responsable, donc libre. Mais il s'agit *aussi* de méditer la sentence platonicienne : « la responsabilité appartient à celui qui choisit (*aitai elomenou*), et Dieu n'est pas responsable (*ho theos anaitios*) »[2]. Ainsi, en qualifiant ce concept de théologique, Nietzsche n'aperçoit que la partie émergée de l'iceberg. En profondeur, la problématique est platonicienne, et l'outil conceptuel utilisé pour y répondre provient d'Aristote, lu à la lumière d'Alexandre d'Aphrodise. Que cette démarche soit attestée chez les théologiens ne prouve pas qu'elle soit théologique par essence. Bien au contraire, ce que nous appelons « théologie » s'est longtemps pensé comme une « philosophie chrétienne »[3]. L'exigence d'une responsabilité de l'agent est d'abord platonicienne. Lorsqu'ils affirment que la responsabilité incombe à celui qui choisit, et que Dieu n'est pas responsable, les Pères font écho à la philosophie de Platon.

Dans quel champ de problématisation le concept de libre arbitre intervient-il chez Augustin ? Augustin s'inscrit déjà dans l'horizon de ce que Leibniz appellera une *théodicée*[4] : un traité sur la bonté de Dieu et l'origine du mal, le libre arbitre expliquant le passage de l'un à l'autre. Dans son *Traité du libre arbitre*, Augustin débat avec les Manichéens. Ceux-ci partent de deux prémisses : 1) Le Dieu transcendant est bon ; 2) Notre monde se caractérise par l'expérience du mal. Dès lors,

---

1. Nietzsche, *Crépuscule des idoles* 7 : « *Les quatre grandes erreurs du libre arbitre.* – Nous n'avons plus aujourd'hui aucune espèce de compassion pour le concept de *libre arbitre* ; nous savons trop bien ce qu'il est : le tour de passe-passe des théologiens le plus suspect qu'il y ait, afin de rendre les hommes *responsables* en leur sens ; ce qui veut dire : les rendre *dépendants d'eux* [...]. Les hommes ont été pensés comme « *libres* », pour pouvoir être jugés, pour pouvoir être punis – pour pouvoir être *coupables* : par conséquent toute action *devait* être pensée comme voulue, l'origine de toute action comme se trouvant dans la conscience. » (Je traduis).

2. Platon, *République* IX, 771. Il s'agit ici du choix des genres de vie par les âmes, mais le moyen platonisme et les Pères en ont fait un principe universel.

3. *Cf.* O. Boulnois, « *Philosophia christiana*. Une étape dans l'histoire de la rationalité théologique », *Augustin, Philosophe et prédicateur, Hommage à Goulven Madec*, Paris, Institut d'Études augustiniennes, 2012, p. 349-369 ; « Libération de la théologie. Remarques philosophiques sur une histoire », *Théophilyon, Revue des facultés de théologie et de philosophie de l'université catholique de Lyon*, 19, 2014, p. 97-119.

4. Leibniz, *Essais de théodicée, sur la bonté de Dieu, la liberté de l'homme et l'origine du mal*, 1710.

3) ce monde n'a pas été créé par le Dieu transcendant, mais par un principe mauvais. Par conséquent, 4) *le mal fait partie de la nature*, en tant qu'elle est créée. Augustin maintient les deux thèses primordiales : Dieu est bon et le mal existe, mais il nie la conséquence (3) : c'est le même Dieu qui est bon *et créateur* (non-3). Par conséquent, *le mal ne fait pas partie de la nature* (non-4) ; il est donc l'œuvre de l'homme. Il faut donc qu'il y ait en l'homme un principe historique (et non naturel) du mal.

Avant Augustin, le terme de *voluntas* a reçu diverses inflexions. Épicurienne : il désigne un principe d'action libre chez Lucrèce. Stoïcienne : il signifie un souhait rationnel chez Cicéron et Aulu-Gelle, est associé à la volonté bonne chez Sénèque. Le pas décisif sera accompli par Augustin, qui reconnaît l'ambivalence morale de la volonté, et la possibilité d'une *volonté mauvaise,* à partir des controverses contre Pélage et ses partisans[1]. Néanmoins, pour Augustin comme pour Cicéron, la volonté n'est pas la capacité de choisir entre un bien et un mal ; nous ne voulons quelque chose que dans la mesure où elle nous apparaît comme bonne. Dans le *De Sermone Domini in monte* (fin 393-début 395), la volonté se caractérise par le bien : « il n'y a de volonté que dans ce qui a été de bonnes [actions], car quand il s'agit de mauvaises, on parle proprement de convoitise, et non de volonté »[2]. Même si ce point est oblitéré par les traductions, Augustin parle de « mal vouloir » (*male velle*), et non de « vouloir le mal » (*malum velle*)[3] : *voluntas mali* ne semble pas exister chez lui. Il apparaît pour la première fois dans un commentaire anonyme du IXe siècle[4], est repris chez Abélard[5] puis saint Thomas d'Aquin[6].

---

1. Augustin, *Les Confessions* VII, 3, 15 (BA 13, 586) ; *Sur les mérites et la rémission des péchés* 18, 30 (BA 20/A, 296) ; Cf. *Cité de Dieu*, XII, 6 (BA 35, 170).

2. Augustin, *De Sermone Domini in monte* (II, 22, 74) : « Voluntas non est nisi in bonis ; nam in malis flagitiosisque factis cupiditas proprie dicitur, non voluntas ».

3. Augustin, *Les Confessions* VII, 3, 15 (BA 13, 586).

4. *Anonymi in Matthaeum,* éd. B. Lösfedt, CCCM 159, Turnhout, Brepols, 2003, p. 77 (sur Matthieu 7, 23) : « non dixit : Qui operati estis aut fuistis, sed "qui operamini", hoc est qui in uestris malis actibus perseuerastis, qui non *uoluntas mali operis* in uobis defuit ».

5. Abélard, *Ethica, seu liber dictus : Scito teipsum* 1, 4 : « Set fortassis inquies, quia et *uoluntas mali* operis peccatum est, quae nos apud deum reos constituit, sicut uoluntas boni operis iustos facit, ut, quemadmodum uirtus in uolonte bona, ita et peccatum in mala consistat, nec in non esse tantum, uerum eciam in esse sicut et illa » (je souligne).

6. Thomas, *De malo* a.3, art.12 ad 5 : « In eo autem qui peccat ex infirmitate, *voluntas mali* non est primum principium peccati, sed causatur ex passione : sed in eo qui peccat ex malitia, *voluntas mali* est primum principium peccati, quia ex se ipso et per habitum proprium inclinatur in *voluntatem mali*, non ex aliquo exteriori principi » (je souligne).

Le concept de libre arbitre apparaît tard dans le traité du même nom, vers la fin du livre I. L'action humaine ne devient mauvaise qu'en se soumettant à la passion. Mais notre raison, *par nature*, n'est pas soumise à la passion; le désir est inférieur, et n'a pas le pouvoir de nous soumettre à lui. Par conséquent: «La seule chose qui fasse de l'esprit l'associé du désir, c'est la volonté propre et le *libre arbitre*»[1]. La destinée éthique de l'homme repose sur une puissance distincte du désir et de la raison, à laquelle Augustin attribue la capacité de décider (*arbitrium*): la volonté. Dans ce passage, la «*voluntas bona*» est le *souhait* juste «par lequel nous désirons vivre droitement et honorablement, et parvenir à la sagesse suprême»[2]. Comme les stoïciens, Augustin identifie le souhait juste au désir d'une vie droite et honorable. Or cette faculté se réalise elle-même, elle est auto-performative: pour parvenir à la volonté bonne, nous n'avons qu'à le souhaiter[3].

Dans la suite du traité, la volonté est identifiée à l'instance décisive du moi: «je ne trouve vraiment pas ce que je pourrais appeler *mien*, si la volonté, par laquelle je veux et ne veux pas (*uolo et nolo*) n'est pas mienne»[4]. Augustin souligne qu'elle possède le pouvoir des contraires (vouloir et rejeter). Entre le livre I et le livre III du *Traité du libre arbitre* s'est accompli un tournant. Comme le montre le *De spiritu et littera*, la volonté est devenue la clé de l'action, elle-même capable d'agir par soi-même: «Si elle veut, elle agit; si elle ne veut pas, elle n'agit pas»[5]. Elle est capable des contradictoires (vouloir ou ne pas vouloir, agir ou ne pas agir), et des contraires (vouloir une chose ou son contraire). La transformation augustinienne est claire: pour Augustin, la volonté n'est plus l'apanage du sage stoïcien qui agit et vit selon la raison, mais elle est devenue un principe universel.

La volonté peut se tourner vers les réalités éternelles les plus nobles ou vers les réalités temporelles et les actions les plus viles[6]. En la caractérisant comme propre, Augustin ouvre la voie à l'idée qu'elle a pu se détourner du

---

1. Augustin, *Le libre arbitre* I, 11, 21 (BA 7, 234).
2. *Ibid.*, I, 12, 25 (BA 7, 238); il s'agit d'une réminiscence de l'*Hortensius* de Cicéron (*cf.* G. Madec, «Note complémentaire 11», p. 555), mais aussi d'un écho à la «volonté droite et bonne» de Sénèque.
3. Augustin, *Le libre arbitre* I, 13, 29 (BA 7, 249): «posséder ce qu'il veut n'est rien d'autre que de le vouloir».
4. *Ibid.*, III, 1, 3 (BA 7, 386), je souligne.
5. Augustin, *De spiritu et littera* 31, 53.
6. Augustin, *Le libre arbitre* I, 15, 32 (BA 6, 256) et 16, 35 (BA 6, 260).

bien commun[1]. Augustin dégage les conséquences du caractère central de la volonté : « Si par *elle*, j'agis mal, à qui ce mal doit-il être attribué, sinon à *moi* ? »[2]. Le problème est celui de l'attribution des prédicats moraux : comment remonter, comme dirait Nietzsche, de l'*action* bonne ou mauvaise au *moi* comme bon ou mauvais ? – En nous concentrant sur ce qui, en nous, est source de l'action : la volonté. Si une action provient de la volonté, on peut m'en attribuer l'éloge ou le blâme. Dès lors, la volonté constitue le support des actions dont le mérite m'est attribué, le principe de toutes les attributions morales. Elle fonde *l'identité éthique* de l'homme.

La volonté se superpose au désir, c'est elle qui permet d'y consentir ou non, sur le modèle de l'assentiment stoïcien. Le libre arbitre n'est pas d'abord une *capacité de choisir* une chose ou son contraire, un bien ou un mal, c'est une puissance de choisir entre divers biens, qui appartient à la volonté même.

Pourquoi un *libre arbitre* est-il attribué à *la volonté* ? En associant libre arbitre et volonté, Augustin réussit une synthèse entre deux traditions : le *liberum arbitrium* des Pères, et le concept de *voluntas*. Le terme « libre » ne désigne pas un terme absolu, mais une relation, même si c'est de manière négative : être « libre de », c'est être « délié de », « détaché de ». L'attribut « libre » se dit d'autres puissances que la volonté. Augustin lui-même parle de l'esprit qui « juge librement » ses propres images, au sens d'un jugement détaché, accessible, et non déterminé par ces images elles-mêmes[3]. D'autre part, la liberté n'a pas de sens absolu ni de valeur en soi : Augustin, citant Paul (*Romains* 6, 20), souligne que nous pouvons être tantôt « libres à l'égard de la justice » et « esclaves du péché », et tantôt « libérés du péché », et « esclaves de la justice »[4]. La liberté est relative, et change de sens selon le terme auquel elle se rapporte. Comme dira Pascal, l'homme est « ou esclave du péché, ou esclave de la justice », « et partant jamais libre de l'un

---

1. Chez Augustin, l'appropriation est déjà l'esquisse de la faute ; *cf.* O. Boulnois, « *Sans qualités. Le moi pauvre selon Augustin, Bernard, Eckhart* », dans Ch. Erismann, A. Schniewind (éd.), *Compléments de substance, Études sur les propriétés accidentelles offertes à Alain de Libera*, Paris, Vrin, 2008, p. 299-321 ; le concept de « volonté propre » fait écho à Plotin : « le principe du mal », pour les âmes, c'est « la volonté d'être à elles-mêmes », *Ennéades* V, 1 [10], 1, 1.5, éd. et trad. fr. É. Bréhier, Paris, Les Belles Lettres, 1967, t. 5, p. 15.

2. Augustin, *Le libre arbitre* III, 1, 3 (BA 6, 386), je souligne.

3. Augustin, *Sur la Trinité* X, 5, 7 (BA 16, 136).

4. Augustin, *De la correction et de la grâce* XIII, 42 (BA 24, 364), puis XII, 35 (BA 24, 350).

et de l'autre »[1]. La liberté n'est pas neutre ; elle n'est pas une indépendance absolue ; elle est toujours mêlée de détachement et d'attachement.

Mais qu'est-ce que le libre arbitre ? De façon remarquable, le *Traité du libre arbitre* retarde l'apparition de ce concept. Le livre I n'en parle qu'une fois. Et pourtant, non sans aplomb, Augustin écrit en conclusion de ce livre : « Il me semble voir achevé et résolu le problème que nous avions décidé de traiter : d'où vient que nous agissions mal ? [...] L'argumentation a montré que nous agissons ainsi par le libre arbitre de la volonté »[2]. Contrairement à ce que croient les manichéens, ce n'est pas notre nature, mais notre volonté, qui est à l'origine du mal. Le concept de volonté *à lui seul* permet d'*innocenter Dieu* en expliquant comment l'homme est *responsable* du mal. L'addition du concept de libre arbitre, qui n'est qu'un attribut de la volonté, et qui n'est pas appelé par l'analyse du livre I, permet de conclure la première partie en la rattachant au nouveau titre de l'ouvrage. Ainsi, la *première occurrence* du concept de libre arbitre apparaît comme un moment crucial de la réflexion sur l'origine du mal. C'est une formidable invention, d'autant plus soudaine qu'elle constitue en réalité une *anticipation* sur la suite du dialogue.

L'expression revient dans l'introduction du livre II, puis elle disparaît, pour reparaître, cette fois-ci abondamment, dans le livre III. Il existe une explication à cette étrange élision : au cours de la rédaction du traité (qui a duré entre trois et huit ans), Augustin a changé de projet : alors qu'il prévoyait un ouvrage sur l'origine du mal, il a finalement donné un livre centré sur le libre arbitre. – Si l'on veut comprendre pourquoi Augustin a inventé son concept de libre arbitre, il faut répondre à la question : comment est-il passé d'une première rédaction, qui a circulé sous le titre « *D'où vient le mal ?* », et où le libre arbitre ne jouait qu'un rôle marginal, à la seconde rédaction, centrée sur ce concept ? Et quel est le motif de ce décentrement du traité, qui tourne désormais autour du libre arbitre ? Il faut

---

1. Pascal, *Écrits sur la grâce. Œuvres complètes*, II, éd. M. Le Guern, « Bibliothèque de la Pléiade », Paris, Gallimard, 2000, p. 272.

2. *Le libre arbitre* I, 16, 35 (BA 6, 262). Sur cette évolution, voir O. du Roy, *L'intelligence de la foi en la Trinité selon saint Augustin. Genèse de sa théologie trinitaire jusqu'en 391*, Paris, Études Augustiniennes, 1966. Augustin a commencé à Rome, entre 387 et 388, une série d'entretiens sur l'origine du mal, qui constituent sans doute la base du livre I. Mais il a achevé l'ouvrage (les livres II et III) en Afrique, entre 391 et 395. O. du Roy suppose qu'il a introduit le concept de libre arbitre, dans le cours du livre III, puis qu'il a inséré le concept en conclusion du livre I et au début du livre II, pour unifier l'ouvrage et justifier son titre. Cependant on peut aussi supposer que la nouvelle rédaction (avec l'insertion du libre arbitre) commence avec le livre II.

chercher ce second foyer ailleurs. On le trouve dans d'autres traités contre les Manichéens, publiés entre la première et la seconde rédaction.

Certes, le concept de libre arbitre était déjà connu d'Augustin. Dès le traité *Sur la grandeur de l'âme* (388), il signalait que même les adversaires du libre arbitre usent de celui-ci pour le nier :

> Car l'âme a reçu le libre arbitre, et ceux qui s'efforcent de ruiner celui-ci par leurs raisonnements vides, sont aveugles au point qu'ils ne comprennent pas que c'est par leur volonté propre qu'ils profèrent ces propos vains et sacrilèges[1].

Mais Augustin ne lui donnait qu'une portée restreinte; le libre arbitre n'était pas encore le centre de l'analyse éthique et la clé de l'origine du mal.

Augustin lui-même nous apprend que le concept de libre arbitre lui a été suggéré par saint Ambroise[2]. Mais son analyse a été conquise de haute lutte : il a réélaboré pour lui-même sa signification, dans d'autres traités rédigés entre-temps contre les manichéens. Ceux-ci expliquent l'origine du mal par un drame cosmique, la lutte entre deux *natures*, l'une bonne et l'autre mauvaise : le principe mauvais est la cause des natures mauvaises, et lorsque nous faisons le mal, c'est la nature mauvaise qui prédomine sur la bonne, tandis que lorsque nous faisons le bien, c'est l'inverse. Mais alors, c'est cette *nature* qui m'impose le mal ; donc je n'en suis pas la *cause*, c'est-à-dire que je n'en suis pas *responsable* ; le responsable ou la cause est un mauvais démiurge, créateur d'une nature mauvaise. Expliquer le mal comme un effet des natures, c'est ne rien expliquer[3]. L'homme n'est

---

1. Augustin, *La grandeur de l'âme* XXXVI, 80 (BA 5, 394).

2. Augustin, *Confessions* VII, 3, 5 : « Et je redoublais d'attention pour saisir ce que j'entendais [chez Ambroise] : que le libre arbitre de la volonté est la cause pour laquelle nous agissons mal » (BA 13, 585). Le *Traité du Libre arbitre* est aussi un effort pour obtenir la compréhension de l'enseignement d'Ambroise, voir les *Confessions* VII, 16, 22 : « J'ai *cherché* ce qu'était le péché, et j'ai *trouvé* la perversité de la volonté qui se tourne vers les biens inférieurs » (BA 13, 627, je souligne). P. Courcelle, *Recherches sur les Confessions de saint Augustin*, Paris, É. de Boccard,1950, p. 98-103, montre qu'Augustin a été convaincu par les arguments anti-manichéens des sermons sur l'*Hexaemeron* en 386. Ambroise lui-même écrivait : « L'homme qui est arbitre (*arbiter*) de sa volonté, juge de ses délibérations, truchement de ses décisions (*arbitrii*), qui contraint l'appétit de la passion corporelle, qui fait bien tout ce qu'il fait – or qui fait bien agit avec droiture, et qui agit avec droiture agit sans faute ni reproche, en ayant un pouvoir sur ses actes – à coup sûr, celui-là est libre » (*Jacob et la vie heureuse* II, 3, 12, SC 534, trad. fr. G. Nauroy mod., Paris, Cerf, 2010, p. 426-427). Par-delà Ambroise, il faut chercher l'origine de cette doctrine chez Origène.

3. Voir *La Cité de Dieu* XII, 6 : « Car si la nature est cause de la volonté mauvaise, ne serions-nous pas contraints de dire le mal provient du bien, et que le bien est cause du mal ? » (BA 35, 170).

responsable de ce qui lui arrive que s'il le *veut*. S'il consent à la convoitise, non en raison de sa nature, mais en raison de son libre choix (*liberum arbitrium*), l'essentiel est sauf : ce n'est pas une *nature* qui est l'origine du mal, mais une *volonté*. C'est lui le responsable, donc la nature a été créée bonne, et son créateur est bon.

Selon les Manichéens, l'homme possède deux âmes, l'une bonne, parce qu'elle est divine, l'autre mauvaise, parce qu'elle est charnelle. Elles se mêlent en nous, et l'homme est bon ou mauvais suivant que l'une ou l'autre domine ce mélange. Contre cette dramaturgie dualiste, dans son traité *Sur les deux âmes* (vers 392), Augustin montre qu'expliquer le mal par un mélange des deux âmes, c'est-à-dire par un sort tragique, c'est ne rien expliquer. Au contraire, l'homme n'est responsable de ce qui lui arrive que s'il y consent. Le péché et la responsabilité résident dans la volonté.

Pour établir ce point, Augustin se livre à un extraordinaire dépassement de la théorie aristotélicienne de l'action. Selon Aristote, nous sommes responsables des actions accomplies de plein gré, sauf celles qui sont faites par ignorance ou par contrainte[1]. Et pour Augustin aussi, bien sûr, si quelqu'un se sert de ma main pour écrire quelque chose de blâmable pendant que je dors, je n'en suis pas responsable (car je suis dans l'ignorance). De même, si je suis attaché et qu'on utilise ma main de force (car je suis soumis à une contrainte). L'ignorance et la contrainte sont des excuses acceptables[2].

Dans cette description, il y a bien, comme chez Aristote, une caractérisation objective des circonstances de l'action, qui exonèrent l'agent. Mais les circonstances extérieures ne suffisent pas à rendre l'action digne d'éloge ou de blâme. Je suis *par principe* exonéré lorsque mon corps accomplit des actions que je ne *veux* pas commettre. Et *a contrario* je suis coupable lorsque je *veux* les commettre. La preuve ? Imaginons un cas limite : « Si le dormeur savait d'avance ce qu'un autre doit faire de sa main, et que, par une machination, afin de tromper quelqu'un par un serment, […] il se plonge dans le sommeil »[3], est-il innocenté par son ignorance ? – Certainement pas. Son intention était perverse, et son ignorance ne l'en rend pas moins responsable, puisque c'est une ignorance volontaire. De même, pour celui qui se fait attacher « en le voulant » (*volens*)[4]. Une description extérieure ne permet pas de trancher. Les circonstances

1. Aristote, *Éthique à Nicomaque* III, 1-3 ; *Éthique à Eudème* II, 6-10.
2. Augustin, *Sur les deux âmes* X, 12 (BA 17, 88).
3. *Ibid.*
4. *Ibid.*

objectives de l'action ne permettent pas de l'évaluer. De l'extérieur, on ne voit aucune différence entre l'endormi naturel et l'endormi *volontaire*, entre l'attaché par contrainte et l'attaché *volontaire*. Ce qui compte, c'est le vouloir. Bref, ce qui renverse le sens de l'action, ce qui la fait passer d'innocente à criminelle, c'est quelque chose d'invisible aux témoins de la scène, c'est l'*intention* ou la volonté de l'agent. Pour Augustin, ce n'est pas l'action qui fait la responsabilité, ni même les circonstances de l'action (l'ignorance ou la contrainte), mais la *volonté*. Ce qui fait la responsabilité n'est plus déployé au grand jour, dans le monde public, ce n'est plus l'ensemble des circonstances, ni la portée objective de mon action, cela relève d'une puissance intérieure, invisible et privée, la *volonté*. – Augustin remplace l'exposé casuistique des excuses par l'analyse de l'intime. Un agent est exonéré de son action lorsqu'il n'y *consent* pas.

Un écart se glisse entre la description de l'action (visible, publique, offerte à tous) et celle de la volonté qui est pourtant la cause de l'action (invisible, privée, secrète). – Dès lors, ce qui est imputable n'est pas *l'action*, mais la *volonté* de commettre cette action : « La justice tient les hommes pour pécheurs *par le seul fait de leur volonté* mauvaise, même quand ils n'ont pas pu accomplir ce qu'ils voulaient »[1]. Une volonté sans effet reste digne d'éloge et de blâme : s'il n'est pas toujours en notre pouvoir d'agir, il l'est toujours de vouloir ou ne pas vouloir.

Désormais, « ce qui dépend de nous » (en grec, *eph' hêmin*) c'est-à-dire en latin « ce qui est en notre pouvoir » (*in nostra potestate*) s'identifie avec ce qu'il y a de libre dans notre volonté : « Tu ne pourrais rien sentir qui soit en notre pouvoir, sinon ce que nous faisons quand nous le voulons » [...] « Notre volonté ne serait même plus une volonté si elle n'était en notre pouvoir. Mais puisqu'elle est en notre pouvoir, elle est libre pour nous »[2]. Libre signifie ici disponible, offerte. Augustin ne parle pas d'une liberté absolue, mais d'une volonté accessible, disponible *pour nous*, dans la mesure où il est en notre pouvoir d'en user.

La volonté est le principe d'imputation de nos actions :

> Ni le péché, ni la bonne action ne peuvent être imputés justement à celui qui n'a rien fait par sa volonté propre. Donc le péché et la bonne action résident dans le libre arbitre de la volonté[3].

1. *Ibid.*
2. Augustin, *Le libre arbitre* III, 3, 7 et 8 (BA 6, 396, 398).
3. Augustin, *Quatre-vingt trois questions différentes* q. 24 (BA 10, 76).

Pour que la peine et la récompense soient justes, il faut que nous les méritions. Or nous ne les méritons que si nos actions sont déclenchées par une volonté libre. Sur ce point, le diagnostic de Nietzsche est pertinent : pour que nous soyons dignes d'éloge ou de blâme, c'est-à-dire objets de la justice divine, il faut que nous ayons un libre arbitre.

Mais quelle justice nous juge? La justice a changé de lieu, ce n'est plus le tribunal ou le *forum*, mais une instance intérieure. D'Aristote à Augustin, la responsabilité est passée du champ de la coexistence entre les hommes à un domaine intérieur, la volonté. Elle a aussi changé de juge. Celui-ci n'est pas un homme, qui ignore nos souhaits inaccomplis, mais nous-mêmes ou Dieu, qui sonde les reins et les cœurs[1]. – En effet, Augustin est le grand penseur de l'intériorité : «Ne va pas au-dehors, rentre en toi-même, c'est dans l'homme intérieur qu'habite la vérité»[2]. Il s'agit d'ailleurs d'un mouvement dynamique : comme l'a souligné G. Madec, *interior* est un comparatif, il faut se retourner vers l'âme «plus intérieure» que l'homme extérieur, pour se tourner vers Dieu, «plus intérieur» que l'intime de moi-même[3].

Cette analyse débouche sur une thèse radicale. L'origine du mal n'est pas notre dépendance envers la chair ou envers une âme perverse : «Il y a péché chaque fois qu'il y a à vouloir (*velle*) d'une chose injuste, *et liberté de ne pas vouloir* (*liberum nolle*)»[4]. La jonction est faite entre le concept de volonté et celui de liberté. L'origine du mal est dans la volonté en tant qu'elle est libre. Il suffit qu'au moment où l'agent veut une action, il ait la liberté de la rejeter (*nolle*). Du point de vue des théories de la modalité, cela signifie que la volonté est une puissance qui nous permet simultanément, devant toute action, quelle qu'elle soit, de la vouloir ou de ne pas la vouloir – c'est-à-dire qu'elle est une puissance des contraires. Telle est l'origine du mal : celui-ci vient de nous, d'une puissance invisible de tous

1. *Cf.* H. Arendt, «Qu'est-ce que la liberté?», *La crise de la culture*, Paris, Gallimard, 1972, p. 188-192.

2. Augustin, *La vraie religion* 39, 72 (BA 8, 130); cf. *Confessions* VII, 10, 16 (BA 13, 614). Ce mouvement vers l'intériorité a d'abord été dégagé par la doctrine stoïcienne de l'assentiment (le traité de Marc-Aurèle *Eis eauton* peut se traduire «pour soi-même», ou «vers soi-même»), mais il dépend aussi de sources pauliniennes : «*in interiore homine habitat veritas*» (*Ephésiens* 3, 16-17 lu dans la *vetus latina*), *cf.* P. Hadot, *Éloge de la philosophie antique*, Paris, Allia, 2001, p. 53).

3. *Cf.* G. Madec, «Introduction à la doctrine augustinienne. Principes de spiritualité», *École Pratique des Hautes Études, Sciences religieuses, Annuaire*, 96, 1987-1988, p. 308-309 : c'est un «mouvement de transcendance, constitutif de l'esprit humain» (p. 308).

4. Augustin, *Sur les deux âmes* XI, 15 (BA 17, 94).

sauf de nous-mêmes (et de Dieu), mais capable des contraires, la *volonté*. Contrairement à ce que croient les Manichéens, nous ne sommes pas écartelés entre deux âmes : « Je sens que je suis un »[1]. Ainsi, le libre arbitre est la clé de l'unité de l'homme : notre unique esprit se porte par sa libre volonté d'un côté ou de l'autre.

Mais c'est dans la controverse avec le Manichéen Fortunat (28 et 29 août 392), que le concept de libre arbitre prend une ampleur plus grande encore. S'il existe un conflit entre deux principes ou deux substances, le Bien et le Mal, c'est le résultat de la liberté humaine, qui a introduit le mal dans le monde, alors que celui-ci avait été créé bon par un créateur bienfaisant :

> L'homme en effet ne pouvait mériter qu'en étant bon par une volonté, et non par une nécessité. Si donc il faut que le bien soit, non par une *nécessité,* mais par une *volonté,* il fallait que Dieu donnât à l'homme le libre arbitre[2].

Augustin met ici en place une opposition essentielle pour l'histoire de la philosophie (on la retrouvera chez Duns Scot et Kant) : l'opposition entre nécessité de la nature et liberté de la volonté. C'est par le choix libre de l'homme, et non par une nécessité de la nature, que le mal est entré dans le monde. Ce n'est pas la puissance des ténèbres qui fait le mal, mais nous-mêmes. « Celui qui est contraint d'agir par la nécessité ne fait pas le mal. Et celui qui fait le mal le fait en raison de son libre arbitre »[3]. On ne peut donc en rendre responsable une nature mauvaise.

En associant libre arbitre et volonté, Augustin réussit une synthèse entre deux traditions : le *liberum arbitrium* de Tertullien et Ambroise, et le concept de *voluntas*. Le terme *voluntas* était très courant, et de sens assez vague, allant du plein gré au vouloir en passant par le souhait. Mais c'est Augustin qui en fait le concept central de la métaphysique de l'action, car c'est la *voluntas,* le vouloir, qui est le lieu où s'exerce le libre arbitre. La thèse a d'ailleurs marqué les langues occidentales, à telle enseigne qu'en anglais, libre arbitre se dit *free will*, et en allemand, *freie Wille*.

La réflexion augustinienne sur le libre arbitre noue ensemble plusieurs brins. 1) Le libre arbitre comme don de Dieu (premiers Pères de l'Église, Tertullien, Origène); mais chez ces théologiens, ce libre arbitre n'impliquait pas nécessairement la capacité d'agir autrement à un moment donné.

---

1. *Ibid.*, XIII, 19 (BA 17, 104).
2. Augustin, *Contre Fortunat* I, 15 (BA 17, 150).
3. *Ibid.*, 17 (BA 17, 154). Ici, la « nécessité » renvoie à la contrainte exercée par « la nation des ténèbres », et non à l'ordre nécessaire de la nature.

2) L'intériorisation radicale de l'acte moral, dont la valeur ne réside ni dans les actions, ni dans leurs circonstances, mais dans un acte intérieur, observable par son seul agent : l'intention. 3) L'affirmation que le libre arbitre est une capacité de vouloir ou de nouloir (*velle et nolle*)[1].

Dans le *Traité du libre arbitre,* Augustin applique cette découverte à l'origine du mal. Celui-ci ne peut pas provenir d'une nature mauvaise, parce que l'unique créateur est bon, ni d'un désir mauvais, car le désir est inscrit dans notre nature. – Il faut donc l'attribuer à notre *volonté* : « La seule chose qui fasse de l'esprit l'associé du désir (*cupiditatis comes*), c'est la volonté propre et le libre arbitre »[2]. Tout vouloir est vouloir d'un bien, mais par notre arbitre nous pouvons choisir le moindre, ce qui est la définition de la faute : « Ce n'est pas une chose inférieure qui a fait la volonté mauvaise, mais c'est la volonté même, en désirant la chose inférieure de manière dépravée et désordonnée, qui s'est faite mauvaise »[3].

Donner à l'homme la capacité de choisir le moins bon, n'est-ce pas déjà un mal ? En lui donnant le pouvoir de choisir le bien ou le moins bien, Dieu n'est-il pas indirectement responsable du mal que l'homme commet ? – Augustin répond : « Une créature qui pèche par volonté libre est meilleure que celle qui ne pèche pas parce qu'elle n'a pas de libre arbitre »[4]. Il y a, dans la nature de l'homme libre, donc capable de mal agir, plus de dignité, donc plus de bien, que dans la nature de la pierre ou de l'animal, qui ne peuvent qu'accomplir leur nature. Le bien de la liberté humaine l'emporte sur le mal que l'homme peut commettre. Dieu n'est donc pas abaissé, mais grandi, par l'acte d'avoir créé un homme capable d'atteindre librement sa fin, donc capable aussi de la manquer.

Ce n'est pas l'action bonne ou mauvaise qui rend l'homme meilleur ou pire, mais le fait de *l'avoir voulue*. Précisément : c'est ce pouvoir qui permet à l'homme d'être la meilleure de toutes les créatures ; il peut devenir par sa volonté meilleur qu'il n'était par nature. Il vaut mieux pour l'homme qu'il ait une volonté libre, capable du bien et du mal, plutôt que d'accomplir nécessairement une nature. Un homme qui fait le bien en

---

1. Selon une tradition qui remonte au XVIe siècle, je traduis ainsi *nolle*, qui signifie « vouloir que… ne … pas », « rejeter », voir J. Thenaud, *Le Triomphe des vertuz*, vol. 2, T. J. Schuurs-Jansen, éd. R.E.V. Stuip., Genève, Droz, 2002, « Introduction », p. LX. Il faut en effet distinguer la simple abstention « *non velle* » (ne pas vouloir), et « *nolle* », qui est un acte positif de rejet (nouloir).

2. Augustin, *Le libre arbitre*, I, 11, 21 (BA 6, 234), trad. modifiée ; *cf.* III, 1, 2 (BA 6, 384) : « rien ne rend l'esprit esclave de la passion (*libido*), sinon la volonté propre ».

3. Augustin, *La cité de Dieu* XII, 6 (BA 35, 166), trad. modifiée.

4. Augustin, *Le libre arbitre* III, 5, 15 (BA 6, 410).

pouvant ne pas le faire est meilleur qu'un homme qui fait le bien en ne pouvant pas ne pas le faire. « L'homme ne peut avoir de mérite que s'il fait le bien par volonté et non par nécessité »[1]. Il fallait donc qu'il eût aussi la possibilité de mal agir.

Dès lors, ce qu'il fallait démontrer est acquis ; ce n'est pas notre nature, qui est bonne, mais notre volonté, qui est à l'origine du mal. Certes, le concept de volonté *à lui seul,* permettait d'*innocenter Dieu* en expliquant comment l'homme est *responsable du mal*. Mais l'ajout du libre arbitre est une *précision conceptuellement nécessaire* : l'origine du mal ne peut pas être dans la faculté comme telle, car elle a été créée bonne ; cette origine provient donc d'une manière de l'exercer. C'est pourquoi le livre I, sur l'origine du mal, se conclut (dans la rédaction actuelle) par le concept de libre arbitre : « nous agissons ainsi par le libre arbitre de la volonté »[2].

L'apparition du concept de libre arbitre dans le *Traité du libre arbitre* n'a donc de sens qu'à l'horizon de la problématique anti-manichéenne. Elle n'est pas seulement l'anticipation des livres II et III, mais encore l'ellipse de nombreux débats avec les disciples de Mani.

Le libre arbitre fonde notre *responsabilité*. Soit notre volonté est déterminée de manière irrésistible par sa cause, et nous n'en sommes pas plus responsables que d'un phénomène naturel, soit nous pouvons résister à cette cause, et l'action nous est imputable : « Quelle que soit la cause qui agit sur la volonté, s'il est impossible de lui résister, nous lui cédons sans péché ; mais si cela lui est possible, ne lui cédons pas et nous ne pécherons pas »[3]. Notre volonté subit elle-même l'action de causes, mais la seule question qui compte est de savoir si elle était libre de consentir ou non. L'influence (du désir, de l'habitude, du caractère) ne supprime pas l'imputabilité. Notre volonté n'est peut-être pas la seule cause, mais elle est *la seule qui compte dans l'imputation de nos actions*.

Dans la *Cité de Dieu*, Augustin insiste sur la contingence de l'arbitre. Il souligne que la volonté est totalement indépendante des états de chose externes comme des dispositions intérieures de celui qui veut :

> Si deux hommes également disposés d'âme et de corps voient un beau corps, et qu'à la suite de cette représentation, l'un est mû à en jouir illicitement, tandis que l'autre persévère fermement dans sa volonté pudique, à

1. Augustin, *Contre Fortunat* 15 (BA 17, 150), trad. modifiée.
2. Augustin, *Le libre arbitre* I, 16, 35 (BA 6, 262).
3. *Ibid.*, III, 18, 50 (BA 6, 418).

quelle cause faut-il attribuer que la volonté de l'un devienne mauvaise et non celle de l'autre[1]?

L'analyse de la différence morale entre les acteurs porte sur leurs dispositions internes (désirs, pensées du cœur), et non sur leurs actes externes. Si l'on suppose une même disposition de corps et d'esprit et un même objet désirable, et si les divers agents se comportent de manière différente, la seule explication de la diversité de ces comportements réside dans la volonté elle-même : « Par où cela s'est-il fait, sinon par leur volonté propre, puisque l'un et l'autre avaient les mêmes dispositions de corps et d'âme? »[2]. Autrement dit, Augustin admet comme acquis que *devant un même état de choses*, l'un agira d'une manière et l'autre de l'autre. Un même état de choses n'entraîne pas nécessairement un seul comportement, et la diversité des comportements ne s'explique pas uniquement par la diversité des conjonctures. La décision est indépendante, à la fois de l'état de choses extérieur (la beauté désirable), et de l'état de choses intérieur (la nature, le caractère et les dispositions de l'agent). Cette interprétation du libre arbitre est nettement *libertarienne*.

Cette nouvelle pensée de la volonté vient donner une nouvelle configuration à l'éthique. Kant dira encore : « De tout ce qu'il est possible de concevoir dans le monde, et même en général hors du monde, il n'est rien qui puisse sans restriction être tenu pour bon, si ce n'est seulement une *bonne volonté* »[3]. Même Dieu et les anges (« hors du monde ») ne sont absolument bons que par leur volonté. Cette doctrine repose finalement sur l'opposition entre nature et volonté, qui remonte à Cicéron. Mais Augustin l'a radicalisée, et cette opposition deviendra centrale chez Duns Scot et Kant.

1) C'est une cause (au même titre que les causes efficientes dans la nature).

2) Elle est capable du bien et du mal, toutes choses égales par ailleurs (indépendamment de la conjoncture, de l'état de l'agent et du monde).

3) Elle est le principe de la contingence des actions.

1. Augustin, *La Cité de Dieu* XII, 6 (BA 36, 168, trad. modifiée).

2. Augustin, *La Cité de Dieu* XII, 6 (BA 36, 168, trad. modifiée).

3. Kant, *Fondements de la métaphysique des mœurs*, Première section, Ak IV, 393 ; trad. fr. V. Delbos – F. Alquié, *Œuvres philosophiques*, II, « Bibliothèque de la Pléiade », Paris, Gallimard, 1985, p. 250.

La conception augustinienne du libre arbitre répète et transforme radicalement l'analyse aristotélicienne de l'action faite de plein gré (*hekousion*). Elle la répète, car si j'ai le libre arbitre, j'ai la capacité d'agir et de ne pas agir. Elle en diffère dès l'origine, pour trois raisons :

1) Aristote distingue deux sortes d'actions, « faites de plein gré » ou « malgré soi », en fonction des circonstances : l'action faite de plein gré est celle dont l'agent est la seule source, l'action faite malgré soi, celle où l'action lui a été imposée de l'extérieur. Ce gré fait partie de la casuistique de la responsabilité : il a valeur d'excuse, et constitue une circonstance atténuante, une raison d'obtenir l'indulgence. Il peut donc se manifester dans un discours (plaidoyer, monologue tragique, etc.). Ces deux termes, même s'ils ont été traduits en latin « *voluntarium* » et « *involuntarium* », correspondent à des phénomènes observables, publics et visibles[1]. – Mais pour Augustin, il ne s'agit plus de dégager une casuistique des *excuses,* de discerner *quelles sortes d'actions* sont imputables et dans quelles circonstances. Le domaine des actions faites de plein gré ne définit plus seulement un ensemble de cas évalués de l'extérieur; il désigne les actions déclenchées par une faculté intérieure, la volonté. Il s'agit de plonger à la racine de l'agir humain, de scruter les tréfonds de l'intériorité, le secret des intentions, même là où il n'y a pas eu d'action. Bref, il faut postuler une puissance intérieure, privée et invisible.

2) Quand bien même la réflexion sur l'action de plein gré culmine chez Aristote dans une réflexion sur la décision ou la résolution (*proairesis*), terme souvent traduit par « choix » (*electio*)[2]; la *proairesis* est le résultat d'un raisonnement pratique, donc d'une délibération; enfin, la fin s'impose à notre désir, et nous n'avons que le choix des moyens. – Pour Augustin, l'acte de la *volonté* est une sorte de décision libre; la *voluntas* peut être un choix immédiat, non-motivé; enfin, la volonté explique notre conversion vers le souverain bien ou notre aversion loin de lui. Expliquer le mal par quelque chose de naturel, comme le désir, ce serait donner raison aux manichéens. Ce qui importe, c'est le consentement aux désirs, ce qui veut dire aussi que j'ai la possibilité de ne pas y consentir. Devant l'évidence

1. La traduction de *hekousion* par *voluntarius*, dans la traduction de *l'Éthique à Nicomaque* par Robert Grosseteste (vers 1240) est évidemment très augustinienne. Elle est lourde de conséquences, puisqu'elle unifie deux problématiques distinctes, celle du souhait (*boulèsis*, traduit par *voluntas*), et celle de l'action responsable (*hekousion*).

2. Thomas d'Aquin, *In duodecim libros metaphysicorum Aristotelis Expositio* IV, l. 4, § 575 : « prohaeresi, id est electione », ed. M.-R. Cathala, Turin, Marietti, 1950, p. 161.

d'un bien, je ne peux certes pas m'empêcher de le désirer, mais je peux ne pas le vouloir[1]. Pour que nous portions la responsabilité du mal, et pour en innocenter le Dieu créateur, il faut que celui-ci provienne du libre choix de notre volonté, et non pas du désir de notre nature. C'est pourquoi Augustin oppose radicalement nature et volonté. Mais pour autant, le libre arbitre n'est pas une liberté d'indifférence : Augustin maintient jusqu'au bout que notre volonté est orientée vers le bien : nous voulons ce qui nous apparaît comme bon, nous sommes attirés par les plaisirs qu'il nous procure, comme la brebis par des rameaux verts, ou les enfants par une poignée de noix[2].

Mais c'est la quadrature du cercle : *d'une part,* la vraie liberté est la liberté de vouloir le bien, la liberté primordiale est de pouvoir ne pas pécher : *posse non peccare*[3] ; ou encore, si la liberté était le pouvoir de vouloir le bien *ou* le mal, il faudrait dire que Dieu n'est pas libre, puisqu'il ne veut que le bien et ne peut pas pécher[4]. *D'autre part,* il faut dire que l'homme a été capable de pécher librement, pour qu'il en soit responsable. La liberté comporte donc aussi cette capacité du mal : elle est à l'origine un pouvoir libre de ne pas pécher, *mais aussi* de pécher. – Cette difficulté débouche aux extrêmes, chez Descartes, sur l'opposition entre liberté d'indifférence et liberté de préférence.

3) Chez Aristote, la *proairesis* est *l'autre face de l'action* : le raisonnement pratique est un raisonnement dont la conclusion est une *action.* Les actions faites de plein gré dépendent de nous (*eph' hemin*), ou sont en notre pouvoir, en latin : *in nostra potestate,* expression qui traduit aussi *autexousion.* – Tandis qu'Augustin caractérise l'ensemble de ces actions par leur origine en nous, la volonté. Dans le *Traité du libre arbitre,* il soutient que «rien n'est autant en notre pouvoir que la volonté même»[5]. Mais bientôt, il est obligé de constater la résistance de nos désirs. La *voluntas* fait immédiatement l'expérience de l'impuissance : il y a des actions que je *veux* accomplir, mais sans *pouvoir* les accomplir. S'il est en notre pouvoir de déclencher des actions par notre volonté, il n'est *pas en*

---

1. Tandis que chez les stoïciens, nous ne pouvons qu'acquiescer à notre représentation la plus désirable, tout le travail de l'éthique consistant à acquérir des représentations adéquates au réel. Il y a bien une liberté, mais elle consiste à consentir au meilleur, ce n'est pas une capacité de choisir.

2. Augustin, *Homélies sur l'évangile de Jean* XXVI, 5 (BA 72, 496).

3. Augustin, *De correptione et gratia* 12, 33 (BA 24, 344).

4. Augustin, *Contra Iulianum, opus imperfectum* I, 100 (CSEL 85/1, 118).

5. Augustin, *Du libre arbitre* III, 3, 7 (BA 6, 396).

*notre pouvoir de vouloir ce que nous voulons.* – D'où la remarque extraor-dinaire des *Confessions* : « D'où vient ce prodige (*monstrum*) ? [...] L'âme commande au corps, et aussitôt il obéit ; elle se commande à elle-même, et *cela résiste* (*resistitur*) » [1]. – Qu'est-ce qui résiste ? Le désir, la convoitise, la *libido*. En concentrant toute la force de la moralité dans une seule puissance, la volonté, Augustin y concentre aussi toute sa faiblesse, jusqu'à fonder notre action sur ce monstre logique et éthique : une *puissance impuissante*. La vieille question aristotélicienne de l'*akrasia*, c'est-à-dire de l'impuissance, est devenue la question augustinienne de la « faiblesse de la volonté ».

La problématique du libre arbitre de la volonté est radicalement neuve, car elle s'inscrit dans de nouvelles coordonnées. Elle se répercute sur d'autres questions, comme celle de la contingence et de la fin ultime. La contingence ne s'explique plus par la diversité des moyens qui conduisent à une même fin ; elle appartient à une faculté, la volonté, qui peut, par elle-même, vouloir ou ne pas vouloir. Placé devant l'évidence d'un bien imparfait, certes, je ne peux pas m'empêcher de le désirer, mais je peux ne pas le vouloir. La contingence ou l'évitabilité de nos actions vient précisément du libre arbitre : « Qui, dis-je, pèche en des actes qu'on ne peut nullement éviter ? Or on pèche. Donc le péché peut être évité » [2]. La contin-gence ne s'explique pas par les circonstances, ou par la diversité des moyens en vue de la fin : elle appartient radicalement et par essence à une faculté, la volonté, qui peut vouloir ou ne pas vouloir par elle-même. L'agent peut choisir diverses lignes d'action, qui ne dépendent pas de causes antérieures, et qui correspondent à plusieurs mondes possibles. Augustin soutient donc (au moins sur ce point) une position « liber-tarienne » (*libertarian*), qui rejette tout déterminisme causal exercé sur l'action humaine.

É. Gilson remarquait très justement que chez Augustin, le *liberum* de *liberum arbitrium* n'a pas le même sens que le substantif sur lequel il est construit : *libertas*. En effet, pour Augustin, comme pour les stoïciens, la liberté, c'est la liberté intérieure du sage qui ne veut que le bien. Tandis que le libre arbitre, c'est originellement le pouvoir de choisir le bien, car l'homme a été créé bon, mais il a malgré tout pour revers le pouvoir de choisir *aussi* le mal. Et si notre libre arbitre est capable du bien ou du mal, toute l'éthique s'inscrit désormais dans une contradiction vivante. D'où ce paradoxe qui innerve toute la pensée d'Augustin : l'homme a *par nature*

---

1. Augustin, *Confessions* VIII, 9, 21 (BA 14, 50).
2. Augustin, *Du libre arbitre* III, 18, 50 (BA 6, 476).

le pouvoir de choisir le bien, sans quoi il n'est pas digne et responsable de ce qu'il fait, mais il l'a historiquement utilisé pour choisir *aussi* le mal – et choisir *le mal*, c'est du même coup perdre la «vraie liberté» (expression qu'Augustin semble être le premier à utiliser). *Par son libre arbitre, qui était destiné à la liberté, l'homme a perdu la liberté.*

Cette analyse s'insère dans une problématique théologique de grande ampleur. En effet, le concept de faiblesse de la volonté peut se décrire en théologie comme l'événement méta-historique du péché originel. Et le renforcement de la volonté peut être décrit comme un effet de la grâce. Cependant, il ne faut pas croire que pour Augustin lui-même, cette analyse théologique remplace l'analyse philosophique. – Et pour nous, encore moins.

Or, si nous examinons cette question en suivant une méthode généalogique, à une autre profondeur, ce qui résiste, c'est l'*histoire*, le passé du concept, qui est ici son passif. Augustin avait besoin de détacher le vouloir du désir. Mais cette distinction n'était pas une séparation, et le désir du bien allait encore irradier la volonté pour lui permettre de se convertir, chez Augustin lui-même. Pourtant, cette double dimension, de choix contingent et de désir du bien, se retrouvera jusque chez Duns Scot.

Duns Scot inscrit d'emblée la question de la liberté dans un cadre métaphysique, car elle apparaît comme une propriété inhérente par nature à la *volonté*. Or ses *Questions sur la Métaphysique* s'arrêtent, à dessein semble-t-il, au livre IX (Θ) de la *Métaphysique* d'Aristote. La dernière question du livre IX, la question 15, est donc le sommet de sa réflexion métaphysique. Or cette question porte sur la volonté. Que signifie l'idée que la liberté de la volonté soit le sommet de la métaphysique? – Ce n'est plus seulement un problème éthique, comme chez Augustin. De surcroît, le mot de liberté a changé de sens: il ne désigne plus la qualité de Dieu ou du sage qui ne peut vouloir que le bien, mais la capacité, inhérente à toute volonté, de vouloir ou de ne pas vouloir, c'est-à-dire de vouloir de manière contingente: «Celui qui veut expérimente qu'il peut ne pas vouloir, ou "nouloir" [rejeter] (*non velle seve nolle*)»[1]. Plus fondamentale que la capacité de vouloir le bien ou le mal, qui distingue différents *objets,* la volonté est la capacité de vouloir ou de ne pas vouloir, qui caractérise une *modalité*, la contingence.

1. Duns Scot, *Quaestiones super libros Metaphysicorum Aristotelis* IX, q.15, § 30, dans *Opera Philosophica (OPh)*, Saint Bonaventure, New York, 1997, IV, p. 682-683.

Cette thèse est acquise à partir d'une discussion de la *Métaphysique* d'Aristote. La question 15 demandait : « la différence établie par Aristote entre les puissances rationnelles et les puissances irrationnelles convient-elle ? ». Il s'agit de savoir où passe la grande césure métaphysique : est-ce une césure entre les puissances irrationnelles et les puissances rationnelles (Aristote), ou entre nature et volonté (Augustin) ? Duns Scot, par le biais d'une analyse métaphysique extrêmement dense, soumet la première thèse à la seconde. Il ramène les puissances irrationnelles, capables d'un seul acte, à la nature, et les puissances rationnelles, capables des contraires, à la volonté. Il s'inscrit ainsi dans un vaste débat de la fin du XIIIe siècle. La question était de savoir ce qu'il y a de plus noble : est-ce l'intelligence, comme le dit Aristote, ou la volonté, comme le soutient Augustin ? Depuis Gauthier de Bruges et Henri de Gand, certains théologiens insistent sur le primat de la volonté. Pierre de Jean Olieu soutient que le propre de l'homme n'est pas la pensée, mais la volonté. Si on demandait à un homme ce qu'il préférerait, devenir un animal, ou être anéanti, il préférerait être anéanti : la privation de liberté est pour l'homme une horreur absolue[1]. Si nous n'avions pas de liberté, « nous serions des bêtes intellectuelles »[2]. Duns Scot s'inscrit dans cette ligne ; il déclare : « l'intellect tombe sous le [concept de] nature »[3] ; plus encore, par lui-même, « l'intellect [...] est irrationnel »[4]. L'homme n'est pas libre parce qu'il est rationnel, il est rationnel parce qu'il est libre[5].

Cette conception anti-aristotélicienne de la liberté se rattache pourtant à une lecture rigoureuse d'Aristote. Pour Aristote, une puissance irrationnelle n'est capable de produire qu'un seul acte, tandis qu'une puissance rationnelle est capable des contraires. En effet, une puissance naturelle est en puissance de l'acte correspondant, sous l'action d'une forme ; elle produit nécessairement son effet, et ne peut en produire qu'un. Mais, selon Duns Scot, l'intellect n'est pas une puissance rationnelle : dans l'acte de choix, il est certes indéterminé, mais il est déterminé par un autre, et ce « déterminant » est le désir[6]. L'intellect est une nature, car il n'a pas la puissance des contradictoires ; il est « par lui-même déterminé à penser,

---

1. Olieu, *Quaestiones in II Sententiarum* q.57 (éd. B. Jansen, Grottaferrata, Quarrachi Collegium S. Bonaventurae, 1924, II, 334-335).

2. *Ibid.* (II, 337).

3. Duns Scot, *Quaestiones super libros Metaphysicorum...* IX, q.15, § 36 (*OPh* IV, 684).

4. *Ibid.*, § 38 (*OPh* IV, 685).

5. *Cf.* O. Boulnois, *Être et représentation. Une généalogie de la métaphysique moderne à l'époque de Duns Scot* (XIV[oe] siècle), « Épiméthée », Paris, P.U.F., 1999, p. 207.

6. Duns Scot, *Quaestiones in Met.* IX, q.15, § 13-14 et 17 (*OPh* IV, 678-679).

et il n'a pas *en son pouvoir* (*in potestate sua*) de penser et de ne pas penser»,
ni « d'assentir et de dissentir» lorsqu'il est mis en présence d'un objet[1]. Tel
n'est pas le cas de la volonté. Il n'existe en effet que deux possibilités : soit
une puissance est en elle-même déterminée à agir, soit elle ne l'est pas,
« mais elle peut faire cet acte ou l'acte opposé; et aussi agir ou ne pas agir»
– elle a la puissance des contraires et des contradictoires[2]. Le premier type
de puissance est appelé «nature», le second, «volonté». Désormais, la
distinction entre le rationnel et l'irrationnel, essentielle à la *Métaphysique*
d'Aristote, vient refonder la distinction augustinienne entre nature et
volonté.

Mais puisque la volonté est capable des contraires et des contradictoires
(d'aimer ou de haïr, de vouloir ou de ne pas vouloir), elle n'est déterminée
par rien d'autre à vouloir. Tandis qu'une nature se rapporte à son effet
unique en vertu d'une cause antérieure, il n'y a pas de raison pour laquelle
la volonté accepte ou rejette, veut ou ne veut pas. « Il n'y a pas de cause
pour laquelle elle suscite ainsi un acte (*sic elicit*), sinon qu'elle est une
cause de cette sorte»[3]. Elle est la cause première d'une série de conséquences contingentes, mais comme tout événement contingent premier,
son action ne s'explique par rien d'antérieur ni de nécessaire. Tandis que la
nature est soumise au déterminisme des causes antécédentes, la volonté
n'est déterminée que par elle-même.

Un tournant décisif a eu lieu. Avec Duns Scot, la question du libre
arbitre se pose exactement dans les termes de la troisième antinomie
kantienne : soit «tout arrive dans le monde uniquement selon les lois de la
nature», soit «quelque chose arrive sans que la cause y soit déterminée en
remontant plus haut»[4]. C'est précisément ainsi que Duns Scot pose
le problème : le titre de la distinction 25 de la *Lectura* II est : «l'acte de la
volonté est-il causé en elle par un objet qui la meut ou par la volonté qui se
meut elle-même»[5]? Nous entrons dans une problématique nouvelle, qui
n'était ni celle d'Aristote, ni celle d'Augustin.

Mais alors, au nom de quoi ma volonté choisit-elle? Une vingtaine
d'années avant Duns Scot, Gauthier de Bruges opposait deux sens de la
liberté : la *liberté d'indifférence* et la *liberté parfaite*. Pour Gauthier,

---

1. Duns Scot, *Quaestiones in Met.* IX, q.15, § 36 (*OPh* IV, 684).

2. *Ibid.*, § 22 (*OPh* IV, 680-681).

3. *Ibid.*, § 24 (*OPh* IV, 681).

4. Kant, *Critique de la raison pure*, «L'antinomie de la raison pure», «Troisième conflit
des idées transcendantales», Ak III, 308-311, *Œuvres Philosophiques, I, op. cit.*,
p. 1102-1104.

5. Duns Scot, *Lectura* II, d.25, q. unica (*Opera omnia*, Vatican, 1993, XIX, 229).

l'indifférence correspondait à l'essence rationnelle de l'homme : la liberté d'indifférence « se tire de la raison », car la raison est indifférente à la pluralité des objets désirables, qu'elle embrasse tous ; mais la liberté devient parfaite lorsqu'elle « tire d'elle-même sa capacité de choisir l'un de préférence à l'autre »[1].

Trouve-t-on encore ces deux sens de la liberté chez Duns Scot ? – Tout d'abord, l'indifférence de la volonté est chez lui portée à son maximum. Même devant la connaissance intuitive du bien le plus grand, Dieu, la volonté a le pouvoir de ne pas l'aimer. Ainsi, dans la dernière question du dernier livre des *Sentences*, Duns Scot soutient que l'homme ne désire pas *nécessairement* la béatitude, mais *librement*. Une thèse profondément anti-aristotélicienne (et anti-thomiste) : pour Aristote, tous les hommes désirent le bonheur, et la contingence du choix n'apparaît que dans la relation aux moyens. Mais aussi une thèse profondément anti-augustinienne : le désir universel de bonheur est une des clés de l'éthique selon Augustin. La position de Scot repose sur un principe simple : la volonté veut de manière contingente tous ses objets, « elle veut » donc « de manière contingente sa fin »[2]. Par essence, la volonté ne peut vouloir que de manière contingente. Elle peut vouloir et nouloir (*velle et nolle*) n'importe quel objet (*unumquodque objectum*)[3]. Dieu n'y fait pas exception. Il s'agit d'un remaniement profond de l'éthique : même si, *de fait*, le plus souvent, la volonté veut la béatitude, elle *peut*, lorsque celle-ci lui est montrée, se retenir de tout acte (*se suspendere ab omni actu*).

La volonté est-elle devenue neutre ? N'est-elle qu'indifférence ? Nullement. Car notre volonté se caractérise par un double appétit : l'un est naturel et l'autre, libre. L'appétit libre n'est rien d'autre que le vouloir (*velle*). Tandis que l'appétit naturel est la seule puissance de la volonté prise absolument, sans qualité ni disposition acquise. Le dédoublement augustinien entre désir et volonté est désormais intériorisé : la volonté elle-même a une nature, et un désir naturel de perfection. Elle est une puissance qui tend vers son acte et sa forme. Par conséquent, notre volonté, en tant que nature, désire par excellence et *nécessairement* le bonheur (*beatitudo*)[4], mais en tant que libre, elle peut ne pas le vouloir.

1. Gauthier de Bruges, *Quaestiones disputatae* q.5, II, ad 14, éd. E. Longpré, Louvain, Éditions de l'Institut Supérieur de Philosophie, 1928, p. 53 et 51.
2. Duns Scot, *Opus Oxoniense* IV, d.49, q.10, § [6], Paris, Vivès, 1894, XXI, p. 331.
3. *Ibid.*, p. 333.
4. Duns Scot, *Opus Oxoniense* IV, d.49, q.10, § [6], Paris, Vivès, 1894, XXI, p. 331.

Mais « si, *le plus souvent*, notre volonté veut le bonheur, c'est parce que, en tant qu'il y correspond, notre appétit libre suit le penchant de l'appétit naturel »[1]. Si notre comportement peut être analysé comme probable (« le plus souvent »), c'est parce qu'il retombe dans la contingence naturelle, telle qu'Aristote la caractérise : ce qui, dans le monde sublunaire, arrive « le plus souvent », est une régularité observable, mais qui admet des exceptions (en raison de l'interférence de causes accidentelles). Nous passons ainsi d'une possibilité métaphysique (les contradictoires sont toujours accessibles à la volonté) à une probabilité morale (le terme le plus désirable est le plus souvent choisi). Même si, *en droit*, la volonté peut se détourner du désir naturel, *en fait*, le plus souvent, elle le suit. Et réciproquement, même si nous avons tous par nature le désir de vivre, certains justes sont capables de sacrifier leur vie pour une cause supérieure.

Entre le désir et le vouloir, entre la puissance et l'acte, il y a l'habitus. Nous sommes conditionnés par des dispositions acquises, les vertus et les vices, qui viennent de la répétition d'actes, et qui nous font pencher plutôt pour le bien ou pour le mal, trouver notre plaisir dans tel type d'actes plutôt que tel autre. Ces conditions concrètes expliquent que nous ayons *tendance* à préférer tel comportement plutôt que tel autre. Mais une *tendance* n'est pas une nécessité, c'est une inclination. *Tendre à* n'est pas réaliser à chaque fois. L'agent ne cesse pas d'être libre de faire le contraire.

En intégrant la volonté dans la nature, Duns Scot réintroduit le désir du bien dans l'éthique. Mais il distingue deux plans : le plan éthique (où une action possible est moralement probable) et le plan métaphysique (où une action possible ne l'est pas moins que son contraire). Notre volonté est capable des contradictoires et des contraires, elle comporte donc une dimension métaphysique d'indifférence. Mais elle désire ce qui nous apparaît comme bon et comprend donc une dimension de perfection. S'il a disparu au plan de l'acte de vouloir, le désir du bonheur a reparu au plan de la nature que je suis : l'aporie augustinienne a été reprise et transformée.

Duns Scot apparaît comme une plaque tournante dans l'histoire de l'éthique. Car il superpose une éthique du bonheur et une éthique normative. Le désir naturel d'être heureux est encore présent chez lui, et il nous fait rechercher ce qui nous apparaît profitable (*sympheron*) : c'est le désir de l'avantageux (*appetitus commodi*) de saint Anselme. Cependant, nous avons une liberté rationnelle qui peut s'en détacher et qui fait notre justice :

---

1. Duns Scot, *Opus Oxoniense* IV, d.49, q.10, § [6], Paris, Vivès, 1894, XXI, p. 331.

c'est la reprise de l'*appetitus iustitiae* de saint Anselme[1]. Mais cette super-position est fragile, et lorsque Kant opposera la «loi morale», qui fonde notre liberté comme *fait de la raison*, à la détermination empirique de notre arbitre, motivé par le *plaisir,* il ne fait qu'opposer ce qui était déjà disjoint – la raison et le bonheur[2].

Structurellement, l'éthique métaphysique de Duns Scot construit les conditions de possibilité généalogiques de la pensée kantienne : l'anti-nomie de la raison pure, entre déterminisme naturel et liberté de la volonté, l'antagonisme de la raison pratique entre la rationalité de la loi morale et la détermination pathologique de nos désirs.

Sur ces deux terrains, la critique kantienne semble indépassable. Dès lors qu'on s'engage sur la voie de l'opposition métaphysique entre néces-sité de la nature et liberté de la volonté, ou sur la voie de l'opposition morale entre raison pratique et bonheur (ou loi morale et détermination pathologique), il semble difficile d'en sortir.

Mais était-il nécessaire de s'y engager? Ne pouvons-nous pas nous situer en-deçà de ces oppositions[3]? Pour cela, il convient de revenir au texte fondamental de *Métaphysique* Θ. Le livre Θ est consacré à la critique des Mégariques. Aristote y montre que le possible l'emporte sur le réel, c'est-à-dire qu'il y a des possibles qui ne se réalisent jamais. Une pièce essentielle du raisonnement est le chapitre V, consacré aux puissances rationnelles (*kata logon*). Celles-ci désignent les puissances actualisées par la raison et par l'exercice, par opposition aux puissances naturelles, ou innées. On acquiert ainsi les arts, les sciences et les techniques. Les puissances correspondantes sont propres aux êtres dotés de langage ; c'est selon la parole (*kata logon*)[4] qu'elles adviennent à l'acte ; or ce sont précisément des puissances accompagnées de parole (*meta logon*), carac-téristiques de l'animal parlant ; les autres sont innées, naturelles et irration-nelles. En effet, dès qu'une puissance est mise en présence d'un principe actif, «*nécessairement,* l'un produit et l'autre est affecté»[5] : un seul effet est possible, et il arrive nécessairement. Mais les puissances des êtres dotés

1. Anselme, *La chute du diable*, chap. XIII (éd. Schmitt, I, 255 ; Corbin II, 326).

2. Kant, *Critique de la raison pratique*, § 2, «Théorème 1», Ak V, 21, trad. fr. L. Ferry, H. Wismann, *Œuvres philosophiques,* II, *op. cit.*, p. 630-631.

3. Je ne propose pas d'aller *au-delà* de ces oppositions, de *réconcilier* le déterminisme causal et le libre arbitre, la rationalité et le désir. Je propose de nous situer sur un terrain où *la question ne se pose pas encore.*

4. Aristote, *Métaphysique* Θ, 5, 1048 a 2.

5. *Ibid.*, 1048 a 6-7.

de langage ne produisent pas nécessairement leur effet (*ouk' anangkè*)[1]. En effet, les puissances du *logos* sont puissances des contraires. Elles sont ambivalentes. Un même médecin peut sauver le malade ou l'achever – s'il change de dosage. À partir d'une même série d'événements passés (à partir d'un même monde possible), plusieurs mondes futurs sont possibles. L'accession à la parole introduit donc une émergence et une divergence entre les mondes possibles.

Mais les puissances du logos ne peuvent pas produire les deux contraires *à la fois*; elles produisent soit l'un, soit l'autre; leur effet est contingent. Parce que l'homme est doué de *logos,* l'action humaine est contingente. C'est donc la rationalité qui permet de penser les conditions d'une action contingente, et toute théorie du libre arbitre. Saint Thomas écrit ainsi : « on dit que la puissance rationnelle est la puissance des opposés qui tombent sous le choix, et qui sont proprement objets du libre arbitre »[2] – *rationalis potestas* traduit ici *dynamis meta logou*. C'est aussi sur ce texte que Duns Scot s'appuie, mais pour renverser le lieu de la rationalité, et en faire un attribut de la volonté.

Pourtant, telle n'est pas l'intention du texte d'Aristote. Car c'est uniquement par rapport à *une même puissance* que deux actes contraires sont possibles. Mais par rapport à l'état de l'agent, on peut toujours rendre raison de l'occurrence d'un possible plutôt que l'autre. Si la puissance est ambivalente, capable de contraires, il est nécessaire que ce qui domine les possibles, ce qui en est « maître » (*to kurion*), ou ce qui « fait la décision » (selon la traduction Duminil-Jaulin), soit quelque chose d'autre, « je veux dire le désir (*orexis*) »[3]. Car quels que soient les deux contraires, on fera celui qu'on désire principalement (*kuriôs*). La puissance rationnelle est capable des contraires, mais entre les deux possibles, c'est le désir qui l'emporte, et qui réalise *nécessairement* ce qu'il désire. Aristote y insiste : en raison du principe de contradiction, « même si l'on souhaite (*boulêtai*) ou désire (*epithumè*) en même temps deux choses ou des choses contraires, on ne les produira pas »[4] – car on ne fera rien du tout. Ce n'est pas par le désir que l'on est capable des contraires : le désir nous entraîne

---

1. Aristote, *Métaphysique* Θ, 5, 1048 a 7-8.

2. Thomas d'Aquin, *In Sententias* II, d.7, q.1, a.1 ad 1.

3. Aristote, *Métaphysique* Θ, 5, 1048 a 10; Aristote écrit exactement : « Je veux dire le désir (*orexis*) ou la résolution (*proairesis*) », mais la résolution est une sous-espèce du désir (le désir informé par la raison).

4. Aristote, *Métaphysique* Θ, 5, 1048 a 21-22.

nécessairement vers ce qui nous apparaît comme plus désirable (meilleur). Mais c'est le langage ou la raison qui nous rend capable des contraires.

Même s'il est la puissance d'un être qui est également rationnel, le désir n'a rien à voir avec le libre arbitre. Chez Aristote, nous avons bien sûr la capacité de décider (la *proairesis*), mais celle-ci porte recherche simplement les meilleurs moyens pour atteindre une fin qui s'impose à nous, car elle nous est donnée par le désir[1].

Pour Aristote, contrairement à Augustin, il n'est pas possible d'accepter ou de rejeter un même objet qui m'apparaît comme bon. Bien sûr, le souhait (*boulêsis*) peut se porter sur des objets contradictoires – nous avons besoin d'une éducation morale pour nous habituer à préférer l'un plutôt que l'autre. Mais même si l'on traduit *boulêsis* par vouloir, celui-ci est toujours entraîné par son objet, le désirable, il n'est jamais une capacité de s'auto-déterminer contradictoirement (à vouloir ou ne pas vouloir), comme chez Duns Scot. La résolution (*proairesis*) est la forme humaine du désir. Comme tout être vivant, l'homme est mû par ce qui lui apparaît comme bon. Le propre de l'homme est simplement de pouvoir se représenter la fin, de commencer par la poser, pour examiner comment elle adviendra[2]; c'est-à-dire qu'il se la propose, dans et par le *logos*. *La raison transforme le désir en intention.* Mais elle n'introduit là aucun libre arbitre. L'agent n'est pas un commencement absolu d'une ligne causale; c'est un moteur mû. En tant que désirant, il est mû par son objet, en tant que délibérant, il se donne cet objet pour but, il choisit les moyens qui y conduisent, et ainsi il agit.

Puisque cette action est capable des contraires, cela introduit une forme de contingence, mais aucun libre arbitre. Et réciproquement, dans ses choix, l'homme est entraîné par ses désirs, mais cela n'entraîne aucun déterminisme. Nous sommes arrivés à un tout autre plan de problématisation. L'opposition scotiste et kantienne du libre arbitre et de la nécessité naturelle n'a plus lieu d'être. Une action ne cesse pas d'être libre parce qu'elle est motivée. Avoir une raison d'agir ne fait pas de moi une marionnette.

---

1. P. Aubenque a donc raison contre R.-A. Gauthier dans son article «La prudence aristotélicienne : porte-t-elle sur la fin ou sur les moyens?», *Revue des Études grecques*, 78, 1965, p. 40-51.

2. Aristote, *Éthique à Nicomaque* III, 5, 1112 b 15.

Nous parvenons au cœur de la difficulté. On pourrait dire que l'homme est libre au sens où il agit spontanément, c'est-à-dire, comme tous les êtres vivants, qu'il se meut lui-même en fonction de ce qui lui apparaît comme bon – ou encore, qu'il n'est déterminé par *rien d'extérieur*. Mais cet agent ne reste-t-il pas déterminé *de l'intérieur* par ses désirs? N'est-il pas soumis à ses états affectifs, et incapable de «se déterminer lui-même selon la raison pratique» (pour parler comme Kant)?

Si la liberté est d'être un premier commencement, comme le soutient Duns Scot, l'homme n'est pas libre. Mais est-ce cela, la liberté? Il ne fait pas de doute que pour Aristote, la liberté désigne avant tout «l'homme libre» dans sa dimension politique, le citoyen par opposition à l'esclave. Mais un bon citoyen n'est autre qu'un honnête homme, un homme vertueux (*spoudaios*). Et l'homme vertueux se définit comme ayant «un discours vrai et des désirs droits» (c'est-à-dire justes)[1] – il possède à la fois la connaissance du vrai bien, et une prédisposition affective qui s'y plaît.

Parvenir à la liberté, ce n'est donc pas «faire ce que l'on veut», c'est connaître le bien et le désirer. L'éducation éthique est donc une éducation de l'intellect, car c'est lui qui nous permet de discerner quels objets désirables sont vraiment bons. Le problème est de savoir ce que nous considérons *comme bon*, c'est-à-dire ce que nous posons *comme fin* de nos actions. C'est ce qui oppose le vertueux au vicieux, lequel prend son plaisir dans le mal, c'est-à-dire qu'il a une représentation fausse du désirable, et qu'il s'y plaît.

Mais entre ces deux extrêmes, il existe aussi deux positions intermédiaires, celles de l'*akratès* et de l'*enkratès*. L'*akratès,* l'impuissant, a une représentation juste du bien, mais il ne peut s'empêcher de suivre son désir. L'*enkratès* se domine lui-même, mais sa raison est en conflit avec son désir – il n'est pas encore unifié comme l'homme vertueux. C'est pourquoi une éducation des désirs est également nécessaire.

Précisément, la vertu de l'homme de bien ne consiste pas à choisir la représentation rationnelle du bien *contre* ses désirs (selon la définition kantienne de la moralité). Cela, c'est le *self-control, l'enkrateia,* la maîtrise de soi, où l'homme est partagé entre sa raison droite et ses désirs tordus. Car même si les actes qu'ils accomplissent sont différents, l'*enkratès* (maître de soi) implique la même rébellion des désirs que l'*akratès* (impuissant), la seule différence étant que, chez celui qui est maître de soi, la raison domine, tandis que l'impuissant laisse ses états affectifs

---

1. Aristote, *Éthique à Nicomaque* VI, 2, 1139 a 24: *ton logon alêthê, kai tèn orexin orthèn.*

l'emporter. L'homme vertueux se situe sur un autre plan, car il a appris
à ordonner ses désirs selon la droite raison.

Mais comment est-ce possible ? Deux voies s'ouvrent ici. La première
est celle de la *volonté*. La seconde est celle du *désir*. La voie de la volonté
est la voie d'Augustin, qui interprète l'*akrasia* elle-même comme une
faiblesse de la *volonté*. Le fameux passage des *Confessions* VIII, où
Augustin décrit son impuissance à se convertir, en témoigne. Celle-ci est
décrite comme une situation monstrueuse : « j'ai pu vouloir et ne pas
faire (*potui velle et non facere*) » [1]. « Vouloir, ce n'était pas la même chose
que pouvoir ». Comment est-ce possible, si rien n'est autant en notre
pouvoir que de vouloir, et si la volonté a pour fonction de déclencher
l'action ? Augustin répond : la volonté ne perd pas son pouvoir de
déclencher les actions hors d'elle-même, elle est paralysée *en elle-même*.
Et elle est paralysée parce qu'elle est divisée. La volonté « lutte par une
partie qui s'élève contre une partie qui tombe » [2]. Le prodige s'explique :
« vouloir en partie, ne pas vouloir en partie », c'est cela qui nous arrive,
parce qu'il y a en nous « deux volontés ». Notre volonté est brisée en deux
parties, qui veulent chacune des choses contradictoires, si bien que leurs
forces s'annulent, et que nous sommes impuissants, incapables d'agir. Elle
peut même se diviser davantage, et se disperser en autant d'objets multiples
et variés que nous en poursuivrons [3].

Mais, pour Augustin, notre volonté redeviendra efficace, opératoire,
dès qu'elle sera unifiée. Alors elle voudra totalement (*ex toto vult*). Désormais, elle commandera pleinement (*plene imperat*). Si la volonté d'un
homme était unifiée, si elle voulait à fond, elle pourrait. Augustin ne
parvient pas à se convertir tant qu'il est divisé entre deux vouloirs contradictoires, l'amour du monde et le désir de Dieu. Mais dès qu'il pourra n'en
vouloir qu'un, il pourra le faire.

Je crois pourtant que cette voie est une impasse. Car renforcer sa
volonté, c'est précisément ce dont l'impuissant est *le moins* capable. Proust
a très bien montré ce point :

> Je sentais vaguement que l'habitude *de me passer ainsi de vouloir*
> commençait à me peser de plus en plus fortement à mesure qu'elle prenait
> plus d'années, me doutant tristement que les choses ne changeraient pas
> tout d'un coup, et qu'il ne fallait guère compter, pour transformer ma vie et

---

1. Augustin, *Confessions* VIII, 8, 20 (BA 14, 50).
2. *Ibid.*, 21 (BA 14, 52).
3. Ce qui signifie qu'au moins ici, pour Augustin, la *voluntas* est aussi bien un acte qu'une
faculté (*facultas*, VIII, 8, 20 ; BA 14, 50).

*créer ma volonté*, sur un miracle qui ne m'eût coûté aucune peine. Désirer *avoir de la volonté* n'y suffisait pas. Il aurait fallu précisément *ce que je ne pouvais sans volonté* : le vouloir[1].

S'il faut la volonté pour renforcer la volonté, nous sommes dans un cercle vicieux. Car il ne suffit pas de désirer changer pour avoir cette volonté. Il faudrait posséder déjà cette volonté, que par hypothèse nous n'avons pas. Celui qui s'est enfoncé dans l'habitude a cessé de vouloir la changer. Il n'a donc plus de vouloir. Même s'il a le *désir de changer*, il lui faut *vouloir changer*; et même s'il a le *désir de vouloir changer*, c'est insuffisant, car il n'a pas encore la *volonté de changer*; or, par hypothèse, seule la volonté est efficace. Il ne *peut* plus changer, parce qu'il ne peut plus vouloir changer, n'ayant pas de vouloir.

Dans une métaphysique du vouloir, l'impuissance de la volonté est sans remède. L'impuissant ne peut pas plus vouloir qu'il ne peut se soulever de terre en se tirant par les cheveux. D'ailleurs, Augustin lui-même en sort par une intervention extérieure : grâce à la lecture de saint Paul, il est vaincu par la grâce, inondé d'une « lumière de sécurité », qui détruit les « ténèbres du doute » – et non par un surcroît de volonté[2].

En réalité, Augustin lui-même a suivi la seconde voie, celle du désir.

Pour suivre à notre tour cette voie, il nous faut revenir au problème du plaisir, objet du désir. Selon la *Métaphysique* d'Aristote, « le désirable (*epithumêton*) est le phénomène du bien » (*to phainomenon kalon* – le beau apparaissant)[3]. Cet apparaître n'est pas un apparaître théorique; ce n'est pas à l'intellect que le désirable se montre, mais au désir, sous la forme du plaisant[4]. Et il comporte toute l'ambiguïté du phénomène : il est capable de dévoiler ce qui est, mais il risque aussi de le voiler (on peut préférer le phénomène à la chose – le plaisir de manger à la chose que l'on mange). L'objet du désir en général est donc toujours bel et bon, mais le bon se donne d'abord sous la forme du plaisant, qui en révèle l'éclat.

---

1. M. Proust, « La confession d'une jeune fille », *Les Plaisirs et les Jours*, « Bibliothèque de la Pléiade », Paris, Gallimard, 1971, p. 89-90. Je souligne.

2. Augustin, *Les Confessions* VIII, 12, 29 (BA 14, 66-68).

3. Aristote, *Métaphysique* Λ, 7, 1072 a 27.

4. Aristote utilise la tripartition platonicienne : *logos, epithumia, thumos*. La *boulêsis* (le souhait) joue le rôle du *logos*, et elle est « désir du bien (*orexis tou agathou*) » (*Éthique à Eudème* II, 10, 1227 a 28-29).

Comment dépasser le phénomène de l'impuissance (*akrasia*)? Aristote s'interroge sur la responsabilité du vicieux :

> Il n'est plus possible à celui qui a lancé une pierre de la rattraper. Pourtant, il dépendait de lui (*ep' autô*) de la prendre et de la lancer, car le principe [de l'action] était en lui. Ainsi en va-t-il pour l'homme injuste ou intempérant : au commencement, il leur était possible de ne pas devenir tels ; *ils le sont donc de leur plein gré* ; mais une fois devenus tels, il leur est impossible de ne pas l'être[1].

Aujourd'hui, le vicieux ne peut pas agir autrement que selon son habitus dévoyé. Et si ce qui dépend de nous consiste à pouvoir faire une chose ou ne pas la faire, il semblerait qu'il n'agisse pas de plein gré, puisqu'il ne peut plus faire autrement. Mais en réalité, s'il est *aujourd'hui* l'esclave de ses habitudes et de ses passions, *à l'origine*, il faut supposer un instant où il a posé la première action, et par rapport auquel on le jugera responsable. L'exigence d'une responsabilité amène à postuler un *instant originel* unique, qui n'est pas nécessairement historique (car les habitudes se prennent dès la naissance, alors que l'on n'accède à la capacité d'agir ou non selon la raison qu'avec l'âge de raison). C'est ce qu'Augustin appellera le péché originel, et Freud le complexe d'Œdipe. Il faut poser qu'à l'origine, l'agent était libre, même si aujourd'hui, il ne l'est plus – à l'égard de son vice.

Néanmoins, cette situation n'est pas irrémédiable. Aristote considère ici une forme pure et totale du vice, mais il sait qu'il existe des degrés intermédiaires, qui laissent une part d'indétermination et de pouvoir d'agir autrement. Certes, nous ne pouvons pas plus changer nos désirs que l'ordre du monde. Mais nous pouvons modifier ce que nous nous proposons comme désirable. Par une intelligence plus développée de ce qui est bon pour nous, nous pouvons rechercher des biens meilleurs, et ressentir des plaisirs plus grands. En effet, le bonheur est la coïncidence du bien le meilleur avec l'expérience du plaisir le plus grand[2]. L'impuissance de l'agent n'est pas une fatalité.

Augustin propose une articulation analogue : le désir tend vers le bon, mais il est séduit par le plaisir, son phénomène. Certes, la volonté peut céder aux biens apparents, et négliger les biens véritables. Ainsi, affirmer la liberté de la volonté pour elle-même, au lieu de la rechercher comme

---

1. Aristote, *Éthique à Nicomaque* III, 7, 1114 a 17-20.
2. Une séparation peut avoir lieu entre le bon et le plaisant, mais le bonheur est censé unifier ces deux dimensions : « le bonheur est ce qu'il y a de meilleur, de plus beau et de plus plaisant » (Aristote, *Éthique à Nicomaque* I, 9, 1099 a 25).

manifestation du bien, c'est l'origine de la faute[1]. Augustin cite alors Virgile : «Chacun est tiré par sa volupté»[2]. «L'âme est tirée aussi par l'amour. [...] C'est peu que tu sois tiré par ta volonté, tu l'es encore par ta volupté [...], non par une obligation, mais par une délectation»[3]. Dans l'amour, chacun ressent un mouvement spontané, qui vient de lui-même, et une attirance invincible, qui vient de l'objet. Le plaisir est la manifestation de ce qui est bon pour nous, et cette expérience du plaisir est une manifestation affective de son être-bon. Le seul plaisir de l'objet suffit à expliquer que mon désir est à la fois motivé objectivement et totalement libre. Le plaisir ne supprime pas la liberté, il est «le poids intérieur de la volonté»[4]. Le plaisir est une révélation pour le désir, une manifestation du bien. «Cette révélation, c'est elle-même qui est attraction. [...] On présente une noix à un enfant, il est attiré ; et il est attiré où il court ; il est attiré par son amour». Augustin conclut, logiquement : «Qu'est-ce que l'âme, en effet, désire avec plus de force que la vérité ?». Avant tout, le plaisir est à la fois phénomène du bien et accès à la vérité, objet du désir. C'est donc la révélation de la vérité qui libère le libre arbitre[5]. Désirer le vrai, c'est déjà la liberté. Parce que l'apparence est encore une apparence de vérité, le désir du plaisir est déjà la joie de la vérité (*gaudium de veritate*)[6]. La volonté «n'est libre qu'autant qu'elle est libérée, et c'est en ce sens qu'on l'appelle volonté»[7].

---

1. *Cf.* H. Arendt, *Le concept d'amour chez saint Augustin*, trad. fr. A.-S. Astrup, Paris, Deuxtemps Tierce, 1999, p. 108 : en péchant, l'homme déforme «le sens originel de son être créé, qui était justement de le renvoyer par-delà le monde à sa véritable origine».

2. Virgile, *Eglogue* 2, 65.

3. Augustin, *Homélies sur l'évangile de saint Jean* XXVI, 4 (BA 72, 492).

4. François de Sales, *Traité de l'amour de Dieu* II, 12 : «sa suavité maintient puissamment la liberté de notre vouloir» (*Œuvres*, t. IV, Annecy, Imprimerie J. Nériat, 1894, p. 127, qui cite précisément les *Homélies sur Jean* XXVI, 4) ; *cf.* É. Gilson, *Introduction à l'étude de saint Augustin*, Paris, Vrin, 2003 (1929), p. 210-211 : «la délectation n'est que l'amour, qui n'est lui-même que le poids intérieur de la volonté», et H. Mâchefert, «Le poids de l'amour. Une lecture des *Confessions* XIII, 9, 10», dans M. Caron (dir.), *Saint Augustin*, «Les cahiers d'histoire de la philosophie», Paris, Cerf, 2009, p. 343-366.

5. On retrouve en creux la double articulation aristotélicienne (connaissance vraie et désir juste) lorsqu'Augustin explique la faute : pourquoi les hommes ne sont-ils pas sans péché ? «Parce que les hommes ne veulent pas». Mais pourquoi ne le veulent-ils pas ? «Les hommes ne veulent pas faire ce qui est juste, soit parce qu'ils ne savent pas si c'est juste, soit parce qu'ils n'y trouvent aucun plaisir : car nous voulons d'autant plus vivement toute chose que nous la connaissons plus certainement pour bonne, et que nous y trouvons un plus ardent plaisir» (*Salaire et pardon des péchés*, II, 17, 26 ; BA 20/1, 288).

6. Augustin, *Les Confessions* X, 23, 33 (BA 14, 200).

7. Augustin, *Les Révisions* I, 15, 4 (BA 12, 368).

Ces remarques avaient pour but de défricher quelques allées pour notre réflexion commune. On peut les résumer en soulignant que, structurellement, le concept de libre arbitre reprend le concept d'*hekousion* ou d'*eph' hemin* chez Aristote : ce qu'il dépend de nous de faire ou de ne pas faire. Cela pose, chez Augustin, la question de la double dimension du libre arbitre, comme capacité de ne choisir que le bien (liberté), ou capacité de choisir entre différents biens (et indirectement, entre le bien et le mal). En second lieu, à partir de ce concept, chez Duns Scot, se construit l'opposition classique entre nécessité naturelle et volonté contingente, mais aussi la tension entre le désir et la liberté, ce qui débouche sur les contradictions soulignées par Kant. Enfin, ce qui était chez Aristote l'*akrasia*, l'impuissance, c'est-à-dire une dépendance invincible envers nos désirs, devient chez Augustin la faiblesse de la volonté, c'est-à-dire un prodige, une contradiction monstrueuse : une puissance impuissante, où ce qui est censé être le plus en mon pouvoir s'avère le moins en mon pouvoir.

Comment sortir de cette faiblesse ? En réglant notre recherche du plaisir sur les joies les plus grandes. À condition que celles-ci ne soient pas poursuivies pour elles-mêmes, mais pour les biens qu'elles révèlent à notre désir, ou dont elles sont les phénomènes. Il ne peut y avoir de libération du libre arbitre que s'il y a une libération du désir. Mais sans la vérité du désir, sans l'objectivité du bien, il n'y a pas de libération véritable.

Olivier BOULNOIS
École Pratique des Hautes Études,
PSL Research University, Paris, LEM (UMR 8584)

# QUEL POUVOIR DE LA VOLONTÉ ?
## AUGUSTIN EN DÉBAT AVEC PÉLAGE

Dans son débat avec Pélage, Augustin juge essentiel de déterminer avec justesse « ce qui est en notre pouvoir » : admettre la possibilité de l'*impeccantia* n'est pas comme tel une difficulté [1] ; ce qu'on ne peut absolument pas admettre, en revanche, c'est que cela soit au pouvoir de l'homme sans l'aide de Dieu [2], comme le prétend Pélage. Les terminologies de Pélage et d'Augustin diffèrent : là où Pélage privilégie le terme de *possibilitas*, Augustin choisit au contraire celui de *potestas* ; cette distinction va de pair avec des conceptions radicalement différentes de la nature humaine et de sa relation à Dieu ; si Pélage juge que la volonté (*uoluntas*) et l'action (*actio*) n'ont nul besoin du secours divin pour faire le bien, Augustin affirme au contraire, à la suite de Paul (Ph 2, 13), que l'homme ne peut faire le bien si Dieu n'opère en lui le vouloir et le faire [3].

On constate pourtant une certaine analogie dans la manière dont Augustin et Pélage se représentent le libre arbitre ; l'un et l'autre soulignent, à la suite des stoïciens, qu'il est « en notre pouvoir » de donner

---

1. Cf. *De spir. et litt.* 1, 1 (CSEL 60, p. 155) : « Vnde non ideo negare debemus fieri posse ut homo sine peccato sit, quia nullus est hominum praeter illum, qui non tantum homo, sed etiam natura Deus est, in quo id esse perfectum demonstrare possimus » ; 2, 3, p. 156 ; cf. *De pecc. mer.* II, 6, 7 (BA 20/A, p. 240-243) : « Nam qui dicunt esse posse in hac uita hominem sine peccato, non est eis continuo incauta temeritate obsistendum. Si enim esse posse negauerimus, et hominis libero arbitrio, qui hoc uolendo appetit, et Dei uirtuti uel misericordiae, qui hoc adiuuando efficit, derogabimus. »

2. Cf. *De spir. et litt.* 2, 4, (CSEL 60, p. 156-157) : « Sed illis acerrime ac uehementissime resistendum est qui putant sine adiutorio Dei per se ipsam uim uoluntatis humanae uel iustitiam posse perficere uel ad eam tendendo proficere et, cum urgueri coeperint quomodo id praesumant asserere fieri sine ope diuina, reprimunt se nec hanc uocem audent emittere, quoniam uident quam sit impia et non ferenda. »

3. Cf. *De gr. Christi et de pecc. or.* I, 3, 4 – 5, 6 (BA 22, p. 58-65).

ou non notre consentement aux représentations. Comment comprendre alors un tel écart dans le pouvoir effectif donné à la volonté ? Comment comprendre surtout qu'Augustin puisse soutenir à la fois le rôle déterminant du libre arbitre, qui peut opter entre la foi et l'incroyance, et la faiblesse de la volonté humaine qui, si elle est livrée à ses seules forces, est impuissante à croire et faire le bien ?

## CE QUI EST EN NOTRE POUVOIR

Pour déterminer les conceptions respectives d'Augustin et de Pélage sur ce qui est ou non en notre pouvoir, je prendrai appui sur deux traités d'Augustin : le *De spiritu et littera* et le *De gratia Christi et de peccato originali*. Le premier ouvrage est rédigé par Augustin au début de la controverse, dans les premiers mois de 412 ; Augustin évite alors de nommer Pélage, mais il se réfère implicitement aux *Expositiones* que Pélage avait consacrées aux épîtres pauliniennes[1]. Le second traité est postérieur au concile de Carthage du 1er mai 418[2] : Augustin y répond à Albine, Pinien et Mélanie et les met en garde contre l'équivoque des déclarations de Pélage, en prenant appui notamment sur le *Pro libero arbitrio* et sur la *Lettre à Démétrias* de Pélage.

### La notion augustinienne de potestas selon le De spiritu et littera

Dans la dernière partie du *De spiritu et littera*, Augustin a le souci de montrer que le libre arbitre, loin d'être supprimé par la grâce, est établi par elle[3]. Pour l'établir, il s'interroge sur la foi et se demande si elle est ou non en notre pouvoir (*utrum fides in potestate sit*)[4]. Ce qui le conduit à analyser attentivement la notion de *potestas*. Il distingue dans un premier temps *uelle* et *posse*, et donc *uoluntas* et *potestas*, en rappelant que l'une peut

---

1. Cf. I. Bochet, « *Le firmament de l'Écriture* ». *L'herméneutique augustinienne*, Paris, Institut d'Études augustiniennes, 2004, p. 57-67.

2. Cf. O. Perler, J.-L. Maier, *Les voyages de saint Augustin*, Paris, Études augustiniennes, 1969, p. 344.

3. Cf. *De spir. et lit.* 30, 52 (CSEL 60, p. 208) : « Liberum ergo arbitrium euacuamus per gratiam ? Absit, sed magis liberum arbitrium statuimus. Sicut enim lex per fidem, sic liberum arbitrium per gratiam non euacuatur, sed statuitur. »

4. Cf. *De spir. et lit.* 31, 54, (CSEL 60, p. 210) : « Adtende iam illud quod excutiendum posuimus, utrum fides in potestate sit. »

exister sans l'autre : il est possible de vouloir sans pouvoir, tout comme il est possible de pouvoir et de ne pas vouloir.

> Vouloir et pouvoir sont deux réalités distinctes ; d'où le fait que ni celui qui veut ne peut conjointement, ni celui qui peut ne veut pas conjointement, car de même que nous voulons parfois ce que nous ne pouvons pas, de même nous pouvons parfois ce que nous ne voulons pas. Il est suffisamment évident, et la chose est sensible dans le vocabulaire lui-même, que le terme de *volonté* (*uoluntas*) provient du verbe *vouloir* (*uelle*) et que le terme de *pouvoir* (*potestas*) dérive quant à lui du verbe *pouvoir* (*posse*) [1].

En un second temps, Augustin montre comment, dans le concret, il n'y a de pouvoir effectif que là où il y a aussi vouloir : il s'appuie sur une analyse du langage courant, en évoquant successivement le cas où l'on agit sous la contrainte et celui où on se refuse à agir malgré la contrainte.

Il arrive qu'on agisse malgré soi, en y étant contraint, par exemple, pour éviter un mal, mais en ce cas, on ne dira pas de quelqu'un qu'il a agi « malgré lui » (*inuitus*) s'il a agi en utilisant son pouvoir (*potestate*), car c'est en *voulant* éviter ce mal qu'il fait ce qu'il est contraint de faire [2]. Il y a donc encore une volonté, même si cette volonté n'est pas « libre et entière » (*non quidem plena et libera uoluntate*) :

> S'il possédait de fait une volonté suffisamment forte pour préférer ne pas agir que de subir le contraire, il résisterait sans aucun doute à ce qui le contraint et n'agirait pas. En conséquence, si quelqu'un agit, il n'agit certes pas avec une libre et entière volonté, mais il n'en n'agit pas moins du fait de sa propre volonté ; et puisque cette volonté est suivie d'effets, nous ne pouvons pas dire que le pouvoir a manqué à l'auteur de l'acte [3].

---

1. *De spir. et lit.* 31, 53 (CSEL 60, p. 209-210) : « Cum enim duo quaedam sint uelle et posse – unde nec qui uult continuo potest nec qui potest continuo uult, quia sicut uolumus aliquando quod non possumus, sic etiam possumus aliquando quod nolumus –, satis elucet et ipsis etiam uocabulis resonat, quod ab eo quod est uelle uoluntas, ab eo autem quod est posse potestas nomen accepit. »

2. Cf. *De spir. et lit.* 31, 53 (CSEL 60, p. 210) : « Sed ut potestate aliquid fiat, uoluntas aderit. Neque enim dici solet quispiam potestate fecisse, si quid fecit inuitus. Quamquam, si subtilius aduertamus, etiam quod quisque inuitus facere cogitur, si facit, uoluntate facit ; sed quia mallet aliud, ideo inuitus, hoc est, nolens facere dicitur. Malo quippe aliquo facere compellitur, quod uolens euitare uel a se remouere facit quod cogitur. »

3. *De spir. et lit.* 31, 53 (CSEL 60, p. 210) : « Nam si tanta uoluntas sit, ut malit hoc non facere quam illud non pati, cogenti procul dubio resistit nec facit. Ac per hoc, si facit, non quidem plena et libera uoluntate, sed tamen non facit nisi uoluntate ; quam uoluntatem quia effectus consequitur, non possumus dicere potestatem defuisse facienti. » À comparer à *De ciu. Dei*, V, 10, 1 (BA 33, p. 686-687).

La *potestas* inclut donc la *uoluntas*, même dans le cas où on agit sous la contrainte[1]. Dans le cas inverse, c'est-à-dire quand on n'agit pas sous la contrainte parce qu'on s'y refuse, il y a manifestement le pouvoir d'agir (*potestas*), mais non la volonté ; pourtant, le sujet qui refuse de céder, alors même qu'il pourrait ainsi éviter un mal, répondra à ceux qui exercent sur lui une contrainte : « Je le ferais, si c'était en mon pouvoir »[2]. Il invoque donc une absence de *potestas*, là où il y a manifestement une absence de *uoluntas*.

Autrement dit, le passage à l'acte, c'est-à-dire la *potestas* effective suppose toujours qu'il y ait *uoluntas* ; inversement, l'absence de *uoluntas* a pour effet une absence de *potestas*. Augustin peut donc conclure :

> À quoi bon nous étendre donc sur ce point, puisque nous avons dit qu'il y a pouvoir (*potestatem*) dès qu'à la volonté (*uoluntati*) se joint la faculté d'exécuter (*facultas faciendi*) ? On a donc quelque chose en son pouvoir, lorsque, si on le veut, on agit, et si on ne le veut pas, on n'agit pas[3].

L'analyse concrète oblige donc à remettre en cause la distinction abstraite qu'Augustin avait posée initialement : s'il y a *potestas*, il y a nécessairement *uoluntas* ; mais l'inverse n'est pas vrai. Ce qui conduit Augustin à introduire un troisième terme : la *facultas faciendi* qui doit s'ajouter au vouloir pour qu'il y ait pouvoir.

Augustin revient alors à la question initiale : la foi est-elle en notre pouvoir ? Pour y répondre, il distingue les différentes formes du « croire ». Si on s'en tient à un sens très général de *fides*, c'est-à-dire si on entend par *fides* « le fait de donner son assentiment à la vérité d'un propos », il va de soi que cela est en notre pouvoir, puisque l'assentiment (*consensio*) dépend de

---

1. Comme le remarque O. Boulnois, après avoir cité ce texte, Augustin va ici beaucoup plus loin qu'Aristote : « Ce n'est pas seulement l'action volontaire qui est imputée à ma volonté, mais aussi l'action contrainte, ce qui préfigure l'adage juridique *coacta uoluntas etiam uoluntas* (la volonté contrainte est encore une volonté) » (« Augustin, la faiblesse et la volonté », dans A. De Libera (éd.), *Après la métaphysique : Augustin ?*, Actes du colloque inaugural de l'Institut d'Études Médiévales de l'Institut Catholique de Paris, 25 juin 2010, Paris, Vrin, 2013, p. 51-77 ; voir ici p. 56-57).

2. Cf. *De spir. et lit.* 31, 53 (CSEL 60, p. 210) : « Cum uero ideo non faciebat, quia nolebat, erat utique potestas, sed uoluntas deerat, quamdiu cogenti reluctando non fecit. Hinc est, quod etiam illi, qui cogunt uel qui suadent, solent dicere : "Quod habes in potestate, quare non facis, ut hoc malo careas ? " Et qui omnino facere non possunt quod ideo coguntur ut faciant, quia posse creduntur, solent excusando respondere et dicere : "Facerem, si esset in potestate". »

3. *De spir. et lit.* 31, 53 (CSEL 60, p. 210) : « Quid igitur ultra quaerimus, quando quidem hanc dicimus potestatem, ubi uoluntati adiacet facultas faciendi ? Vnde hoc quisque in potestate habere dicitur, quod, si uult, facit ; si non uult, non facit. »

notre volonté[1]. Si maintenant il s'agit de la foi en Dieu, il faut distinguer, avec Paul, la foi de ceux qui sont sous la loi et qui s'efforcent d'acquérir leur propre justice dans la crainte du châtiment et la foi de ceux qui sont sous la grâce et qui attendent « de l'Esprit l'espérance de la justice » (Ga 5, 5). Les premiers ont une foi « servile », ils sont esclaves et n'accomplissent pas vraiment la justice, puisqu'ils ne se conforment à ses exigences que par crainte[2]; les seconds ont une foi « filiale », car ils ont reçu « le pouvoir de devenir des fils de Dieu »[3] (Jn 1, 12); ils ont la « foi qui opère par la charité » (Ga 5, 6), non par la crainte, non par la menace du châtiment, mais par l'amour de la justice.

La question précise à traiter est donc maintenant la suivante : cette foi filiale, qui justifie l'homme, est-elle ou non en son pouvoir ? Autrement dit, « la volonté, par laquelle nous croyons, est-elle elle-même un don de Dieu ou provient-elle du libre arbitre naturellement présent en nous ? »[4]. Augustin montre l'impasse à laquelle on est conduit si on privilégie une réponse au détriment de l'autre. D'une part, si la volonté de croire n'est pas un don de Dieu, nous avons des raisons de nous en glorifier, mais si elle est don de Dieu, les non-croyants peuvent invoquer une juste excuse de ne pas croire[5]. D'autre part,

---

1. Cf. *De spir. et lit.* 31, 54 (CSEL 60, p. 211) : « Quid est enim credere nisi consentire uerum esse quod dicitur ? Consensio autem utique uolentis est. ». Voir aussi 32, 55, p. 211 : « Cum ergo fides in potestate sit, quoniam cum uult quisque credit et, cum credit, uolens credit… ».

2. Cf. *De spir. et lit.* 32, 56 (CSEL 60, p. 213) : « Sed adhuc est aliquid discernendum, quoniam et illi qui sub lege sunt et timore poenae iustitiam suam facere conantur et ideo non faciunt Dei iustitiam, quia caritas eam facit, quam non libet nisi quod licet, non timor, qui cogitur in opere habere quod licet, cum aliud habeat in uoluntate qua mallet, si fieri posset, licere quod non licet. »

3. Cf. *De spir. et lit.* 32, 56 (CSEL 60, p. 213) : « Huc ergo transeant qui sub lege sunt, ut ex seruis filii fiant, nec sic tamen, ut serui esse desistant, sed ut tamquam filii Domino et patri liberaliter seruiant, quia et hoc acceperunt "dedit enim potestatem ille unicus filios Dei fieri credentibus in nomine eius" (Jn 1, 12)… ».

4. *De spir. et lit.* 33, 57 (CSEL 60, p. 215) : « Sed consequens est paululum quaerere utrum uoluntas illa qua credimus etiam ipsa Dei donum sit an ex illo naturaliter insito libero adhibeatur arbitrio. »

5. *De spir. et lit.* 33, 57 (CSEL 60, p. 215-216) : « Si enim dixerimus eam non esse donum Dei, metuendum est ne existimemus inuenisse nos aliquid, quod Apostolo increpanti et dicenti : "Quid enim habes quod non accepisti ? " […] Si autem dixerimus etiam huiusmodi uoluntatem non esse nisi donum Dei, rursus metuendum est, ne infideles atque impii non immerito se ueluti iuste excusare uideantur ideo non credidisse, quod dare illis Deus istam noluit uoluntatem. »

si la volonté de croire provient de notre nature, pourquoi tous les hommes ne l'ont-ils pas, puisque le même Dieu les a tous créés? Si elle provient d'un don de Dieu, pourquoi, là encore, tous ne l'ont-ils pas, puisque « Dieu veut que tous les hommes soient sauvés et parviennent à la connaissance de la vérité » (1 Tm 2, 4)?[1].

Il faut donc tenir à la fois que la volonté de croire procède du libre arbitre de la volonté et qu'elle résulte d'un don de Dieu. Comment? Le libre arbitre lui-même est un don du Créateur; proviennent aussi de Dieu toutes les incitations à croire, qu'elles soient extérieures, comme les préceptes de la loi ou les exhortations de l'évangile, ou intérieures, comme les pensées qui nous viennent à l'esprit. Ainsi,

> Dieu opère en l'homme le vouloir croire et « en toutes choses sa miséricorde nous prévient », mais il appartient à notre volonté propre de consentir à cet appel de Dieu ou de le refuser[2].

La possibilité même de croire et les incitations extérieures et intérieures qui nous poussent à croire sont des dons de Dieu, mais la foi en tant qu'assentiment dépend du libre arbitre. Augustin peut donc conclure :

> l'âme ne peut recevoir et posséder les dons dont elle entend [l'apôtre] parler qu'en y consentant, et par là, ce qu'elle possède et reçoit relève de Dieu, mais recevoir et posséder relève, de toute façon, de celui qui reçoit et possède[3].

On voit le paradoxe : tout en affirmant que le vouloir est, par définition, « ce qui est en notre pouvoir » – affirmation clairement énoncée dans le *De libero arbitrio*[4] –, Augustin n'hésite pas à dire en même temps, en suivant Paul à la lettre, que « Dieu opère en nous le vouloir et le faire » (Ph 2, 13). Le paradoxe est encore renforcé, dans la mesure où l'initiative

---

1. *De spir. et lit.* 33, 57 (CSEL 60, p. 216) : « De hac quaeritur unde sit nobis. Si natura, quare non omnibus, cum sit idem Deus omnium creator? Si dono Dei, etiam hoc quare non omnibus, cum "omnes homines uelit saluos fieri et in agnitionem ueritatis uenire"? »

2. *De spir. et lit.* 34, 60 (CSEL 60, p. 220) : « ... profecto et ipsum uelle credere Deus operatur in homine et "in omnibus misericordia eius praeuenit nos", consentire autem uocationi Dei uel ab ea dissentire, sicut dixi, propriae uoluntatis est. »

3. *Ibid.* : « Accipere quippe et habere anima non potest dona, de quibus hoc audit, nisi consentiendo ac per hoc, quid habeat et quid accipiat Dei est, accipere autem et habere utique accipientis et habentis est. »

4. Cf. *De lib. arb.* III, 3, 7 (BA 6, p. 396-397) : « Quapropter nihil tam in nostra potestate quam ipsa uoluntas est. Ea enim prorsus nullo interuallo mox ut uolumus praesto est » ; III, 3, 8, p. 400-401 : « Nec uoluntas esse poterit si in potestate non erit. »

appartient à Dieu et que les raisons des choix divins échappent complètement à notre intelligence[1].

## La notion pélagienne de possibilitas dans le Pro libero arbitrio

La perspective de Pélage est bien différente, si l'on en juge par les extraits du *Pro libero arbitrio* que cite Augustin dans le *De gratia Christi*.

> Nous, dit-il, nous distinguons de la sorte ces trois éléments et nous les rangeons dans un ordre déterminé. En premier lieu, nous mettons le pouvoir (*posse*), en deuxième lieu le vouloir (*uelle*), en troisième lieu l'être (*esse*) : nous plaçons le pouvoir dans la nature, le vouloir dans le libre arbitre et l'être dans l'exécution. Le premier élément, c'est-à-dire le pouvoir, appartient proprement à Dieu qui l'a conféré à sa créature ; les deux autres, c'est-à-dire le vouloir et l'être, sont à rapporter à l'homme, car ils découlent du libre arbitre[2].

Le premier élément que Pélage nomme *possibilitas*[3] est donc une capacité conférée par Dieu et constitutive de la nature de l'homme : elle lui appartient nécessairement. Comme le précise Pélage,

> je suis libre de n'avoir ni aucune volonté bonne, ni aucune action bonne, mais je ne puis d'aucune manière ne pas avoir la capacité du bien : celle-ci est en moi, même si je ne le veux pas et la nature n'admet jamais en cela l'absence d'elle-même[4].

---

1. *De spir. et lit.* 34, 60 (CSEL 60, p. 220) : « Iam si ad illam profunditatem scrutandam quisquam nos coartet cur illi ita suadeatur ut persuadeatur, illi autem non ita, duo sola occurrunt interim quae respondere mihi placeat : "O altitudo diuitiarum ! " (Rm 11, 33) et "Numquid iniquitas apud Deum ? " (Rm 9, 14) ».

2. Pélage, *Pro lib. arb.* (*De grat. Christi et de pecc. or.* I, 4, 5, BA 22, p. 60-61) : « Nos, inquit, sic tria ista distinguimus et certum uelut in ordinem digesta partimur. Primo loco posse statuimus, secundo uelle, tertio esse ; posse in natura, uelle in arbitrio, esse in effectu locamus. Primum illud, id est posse ad Deum proprie pertinet, qui illud creaturae suae contulit, duo uero reliqua, hoc est uelle et esse ad hominem referenda sunt, quia de arbitrii fonte descendunt. » J'utilise les traductions de la *Bibliothèque Augustinienne*, en les modifiant si nécessaire.

3. Le terme *possibilitas* est postclassique ; il désigne la capacité de faire une chose ou la simple possibilité ; il n'a pas la force du terme *potestas*. Voir N. Adkin, « Possibilitas », *TLL* X 2, Leipzig, 1980, p. 108, l. 64 – 112, l. 41.

4. Pélage, *Pro lib. arb.* (*De grat. Christi et de pecc. or.* I, 4, 5, BA 22, p. 60-61) : « Itaque liberum mihi est nec uoluntatem bonam habere nec actionem, nullo autem modo possum non habere possibilitatem boni ; inest mihi, etiamsi noluero, nec otium sui aliquando in hoc natura recipit. »

Pélage caractérise également cette *possibilitas* comme la capacité des contraires :

> Nous avons, dit-il, la capacité des contraires (*possibilitatem utriusque partis*), implantée en nous par Dieu et pareille, pour ainsi dire, à une racine féconde et productrice de fruits qui, en dépendance de la volonté de l'homme, engendre et met au jour des productions de qualités opposées et peut, selon la décision (*arbitrium*) de celui-là même qui la cultive, resplendir des fleurs des vertus ou faire horreur par les épines des vices [1].

Cette conception pélagienne de la nature comme capacité pour le bien comme pour le mal n'est pas sans rappeler la conception aristotélicienne de la puissance. Il faut aussi rapprocher ces textes de certains extraits du *De natura* de Pélage [2] que cite Augustin dans le *De natura et gratia*. La discussion porte sur l'*impeccantia*. Pélage précise : « Nous contestons au sujet de possibilité et d'impossibilité (*de posse et non posse*), non au sujet d'existence et de non-existence (*non de esse et non esse*). » [3]. Il ajoute :

> Parce qu'il dépend de nous de ne pas pécher, nous pouvons pécher et ne pas pécher. [...] Parce que le fait de pouvoir ne pas pécher (*posse non peccare*) ne dépend pas de nous, même si nous voulions ne pas avoir le pouvoir de ne pas pécher, nous ne pourrions pas ne pas avoir le pouvoir de ne pas pécher [4].

La possibilité de ne pas pécher (*non peccandi possibilitas*) est donc insérée dans notre nature d'une manière inséparable (*inseparabiliter insitum... naturae*) et relève d'une « nécessité de nature (*naturae necessitate*) » ; elle ne dépend pas du « pouvoir de notre libre arbitre (*non... in*

---

1. Pélage, *Pro lib. arb.* (*De grat. Christi et de pecc. or.* I, 18, 19, BA 22, p. 90-91) : « De qua possibilitate Pelagius in libro primo pro libero arbitrio ita loquitur : habemus autem, inquit, possibilitatem utriusque partis a Deo insitam uelut quandam, ut ita dicam, radicem fructiferam atque fecundam, quae ex uoluntate hominis diuersa gignat et pariat et quae possit ad proprii cultoris arbitrium uel nitere flore uirtutum uel sentibus horrere uitiorum. »

2. Sur le *De natura*, voir W. Löhr, « Pelagius' Schrift *De natura* : Rekonstruktion und Analyse », *Recherches augustiniennes*, 31, 1999, p. 235-294.

3. Pélage, *De natura* (*De nat. et grat.* 7, 8, BA 21, p. 256-257) : « ... de posse et non posse, non de esse et non esse contendimus. »

4. Pélage, *De natura* (*De nat. et grat.* 49, 57, BA 21, p. 350-351) : « Quia non peccare, inquit, nostrum est, possumus peccare et non peccare. [...] Quia uero posse non peccare nostrum non est, et, si uoluerimus non posse non peccare, non possumus non posse non peccare. »

*arbitrii potestate*)»[1]. L'affirmation correspond à celle du *Pro libero arbitrio*.

Venons-en aux deux autres éléments mentionnés par Pélage : le vouloir et l'être. Si le pouvoir inséré dans notre nature relève de Dieu seul, le vouloir et l'être dépendent au contraire entièrement de nous, c'est-à-dire de notre libre arbitre; c'est donc là que réside la gloire de l'homme[2]. Nous pouvons en effet utiliser pour le bien comme pour le mal la capacité donnée par Dieu. Les analogies invoquées par Pélage pour éclairer son propos le confirment sans équivoque :

> Pour embrasser dans une formule générale tous les cas, le fait que nous pouvons faire, dire, penser le bien sous toutes ses formes, revient à celui qui nous a donné ce pouvoir et qui lui assure son aide; le fait que nous agissons, parlons ou pensons conformément au bien est notre affaire, puisque nous pouvons aussi appliquer tout cela au mal[3].

La manière dont Augustin discute ces affirmations de Pélage et leur oppose ses propres thèses dans le *De gratia Christi* permet de saisir leur divergence profonde. Augustin récuse l'idée d'un pouvoir qui serait la capacité des contraires et dont sortirait le bien tout autant que le mal :

> La capacité (*possibilitas*) n'est pas, comme le pense [Pélage], la seule et unique racine à la fois des actes bons et des actes mauvais; en effet, autre est la charité, racine des actes bons, autre la convoitise, racine des actes mauvais, et elles diffèrent entre elles autant que la vertu et le vice[4].

Augustin ne nie pas que cette capacité puisse « contenir l'une et l'autre racine », mais ce qu'il récuse, c'est la symétrie que veut établir Pélage entre le pouvoir de faire le bien et celui de faire le mal, comme si l'un et l'autre dépendaient au même titre de nous. La *cupiditas* est certes à imputer à

---

1. Pélage, *De natura* (*De nat. et grat.* 50, 58, BA 21, p. 352-353) : « Quia nulla, inquit, adimere uoluntas potest, quod inseparabiliter insitum probatur esse naturae. [...] Ipsa, inquit, non peccandi possibilitas non tam in arbitrii potestate quam in naturae necessitate est. »

2. *Cf.* Pélage, *Pro lib. arb.* (*De grat. Christi et de pecc. or.* I, 4, 5, BA 22, p. 60-61) : « Ergo in uoluntate et opere bono laus hominis est... ».

3. *Cf.* Pélage, *ibid.* : « Et ut generaliter uniuersa complectar : quod possumus omne bonum facere, dicere, cogitare, illius est, qui hoc posse donauit, qui hoc posse adiuuat; quod uero bene uel agimus uel loquimur uel cogitamus, nostrum est, quia haec omnia uertere in malum etiam possumus. »

4. *Cf. De grat. Christi et de pecc. or.* I, 20, 21 (BA 22, p. 92-95) : « Illa ergo possibilitas non, ut iste opinatur, una eademque radix est bonorum et malorum; aliud est enim caritas radix bonorum, aliud cupiditas radix malorum tantumque inter se differunt quantum uirtus et uitium. »

l'homme lui-même (ou au démon), mais la *caritas* est un don de Dieu ; Dieu lui-même est charité et ce n'est pas l'homme qui en est la source.

Corrélativement, « le vouloir et l'être (*uelle et esse*) », ou encore « la volonté et l'action (*uoluntas et actio*) » ne sauraient découler uniquement du libre arbitre, comme le prétend Pélage. Augustin lui oppose ici Ph 2, 13 : « C'est Dieu qui opère en vous le vouloir et l'accomplissement (*et uelle et perficere*) » ou, « selon d'autres codex, grecs surtout, le vouloir et l'agir (*et uelle et operari*) »[1]. En mettant en parallèle les termes de Paul et ceux de Pélage, Augustin remarque que Paul a comme par avance réfuté Pélage[2] ! Pélage, certes, s'est efforcé de répondre à cette objection dans le *Pro libero arbitrio* en donnant l'interprétation suivante du verset paulinien :

> [Dieu] opère en nous le vouloir de ce qui est bon et le vouloir de ce qui est saint, en nous enflammant par la grandeur de la gloire future et la promesse des récompenses, nous qui nous adonnons aux convoitises terrestres et n'aimons, à la façon des animaux privés de la parole, que les réalités présentes ; en réveillant par la révélation de sa sagesse le désir de Dieu dans notre volonté engourdie ; en nous conseillant ce qui est bien[3].

Mais Augustin montre qu'il réduit ainsi l'aide de Dieu à son enseignement et qu'il ne reconnaît donc nullement l'action de Dieu au principe du vouloir et de l'agir bons[4].

La distinction que Pélage établit entre *posse*, *uelle* et *esse* est, selon Augustin, un subterfuge : elle est en fait une manière de masquer qu'il n'admet pas la nécessité de la grâce pour vouloir et faire le bien ; en jouant sur cette distinction, il peut en effet laisser croire que la volonté et l'œuvre bonnes sont à la fois la gloire de l'homme et de Dieu, dans la mesure où le pouvoir de vouloir et de faire procède toujours de Dieu :

---

1. Cf. *De grat. Christi et de pecc. or.* I, 5, 6 (BA 22, p. 64-65), citant Ph 2, 13 : « ... sed ait : "Deus est enim qui operatur in uobis et uelle et perficere", uel, sicut in aliis et maxime Graecis codicibus legitur, "et uelle et operari". »

2. *Ibid.* : « Videte si non apostolus gratiae Dei futuros aduersarios sancto spiritu tanto ante praeuidit et haec duo, id est et uelle et operari, quae iste ita nostra esse uoluit, tamquam ipsa diuinae gratiae non adiuuentur auxilio, Deum in nobis dixit operari. »

3. Cf. Pélage, *Pro lib. arb.* (*De grat. Christi et de pecc. or.* I, 10, 11, BA 22, p. 74-75) : « Operatur in nobis uelle quod bonum est, uelle quod sanctum est, dum nos terrenis cupiditatibus deditos et mutorum more animalium tantummodo praesentia diligentes futurae gloriae magnitudine et praemiorum pollicitatione succendit ; dum reuelatione sapientiae in desiderium Dei stupentem suscitat uoluntatem ; dum nobis suadet omne quod bonum est. »

4. Cf. *De grat. Christi et de pecc. or.* I, 10, 11 – 11, 12 (BA 22, p. 74-79).

C'est donc dans la volonté et l'œuvre bonnes que se trouve la gloire de l'homme, bien mieux : à la fois de l'homme et de Dieu qui lui a donné la capacité de volonté et d'action (*uoluntatis et operis possibilitatis*) et qui aide toujours cette capacité elle-même du secours de sa grâce [1].

Au terme de cette analyse, on saisit l'écart entre Augustin et Pélage. La *possibilitas* exposée par Pélage dans son *Pro libero arbitrio* comme dans son *De natura* est, selon Augustin, une abstraction; dans l'expérience concrète, la *potestas* est en réalité indissociable de la volonté et de l'action, comme lui-même l'a montré dans le *De spiritu et littera*.

Au principe de cette opposition, on trouve deux conceptions très différentes de la nature. La *possibilitas* inhérente à la nature selon Pélage est un don de Dieu qui, pour ainsi dire, *suffit* (même si Pélage concède que la grâce peut aider cette capacité); le reste, c'est-à-dire le vouloir et l'action, dépend seulement du libre arbitre de l'homme. Autrement dit, Pélage pense la nature comme une puissance autonome : doué de ce pouvoir de vouloir et d'agir, l'homme n'a plus vraiment besoin de l'aide de Dieu, même si les exhortations divines s'avèrent utiles parfois pour réveiller en lui le désir de Dieu. Augustin pense, au contraire, une intime dépendance de la nature à l'égard de Dieu en toutes ses opérations, comme l'énonce avec vigueur une formule du livre XI de la *Cité de Dieu* :

Si donc nous tenions de nous-mêmes notre nature (*natura*), assurément nous serions aussi les auteurs de notre sagesse, sans nous préoccuper de l'acquérir par l'enseignement (*doctrina*), c'est-à-dire en l'apprenant d'un autre, et notre amour (*amor*), émanant de nous, se rapportant à nous, nous suffirait pour vivre heureux, tout autre objet de jouissance deviendrait inutile. Mais, parce que, en fait, notre nature, pour exister, a Dieu comme auteur (*auctorem*), il est certain que, pour goûter la vérité, nous devons l'avoir lui-même comme maître (*doctorem*) et l'avoir lui-même encore, pour être heureux, comme dispensateur d'une douceur intérieure (*suauitatis intimae largitorem*) [2].

1. Pélage, *Pro lib. arb.* (*De grat. Christi et de pecc. or.* I, 4, 5, BA 22, p. 60-61) : « Ergo in uoluntate et opere bono laus hominis est, immo et hominis et Dei, qui ipsius uoluntatis et operis possibilitatem dedit quique ipsam possibilitatem gratiae suae adiuuat semper auxilio... ».

2. *De ciu. Dei* XI, 25 (BA 35, p. 112-113) : « Si ergo natura nostra esset a nobis, profecto et nostram nos genuissemus sapientiam nec eam doctrina, id est aliunde discendo, percipere curaremus; et noster amor a nobis profectus et ad nos relatus et ad beate uiuendum sufficeret nec bono alio quo frueremur ullo indigeret; nunc uero quia natura nostra, ut esset, Deum habet auctorem, procul dubio ut uera sapiamus ipsum debemus habere doctorem, ipsum etiam ut beati simus suauitatis intimae largitorem. » À comparer à Origène, *De princ.* I, 3, 8 (SC 252,

Pélage admet certes que Dieu est l'auteur de la nature et qu'il enseigne l'homme, mais ce qu'il ne reconnaît pas, c'est l'action intérieure de Dieu au principe même du vouloir, qui n'est autre que la grâce : ce « pouvoir intérieur et secret, admirable et ineffable (*interna et occulta, mirabili ac ineffabili potestate*) » par lequel « Dieu opère dans les cœurs des hommes non seulement de vraies révélations, mais aussi des volontés bonnes »[1].

## LE LIBRE ARBITRE SELON PÉLAGE ET AUGUSTIN

Pour éclairer l'opposition que nous venons de mettre en lumière entre Pélage et Augustin, il importe d'approfondir leur conception respective du libre arbitre et de la situer face aux thèses stoïciennes.

Comme l'a bien montré S. Bobzien[2], le concept de liberté que l'on trouve chez les stoïciens ne correspond pas à ce que nous entendons aujourd'hui par liberté : ils ne s'intéressent nullement à la liberté de décision ; leur souci premier est de déterminer « ce qui dépend de nous (τὰ ἐφ' ἡμῖν) » ; or ce qui dépend de nous, c'est d'abord l'usage de nos représentations, comme le répète Épictète[3]. De façon analogue, Chrysippe, selon Cicéron dans le *De fato*, s'interroge sur ce qui est ou non « en notre pouvoir (*in nostra potestate*) » et soutient que l'assentiment lui-même est en notre pouvoir, même s'il ne peut avoir lieu que sous le choc d'une représentation[4]. La fonction de l'assentiment est en effet de valider les représentations : dans le domaine de la connaissance, il juge leur vérité ou leur fausseté ; dans le domaine de l'action, il se prononce « sur l'opportunité de suivre ou non l'impulsion déclenchée par la représentation d'un bien apparent »[5]. Autrement dit, « l'assentiment intervient en quelque sorte

p. 162-163) : « Cum ergo primo *ut sint* habeant *ex Deo patre*, secundo *ut rationabilia sint* habeant *ex uerbo*, tertio *ut sancta sint* habeant *ex spiritu sancto*... ».

1. Cf. *De grat. Christi et de pecc. or.* I, 24, 25 (BA 22, p. 104-105) : « Legant ergo et intelligant, intueantur atque fateantur non lege atque doctrina insonante forinsecus, sed interna et occulta, mirabili ac ineffabili potestate operari Deum in cordibus hominum, non solum ueras reuelationes, sed bonas etiam uoluntates. »

2. *Cf.* « Stoic Conceptions of Freedom and their relation to Ethics », dans R. Sorabji (éd.), *Aristotle and After, Bulletin of the Institute of Classical Studies* suppl. 68, 1997, p. 61-89.

3. Cf. *Ench.* 1, 2.5 ; *Diss.* I, 1, 7. 12. 22-23 ; I, 12, 34 ; I, 22, 10 ; II, 5, 8 ; II, 19, 32, etc. Voir S. Bobzien, « Stoic Conceptions of Freedom and their relation to Ethics », dans R. Sorabji (éd.), *Aristotle and After, op. cit.*, p. 81 n. 43.

4. Cicéron, *De fato*, 18, 41 – 19, 43.

5. M.-O. Goulet-Cazé, « À propos de l'assentiment stoïcien », dans M.-O. Goulet-Cazé, *Études sur la théorie stoïcienne de l'action*, Paris, Vrin, 2011, p. 73-236 ; voir ici p. 77.

comme un service de laisser-passer qui distribue aux représentations et aux impulsions des autorisations et des refus »[1].

La pensée stoïcienne constitue sans aucun doute le cadre de la réflexion sur le libre arbitre d'Augustin, tout autant que de Pélage : l'un et l'autre en effet se représentent le libre arbitre comme le pouvoir de consentir ou non aux pensées (*cogitationes*) ou aux plaisirs (*delectationes*) qui se présentent. Mais Augustin, à la différence de Pélage, donne un rôle majeur à la *delectatio* pour mettre en branle la volonté : ce qui lui permet d'articuler intimement grâce et libre arbitre.

### Le libre arbitre selon Pélage

N. Cipriani a montré, de façon convaincante, que la rhétorique ancienne a eu une influence directe sur la conception morale de Pélage[2] : l'insistance de Pélage sur la *possibilitas* correspond à un lieu rhétorique qui relève du genre délibératif. Dans les *Divisions de l'art oratoire*, Cicéron indique que, si l'on veut persuader d'une chose ou en dissuader,

> on doit d'abord examiner ce qui est possible ou ce qui ne l'est pas, ce qui est ou n'est pas nécessaire, car si une chose est impossible, quelque utile qu'elle soit, la délibération n'a plus d'objet ;

il précise en outre que

> dans l'examen de ce qui est possible, il faut considérer les difficultés d'exécution ; car une extrême difficulté équivaut à l'impossibilité[3].

---

1. Épictète, *Dissert.* III, 12, 15 : « Il ne faut pas admettre une représentation sans en examiner la valeur ; il faut lui dire : "Attends, que je voie qui tu es et d'où tu viens", comme disent les gardiens de nuit : "Montre-moi ton laissez-passer" » (cité par M.-O. Goulet-Cazé, *Études sur la théorie stoïcienne de l'action, op. cit.*, p. 91 n. 69). Voir aussi M. Frede, dans A. A. Long et D. Sedley (eds.), *A Free Will. Origins of the Notion in Ancient Thought*, Berkeley/Los Angeles/London, University of California Press, 2011, p. 31-44.

2. *Cf.* N. Cipriani, « La morale pelagiana e la retorica », *Augustinianum*, 31, 1991, p. 309-327.

3. *Cf.* Cicéron, *Part. orat.*, 24, 83 : « Est igitur in deliberando finis utilitas, ad quem omnia ita referuntur in consilio dando sententiaque dicenda ut illa prima sint suasori aut dissuasori uidenda, quid aut possit fieri aut non possit et quid aut necesse sit aut non necesse. Nam et si quid effici non potest, deliberatio tollitur quamuis utile sit… » ; 24, 84 : « Cum autem quaeritur quid fieri possit, uidendum etiam est quam facile possit ; nam quae perdifficilia sunt perinde habenda saepe sunt ac si effici non possint. » Voir N. Cipriani, « La morale pelagiana e la retorica », *Augustinianum*, 31, 1991, p. 324-325.

La *Lettre à Démétrias* exploite sans aucun doute ce lieu rhétorique, comme l'a souligné W. Löhr[1]. Dès le début de la lettre, Pélage précise, de façon générale, la méthode qu'il met en œuvre quand il exhorte à mener une « vie sainte » :

> [...] j'ai coutume, dit-il, de faire voir en premier lieu la force et la qualité de la nature humaine et de montrer ce qu'elle peut faire. Par là, j'excite l'esprit de celui qui m'écoute aux formes de la vertu, de crainte qu'il ne serve de rien de l'appeler à ce qui lui semblerait peut-être impossible[2].

Il s'agit donc de persuader tout d'abord l'auditeur qu'il lui est possible de mener une vie sainte, en lui montrant « tout le bien dont la nature est capable (*quidquid bonum natura potest*) », car « les meilleurs stimulants pour un esprit consistent à lui enseigner qu'il peut ce qu'il désire »[3].

Dans un tel contexte protreptique, on ne s'étonne pas de voir Pélage utiliser certains concepts stoïciens[4] et insister sur le rôle essentiel du libre arbitre. La manière dont il présente à Démétrias le combat spirituel est particulièrement caractéristique, comme l'a montré W. Löhr[5]. À la suite des stoïciens qui soulignent le caractère volontaire de « l'assentiment (*assensio/assensus*) » que l'homme donne ou non aux représentations ou aux impulsions[6], Pélage met en valeur le caractère volontaire du « consentement (*consensus*) » que l'on donne ou non aux mauvais conseils du démon :

---

1. Cf. *Pélage et le pélagianisme. Les dessous d'une hérésie légendaire* [désormais cité *Pélage et le pélagianisme*], Paris, Cerf, 2015, p. 83-86.

2. Pélage, *Dem.* 2 (PL 30, 17B-C) : « Quoties mihi de institutione morum et sanctae uitae conuersatione dicendum est, soleo primo humanae naturae uim qualitatemque monstrare, et quid efficere possit ostendere, ac iam inde audientis animum ad species incitare uirtutum, ne nihil prosit ad ea uocari, quae forte sibi impossibilia esse praesenserit. »

3. Pélage, *Dem.* 2 (PL 30, 17D) : « Optima enim animi incitamenta sunt, cum docetur aliquis posse quod cupiat. »

4. Voir à ce sujet C. Tibiletti, « Moduli stoici in Pelagio (*A Demetriade*) », *Filologia e forme letterarie*, Studi offerti a Francesco della Corte, Urbino, Editore Quattroventi, 1989, p. 109-119.

5. Cf. *Pélage et le pélagianisme, op. cit.*, p. 92-99 et p. 104-110.

6. Voir, par exemple, Cicéron, *Acad.* 1, 11, 40 : « ... sed ad haec quae uisa sunt et quasi accepta sensibus *assensionem* adiungit animorum, quam esse uult in nobis positam et *uoluntariam* » ; Sénèque, *De ira*, 2, 3, 4 : « Ira non moueri tantum debet sed excurrere ; est enim impetus ; numquam autem impetus sine *assensu* mentis est ; neque enim fieri potest ut de ultione et poena agatur animo nesciente » ; Sénèque distingue ici la mise en mouvement (*moueri*) du fait de l'impulsion et l'élan vers l'action (*impetus*) qui requiert l'assentiment de l'esprit, *cf.* M.-O. Goulet-Cazé, « À propos de l'assentiment stoïcien », *op. cit.*, p. 91 n. 68.

C'est de notre consentement que l'adversaire reçoit ses forces et c'est par notre propre épée, comme on a coutume de le dire, qu'il nous abat. Mais c'est un ennemi faible qui ne peut vaincre que celui qui le veut [1].

En effet, ce consentement, l'ennemi ne nous l'extorque pas par la contrainte, il cherche à l'obtenir par la persuasion [2]. L'essentiel du combat spirituel réside, de ce fait, dans le discernement des pensées. Pélage invite donc Démétrias à

accoutumer son esprit, par une garde attentive et vigilante, à discerner ses pensées, de manière à les approuver ou les rejeter au premier mouvement de l'âme (*ad primum animi motum*), afin de nourrir les bonnes pensées et d'éteindre aussitôt les mauvaises [3].

Pélage distingue trois types de pensées :

celles que la volonté favorise et embrasse avec amour; celles qui, à la manière d'une ombre légère, ont coutume de traverser rapidement l'esprit ou plutôt de se montrer seulement en passant et que les grecs désignent sous le nom de τύποι [4] ; celles qui sont suggérées à l'âme malgré elle à contre-cœur, auxquelles l'esprit résiste et s'oppose avec horreur, de sorte qu'il se réjouit quand il les a repoussées, comme il est attristé quand il les a admises [5].

Cette distinction permet à Pélage de distinguer là où il y a péché : il n'y a pas de péché dans le second cas, puisque la pensée mauvaise ne fait que traverser l'esprit; il y a péché, en revanche, là où il y a consentement de l'esprit (*consensum mentis*) à la suggestion mauvaise : autrement dit, dans

---

1. Pélage, *Dem.* 25, (PL 30, 41D) : « De consensu nostro aduersarius uires accipit, nostroque nos, ut dici solet, iugulat gladio. Infirmus hostis est, qui non potest uincere nisi uolentem. »

2. *Ibid.* (PL 30, 42A) : « Non enim cogendo, sed suadendo nocent : non extorquent a nobis consensum, sed expetunt. »

3. Pélage, *Dem.* 26, (PL 30, 42C) : « Est autem tutissimum atque perfectum, ut adsuescat animus sollicita semper peruigilique custodia discernere cogitationes suas et ad primum animi motum uel probare uel reprobare quod cogitat, ut uel bonas cogitationes alat, uel statim exstinguat malas ».

4. Sur le choix de ce terme, voir les remarques de W. Löhr, dans *Pélage et le péla-gianisme*, p. 110.

5. Pélage, *Dem.* 27, (PL 30, 43A-B) : « Distinguendum est autem inter cogitationes quibus uoluntas fauet, quas cum dilectione amplectitur, et inter eas cogitationes quae tenuis umbrae modo praeteruolare mentem solent, seseque tantummodo uel transeundo monstrare, quas Graeci τύποις uocant, uel certe inter illas quae repugnanti ac inuito animo suggeruntur, quibus mens cum horrore quodam renititur ac resistit, quibus ut contristatur admissis, ita gaudet expulsis. »

le troisième cas, si l'esprit est vaincu et admet la pensée mauvaise, et plus encore dans le premier, car l'esprit alors favorise la suggestion mauvaise et cherche à passer à l'acte[1]. On reconnaît dans cette description de Pélage la conception stoïcienne des premiers mouvements, que Sénèque distingue des « passions » proprement dites, dans le *De ira* : l'esprit subit les premiers mouvements, plutôt qu'il ne les crée ; en revanche, la passion suppose que l'on s'y abandonne, que l'on donne à ces mouvements « l'assentiment de l'esprit »[2]. Origène, Jérôme et Augustin développent des considérations similaires, comme le note W. Löhr[3] ; ils soulignent aussi, comme Pélage, l'influence néfaste de l'habitude ; mais on remarque l'insistance particulièrement forte de Pélage sur « l'inviolabilité et l'intégrité du libre arbitre »[4].

## Le libre arbitre selon Augustin

Augustin utilise également la terminologie stoïcienne de l'assentiment qui lui permet d'articuler un aspect passif – « ce qui vient à l'esprit » – et un aspect actif – « l'assentiment » ou « le consentement » que l'esprit donne à ces représentations. Dès le livre III du *De libero arbitrio*, il souligne à la fois l'un et l'autre aspects en affirmant :

> La volonté n'est sollicitée à un acte quelconque que par une représentation (*uisum*) ; et si chacun a le pouvoir de choisir ce qu'il prend ou rejette, il n'a nullement le pouvoir de déterminer la représentation qui le frappera.[5]

---

1. *Cf.* Pélage, *Dem.* 27, (PL 30, 43B) : « In iis autem cum quibus aliquandiu anima luctatur, quibus resistit uoluntas, aequale certamen est. Aut enim consentimus et uincimur ; aut respuimus et uincimus, et adquirimus de pugnatione uictoriam. In illa tantummodo cogitatione peccatum est, quae suggestioni consensum mentis dedit, quae malum suum blande fouet, quae in factum gestit irrumpere. »

2. *Cf.* Sénèque, *De ira*, 2, 3, 1 : » Nihil ex his quae animum fortuito impellunt affectus uocari debet : ista, ut ita dicam, patitur magis animus quam facit. Ergo affectus est non ad oblatas rerum species moueri, sed permittere se illis et hunc fortuitum motum prosequi » ; 2, 3, 5 : « Numquam dubium est quin timor fugam habeat, ira impetum : uide ergo an putes sine assensu mentis aut peti posse aut caueri. » Voir R. Sorabji, *Emotion and Peace of Mind. From Stoic Agitation to Christian Temptation*, Oxford, Oxford University Press, 2000, p. 66-75.

3. *Cf.* Origène, *De princ.* III, 2, 4 (SC 268, p. 168-175) ; Jérôme, *In Ez.* 18, 1-3 (PL 25, 168-169) ; *In Mt.* 6, 28 (PL 26, 39) : textes cités par W. Löhr, *Pélage et le pélagianisme*, p. 108.

4. *Cf. Pélage et le pélagianisme*, p. 110-114.

5. *De lib. arb.* III, 25, 74 (BA 6, p. 522-523) : « Sed quia uoluntatem non allicit ad faciendum quodlibet nisi aliquod uisum, quid autem quisque uel sumat uel respuat est in potestate, sed quo uiso tangatur nulla potestas est… ». *Visum* est la traduction de φαντασία donnée par Cicéron dans *Acad.* 2, 6, 18, G.F., p. 140.

Le paragraphe suivant précise qu'Adam a péché « en consentant (*consentiendo*) » à la suggestion venue du diable[1]. Il n'y a pas sur ce point de différence notable avec la manière dont Pélage présente la responsabilité de celui qui pèche, du moins dans le cas d'Adam. Mais la place croissante qu'Augustin donne à la *delectatio* dans sa description du vouloir et la manière dont il l'associe au mode d'action de la grâce le conduisent à penser bien autrement le pouvoir effectif du libre arbitre et la relation de l'homme à Dieu. Précisons en premier lieu l'importance donnée par Augustin à la *delectatio*; nous serons alors en mesure de comprendre comment il pense l'articulation concrète entre grâce et libre arbitre.

Si l'on compare les premières descriptions du mécanisme de la tentation dans l'œuvre augustinienne, on constate le rôle donné à la *delectatio* à partir du *De sermone Domini in monte*. Dans le *De Genesi contra manichaeos*, en 388-389, Augustin distingue trois degrés qui conduisent au péché : la « suggestion qui passe par la pensée ou par les sens du corps »; la persuasion, lorsque notre désir est excité à pécher; enfin le consentement donné par la raison – c'est là proprement le péché[2]. Quelques années plus tard, en 394-395, le *De sermone Domini in monte* présente une description similaire, mais Augustin donne alors la préférence au terme de délectation sur celui de persuasion : les trois degrés qui mènent au péché sont la suggestion, la délectation et le consentement[3]. Il remarque que « celui qui persuade ne contraint pas » : « avant l'habitude, la délectation est nulle ou si légère qu'elle est presque nulle »[4]. Autrement dit, l'homme reste libre de consentir ou non par la raison à la délectation. Mais celle-ci devient plus forte, une fois le consentement donné une

---

1. Cf. *De lib. arb.* III, 25, 75 (BA 6, p. 524-525) : « Discernenda igitur sunt genera uisorum, quorum unum est quod proficiscitur a uoluntate suadentis, quale illud est diaboli cui homo consentiendo peccauit, alterum a subiacentibus rebus uel intentioni animi uel sensibus corporis. »

2. Cf. *De Gen. c. man.* II, 14, 21 (BA 50, p. 322-323) : « Nam primo fit *suggestio* siue per cogitationem siue per sensus corporis […]; quae suggestio cum facta fuerit, si cupiditas nostra non mouebitur ad peccandum, excludetur serpentis astutia; si autem mota fuerit, quasi iam mulieri *persuasum* erit. Sed aliquando ratio uiriliter etiam commotam cupiditatem refrenat atque compescit. Quod cum fit, non labimur in peccatum, sed cum aliquanta luctatione coronamur. Si autem ratio consentiat et, quod libido commouerit, faciendum esse decernat, ab omni beata uita tamquam de paradiso expellitur homo. Iam enim peccatum imputatur, etiamsi non subsequatur factum, quoniam rea tenetur in *consensione* conscientia. »

3. Cf. *De serm. Dom. in monte*, I, 12, 34 (CCSL 35, p. 36) : « Nam tria sunt quibus impletur peccatum : suggestione delectatione consensione. »

4. *De serm. Dom. in monte*, I, 12, 34 (CCSL 35, p. 37) : « Non enim cogit qui suadet »; « Verumtamen delectatio ante consuetudinem uel nulla est uel tam tenuis, ut prope nulla sit. »

première fois, quand la suggestion se renouvelle; si l'habitude (*consuetudo*) s'installe, il reste encore possible de la combattre, mais il devient très difficile de vaincre[1]: «une dure servitude» enchaîne désormais le libre arbitre[2].

La place donnée désormais à la *delectatio* est l'indice d'une évolution notable dans la manière dont Augustin conçoit la volonté : en exerçant un attrait sur l'âme, la *delectatio* met en branle la volonté; elle est «le but de nos soins (*finis curae*)»[3]. Dès le *De musica*, Augustin affirme en parlant de la *delectatio* prise aux réalités supérieures : «La délectation est comme le poids de l'âme; la délectation ordonne donc l'âme.»[4]. Augustin donne ici une valeur positive à la *delectatio* : loin de la traiter comme une passion qui serait à éliminer par principe de l'âme du sage[5], il la considère comme ce qui la meut vers son lieu propre et ainsi l'ordonne. L'analogie du poids est empruntée à la physique aristotélicienne : le poids d'un corps est ce qui l'attire vers son lieu propre[6]. Dans l'*Enarratio in Psalmum* 29, Augustin explique que «le poids est une force qui fait tendre chaque chose vers son lieu propre»[7] : il entraîne la pierre vers le bas, mais le feu vers le haut; de même, si on verse de l'huile dans l'eau, l'eau tend vers le bas, «elle cherche

1. Cf. *De serm. Dom. in monte*, I, 12, 34 (CCSL 35, p. 38) : «Sed postea, cum suggestio repetitur, maior accenditur delectatio, quae tamen adhuc multo minor est quam illa quae adsiduis factis in consuetudinem uertit. Hanc enim uincere difficillimum est.»

2. *Conf.* VIII, 5, 10 (BA 14, p. 28-29) : «Quippe ex uoluntate peruersa facta est libido, et dum seruitur libidini, facta est consuetudo, et dum consuetudini non resistitur, facta est necessitas. Quibus quasi ansulis sibimet innexis – unde catenam appellaui – tenebat me obstrictum dura seruitus.»

3. Cf. *En. in Ps.* 7, 9 (BA 57/A, p. 304-305) : «Finis enim curae delectatio est; quia eo quisque curis et cogitationibus nititur, ut ad suam delectationem perueniat.»

4. *De mus.* VI, 11, 29 (BA 7, p. 424-425) : «Delectatio quippe quasi pondus est animae. Delectatio ergo ordinat animam.

5. Cicéron traite de la *delectatio* dans son exposé sur la théorie stoïcienne des passions en *Tusc.* IV, 9, 20 (C.U.F.), p. 63 : il la range parmi les espèces du plaisir (*uoluptatis partes*); il la définit d'abord comme «un plaisir qui enchante l'âme par le charme des auditions», puis il élargit cette définition à tous les plaisirs sensibles «qui imprègnent l'âme tout entière comme s'ils étaient à l'état liquide» («Voluptatis autem partes hoc modo describunt, ut maleuolentia sit uoluptas ex malo alterius sine emolumento suo, delectatio uoluptas suauitate auditus animum deleniens; et qualis est haec aurium, tales sunt oculorum et tactionum et odorationum et saporum, quae sunt omnes unius generis ad perfundendum animum tamquam inliquefactae uoluptates.»)

6. Cf. Aristote, *De caelo*, IV, 3, 310a33. Voir S. Magnavacca, «Antecedentes e innovación agustiniana en la noción de "pondus"», *Patristica et Mediaevalia* 6, 1985, p. 3-18.

7. *En. in Ps.* 29, *en.* 2, 10 (BA 58A, p. 162-163) : «Pondus enim est impetus quidam cuiusque rei, uelut conantis ad locum suum.»

son ordre et tant qu'elle n'est pas dans son ordre, elle est agitée d'un mouvement inquiet jusqu'à ce qu'elle occupe son lieu propre» et, inversement, «l'huile répandue sous l'eau cherche par son poids sa place vers le haut»[1]. Il ne s'agit que d'une analogie: car le mouvement de l'âme est volontaire, à la différence de celui de la pierre[2], par exemple. La dualité du poids qui peut entraîner vers le haut comme le bas rend l'analogie applicable à l'âme sans mettre en cause la réalité du libre arbitre[3]; elle ne doit pas masquer néanmoins qu'il n'est pas équivalent d'aimer Dieu et d'aimer les choses terrestres en lesquelles l'âme ne peut trouver un repos durable, moins encore un repos éternel: l'amour des choses corporelles, en effet, «appesantit» l'âme, mais «entrave le poids qui lui est naturel (*sincerum eius pondus*)»[4]. Seule, donc, la délectation trouvée dans les choses supérieures peut «ordonner» l'âme, c'est-à-dire la réorienter vers ce qui est sa finalité ultime.

La question 2 du livre I de l'*Ad Simplicianum* présente l'expérience de la *delectatio* comme la source de la volonté de croire; Augustin souligne alors fortement qu'elle échappe à la maîtrise consciente du sujet:

> Qui a en son pouvoir de toucher son esprit par une représentation (*uisum*) telle que sa volonté sera mue par elle vers la foi? Mais qui peut s'attacher de cœur à ce qui ne l'attire (*delectat*) pas? Et qui a en son pouvoir de faire ou bien que vienne à sa rencontre ce qui puisse lui plaire (*delectare*), ou bien de s'y complaire (*delectet*) lorsque cette rencontre aura lieu? Dès lors, quand nous attirent (*delectant*) les choses par lesquelles nous progressons vers Dieu, c'est par la grâce de Dieu que cela nous est inspiré et accordé...[5].

---

1. *En. in Ps.* 29, *en.* 2, 10 (BA 58A, p. 162-165): «Namque si aquam mittas super oleum, pondere suo in ima tendit. locum enim suum quaerit, ordinari quaerit; quia praeter ordinem est aqua super oleum. Donec ergo ueniat ad ordinem suum, inquietus motus est, donec teneat locum suum. [...] Quomodo aqua super oleum missa, pondere ad ima locum suum quaerit, sic oleum subter aquam fusum, pondere ad summa locum suum quaerit.»

2. Cf. *De lib. arb.* III, 1, 2 (BA 6, p. 384-385): «Et ideo lapidi naturalis est ille motus, animo uero iste uoluntarius.»

3. Comme le remarque à juste titre K. Trego, *La liberté en actes. Éthique et métaphysique d'Alexandre d'Aphrodise à Jean Duns Scot*, Paris, Vrin, 2015, p. 133.

4. Cf. *Epist.* 55, 10, 18 (CSEL 34/2, p. 189): «Et multa quidem per corpus delectant, sed non est in eis aeterna requies nec saltem diuturna; et propterea magis sordidant animam et grauant potius, ut sincerum eius pondus, quo in superna fertur, impediant.»

5. *Simpl.* I, 2, 21 (BA 10, p. 502-503): «Quis habet in potestate tali uiso attingi mentem suam, quo eius uoluntas moueatur ad fidem? Quis autem animo amplectitur aliquid quod eum non delectat? aut quis habet in potestate, ut uel occurrat quod eum delectare possit, uel delectet cum occurrerit? Cum ergo nos ea delectant quibus proficiamus ad Deum, inspiratur hoc et praebetur gratia Dei...».

La *delectatio* est ici expressément attribuée à la grâce de Dieu : c'est la manière dont Dieu peut mouvoir vers lui une volonté. Elle est un attrait sans lequel la volonté ne peut être mise en mouvement : car « la volonté, si rien ne survient qui attire (*delectet*) et invite l'esprit, ne peut nullement être ébranlée, mais il n'est pas au pouvoir de l'homme que cela se présente. » [1].

Mais, s'il en est ainsi, on peut s'interroger : reste-t-il une place pour le libre arbitre ? N'est-il pas le jouet des *delectationes* opposées qui se présentent ? Pourrait-il vraiment résister à un attrait venu de Dieu ? Le *De spiritu et littera* maintient, nous l'avons vu, le rôle déterminant du consentement donné à l'appel de Dieu par la volonté ou, à l'inverse, du refus qu'elle lui oppose. Comment penser alors à la fois la place majeure de la *delectatio* qui met en branle la volonté et le caractère décisif de ce consentement ou de ce refus donné par le libre arbitre de cette même volonté ?

Une image peut sans doute nous mettre sur la voie. Augustin parle, dans le *De libero arbitrio*, de ce qui est « comme le pivot de la volonté (*quasi quemdam cardinem uoluntatis*) » :

> Quant au mouvement par lequel la volonté se tourne de-ci de-là, s'il n'était volontaire et en notre pouvoir, il ne faudrait ni louer l'homme quand il tourne, pour ainsi dire, le pivot de sa volonté vers les biens supérieurs, ni l'inculper quand il le détourne vers les biens inférieurs... [2].

S'il est analogue à un pivot [3], le libre arbitre de la volonté est ce qui rend possible l'orientation de la volonté dans un sens ou dans un autre,

---

1. *Simpl.* I, 2, 22 (BA 10, p. 506-507) : « Sed uoluntas ipsa, nisi aliquid occurrerit quod delectet atque inuitet animum, moueri nullo modo potest. Hoc autem ut occurrat, non est in hominis potestate. »

2. *De lib. arb.* III, 1, 3 (BA 6, p. 386-387) : « Motus autem quo huc aut illuc uoluntas conuertitur, nisi esset uoluntarius atque in nostra positus potestate, neque laudandus cum ad superiora neque culpandus homo esset cum ad inferiora detorquet quasi quendam cardinem uoluntatis... ».

3. Augustin pense la volonté comme mouvement de l'âme ; il n'est alors pas surprenant qu'il utilise l'analogie du pivot pour expliquer comment l'âme peut mettre en mouvement le corps, sans être elle-même sujette au mouvement local : « et cum anima uoluntate, id est illo motu qui localis non est, corpus suum tamen localiter mouet, non ex eo demonstratur et ipsa localiter moueri ; sicut uidemus a cardine moueri aliquid per magnum spatium loci, et tamen ipsum cardinem non moueri loco », *De diu. quaest.* 8 (BA 10, p. 58-59). L'image du pivot est récurrente chez Augustin : *De quant. an.* 14, 23 (BA 5, p. 274-275) ; *De Gen. ad litt.* VIII, 21, 41-42 (BA 49, p. 72-75). O. Boulnois remarque à propos de la *Question* 8 : « Ici Augustin reprend à Aristote le concept d'âme auto-motrice, et même le concept d'axe central, qu'on trouve dans le *Traité du mouvement des animaux*; mais alors que celui-ci signifiait pour Aristote une motion partie par partie, c'est-à-dire qu'une partie du corps en meut une autre à

autrement dit vers Dieu (*conuersio*) ou en sens opposé (*auersio*). Mais il n'y a pas symétrie entre ces deux mouvements : car la *conuersio* correspond à la nature de l'homme fait pour Dieu et orienté vers lui, du fait de sa création –*fecisti nos ad te*[1]…–, tandis que l'*auersio* est en réalité une *peruersio*[2], dans la mesure où elle introduit une contradiction entre la nature de l'homme créé à l'image de Dieu et le choix qu'il pose.

La volonté de bonheur ou de vérité est en l'homme ce qui atteste l'orientation vers Dieu qui le constitue comme image de Dieu. La volonté, comme l'amour, est relation à un objet : elle est, comme le dit le *De duabus animabus*, « un mouvement non contraint de l'âme en vue soit de ne point perdre, soit d'acquérir quelque chose »[3], tandis que l'amour est « une certaine vie qui unit deux êtres ou tend à les unir : celui qui aime et l'être aimé »[4]. La parenté de ces définitions n'est pas fortuite : amour et volonté sont choses du même genre ; ils ne diffèrent pas en nature, mais seulement en intensité. L'amour est une volonté intense, forte (*ualentior uoluntas*)[5]. Mais il n'est pas équivalent pour l'homme d'aimer les biens temporels en s'y complaisant et d'aimer les biens éternels en y trouvant sa joie. La *cupiditas* par laquelle l'âme s'attache aux premiers est source de dispersion en raison de la multiplicité des objets recherchés ; la *caritas* par laquelle elle cherche son bonheur en Dieu, au contraire, l'unifie. Les plaisirs inférieurs et terrestres (*delectationes* […] *inferiores atque terrenae*) réduisent le libre arbitre en servitude ; à l'inverse, les plaisirs supérieurs (*supernae delectationes*)[6] le libèrent de la tyrannie de l'habitude charnelle et rendent pour ainsi dire à l'homme l'usage de son libre arbitre[7]. Autrement dit,

---

tour de rôle, chez Augustin la volonté, et non plus l'âme, devient un principe total et immatériel du mouvement » (« Augustin, la faiblesse et la volonté », dans A. De Libera (éd.), *Après la métaphysique : Augustin ?*, *op. cit.*, p. 55-56).

1. *Conf.* I, 1, 1 (BA 13, p. 272-273).

2. Cf. *Conf.* II, 6, 14 (BA 13, p. 354-355) : « Ita fornicatur anima, cum *auertitur* abs te et quaerit extra te ea quae pura et liquida non inuenit, nisi cum redit ad te. *Peruerse* te imitantur omnes, qui longe se a te faciunt et extollunt se aduersum te. Sed etiam sic te imitando indicant creatorem te esse omnis naturae et ideo non esse, quo a te omni modo recedatur. »

3. *De duab. an.* 10, 14 (BA 17, p. 92-93) : « Voluntas est animi motus cogente nullo ad aliquid uel non amittendum uel adipiscendum. »

4. *De Trin.* VIII, 10, 14 (BA 16, p. 70-71) : « Quid est ergo amor nisi quaedam uita duo aliqua copulans uel copulari appetens, amantem scilicet et quod amatur ? »

5. Cf. *De Trin.* XV, 21, 41 (BA 16, p. 532-533) : « …uel amorem seu dilectionem quae ualentior est uoluntas… ».

6. Cf. *En. in Ps.* 7, 9 (BA 57/A, p. 308-311).

7. Cf. *Conf.* 9, 1, 1 (BA 14, p. 70-73) : « Sed ubi erat tam annoso tempore et *de quo imo altoque secreto euocatum est in momento liberum arbitrium meum*, quod subderem ceruicem

« la délectation est funeste si elle procède de la convoitise, pleine de fruits si elle procède de la charité »[1].

S'il en est ainsi, on ne peut comprendre le conflit de la délectation charnelle et de la délectation spirituelle comme un rapport de forces qui tirailleraient en sens opposé la volonté humaine : le libre arbitre ne serait alors qu'un mot ! La différence qualitative qui existe entre ces deux types de *delectationes* invite à comprendre autrement les formules d'Augustin. Quand il parle de *delectatio uictrix*[2], lorsqu'il affirme que notre justice serait parfaite si la délectation de la grâce « l'emportait » sur tout autre plaisir ou douleur[3], ou encore lorsqu'il écrit que Dieu, « par la suavité de la grâce [...] fait trouver à l'homme plus de délectation à accomplir ce qu'il commande qu'à faire ce qu'il interdit »[4], Augustin ne veut pas dire que l'homme est le jouet d'un conflit qui le dépasse. Il est bien différent de céder à la convoitise et de se donner à l'amour de Dieu (*meae cupiditati cedere / tuae caritati me dedere*)[5] : dans le premier cas, c'est la défaite de la liberté ; dans le second, c'est au contraire sa restauration ; l'homme retrouve sa liberté en se donnant à son Créateur.

leni iugo tuo et umeros leui sarcinae tuae, Christe Iesu, "adiutor meus et redemptor meus" (Ps 18, 15)? Quam suaue mihi subito factum est carere suauitatibus nugarum, et quas amittere metus fuerat, iam dimittere gaudium erat. Eiciebas enim eas a me, uera tu et summa suauitas, eiciebas et intrabas pro eis omni uoluptate dulcior, sed non carni et sanguini, omni luce clarior, sed omni secreto interior, omni honore sublimior, sed non sublimibus in se.» Voir aussi *De spir. et lit.* 30, 52, CSEL 60, p. 209 : « Vt *quid ergo miseri homines aut de libero arbitrio audent superbire, antequam liberentur*, aut de suis uiribus, si iam liberati sunt? Nec adtendunt in ipso nomine liberi arbitrii utique libertatem sonare; "ubi autem spiritus Domini, ibi libertas" (2 Co 3, 17). »

1. *En. in Ps.* 9, 15 (BA 57/A, p. 406-409) : « Delectatio autem perniciosa sequitur cupiditatem, fructuosa caritatem. »

2. Cf. *De pecc. mer. et rem.* II, 19, 32 (BA 20/A, p. 298) : « Nos, quantum concessum est, sapiamus et intellegamus, si possumus, dominum deum bonum ideo etiam sanctis suis alicuius operis iusti aliquando non tribuere uel certam scientiam uel *uictricem delectationem*, ut cognoscant non a se ipsis, sed ab illo sibi esse lucem, qua inluminentur tenebrae eorum, et suauitatem, qua det fructum suum terra eorum. »

3. Cf. *De spir. et lit.* 35, 63 (CSEL 60, p. 223) : « Esset autem tanta, si et nihil eorum quae pertinent ad iustitiam nos lateret et ea sic delectarent animum, ut quicquid aliud uoluptatis dolorisue inpedit, *delectatio illa superaret*. »

4. Cf. *De spir. et lit.* 29, 51 (CSEL 60, p. 208) : « ... per fidem confugiat ad misericordiam Dei, ut det quod iubet atque inspirata gratiae suauitate per spiritum sanctum faciat plus delectare quod praecipit quam delectat quod inpedit. »

5. Cf. *Conf.* 8, 5, 12 (BA 8, p. 32-33) : « Ita certum habebam esse melius tuae caritati me dedere quam meae cupiditati cedere ; sed illud placebat et uincebat, hoc libebat et uinciebat. » Voir la note d'A. Solignac, p. 33, n. 1.

Augustin ne pense donc jamais le libre arbitre de la volonté de façon purement formelle ou abstraite. Il n'est pas un pouvoir de choix indifférencié. Il est d'abord le pouvoir de consentir à l'appel de Dieu, ce qui comporte le pouvoir de le refuser. Quand donc la grâce meut la volonté par la *delectatio*, elle ne contrarie pas son orientation fondamentale; bien au contraire, elle la rend à nouveau effective, en permettant au vouloir de se réunifier. L'expérience de la grâce ne fait qu'un pour Augustin avec celle de la libération intérieure.

Mais, pourra-t-on encore objecter, certes la grâce me libère, mais suis-je libre d'accueillir la grâce? autrement dit, suis-je réellement libre de croire, si la foi ne peut être que donnée par Dieu? Telle est la question abordée par Augustin, lorsqu'il commente Jn 6, 44 : «Nul ne vient à moi si le Père qui m'a envoyé ne le tire», dans sa 26ᵉ *Homélie sur l'Évangile de Jean*. «Venir au Christ», c'est croire en lui, «ce que personne évidemment ne fait contre son gré», mais «être tiré» semble au contraire suggérer que l'on est «forcé contre son gré»[1]. Augustin lève la contradiction, en montrant que l'on est tiré, non seulement «par sa volonté (*uoluntate*)», mais encore «par plaisir (*uoluptate*)» :

> Si le poète a pu dire : «Chacun est tiré par son plaisir», non par la nécessité, mais par le plaisir, non par obligation, mais par délectation, combien plus fortement devons-nous dire, nous, qu'est tiré vers le Christ l'homme qui trouve ses délices dans la vérité, qui trouve ses délices dans le bonheur, qui trouve ses délices dans la justice, qui trouve ses délices dans la vie éternelle, car tout cela, c'est le Christ[2].

La notion de *delectatio* est introduite pour concilier grâce et libre arbitre : elle permet d'articuler l'attrait divin et l'adhésion libre de l'homme. La *delectatio* est en effet le don de l'Esprit qui répand dans le

---

1. Cf. *Tr. in Io. euang.* 26, 2 (BA 72, p. 488-489) : «Cum ergo in Christum corde credatur, *quod nemo utique facit inuitus*, qui autem trahitur *tamquam inuitus cogi uidetur*, quomodo istam soluimus quaestionem : "Nemo uenit ad me nisi Pater qui misit me traxerit eum" (Jn 6, 44)?». Pour une analyse plus approfondie de l'exégèse augustinienne de ce verset, voir I. Bochet, «L'exégèse de Jn 6, 44 et la théologie augustinienne de la grâce : la 26ème *Homélie sur l'Évangile de Jean* et le *Sermon* 131», dans A. Dupont, G. Partoëns, M. Lamberigts (eds.), *Tractatio scripturarum. Philological, exegetical, rhetorical and theological studies on Augustine's Sermons, Ministerium sermonis*, vol. II, Turnhout, Brepols, 2012, p. 117-152.

2. *Tr. in Io. euang.* 26, 4 (BA 72, p. 490-493) (avec citation de Virgile, *Ecl.* 2, 65) : «Porro si poetae dicere licuit : "Trahit sua quemque uoluptas", non necessitas, sed uoluptas, non obligatio, sed delectatio, quanto fortius nos dicere debemus trahi hominem ad Christum, qui delectatur ueritate, delectatur beatitudine, delectatur iustitia, delectatur sempiterna uita, quod totum Christum est. »

cœur des croyants l'amour du bien suprême qui est Dieu[1]. Elle est étroitement liée à l'amour, car « on n'aime que ce qui plaît »[2]; aussi Augustin associe-t-il volontiers les termes *delectatio* et *dilectio*[3]. Dans l'expérience de la *delectatio*, le sujet est donc affecté par Dieu, mais il est en même temps intensément lui-même, car c'est de son plein gré qu'il aime Dieu, et non malgré lui. L'action de la grâce consiste de la sorte à « changer le plaisir suprême et décisif du moi » : « Dieu opère en moi mon plaisir. Il fait que je préfère, il fait que j'aime, il fait que je me plais. »[4]. Il agit à l'intérieur de ma volonté, au plus intime de moi-même, sans pour autant me contraindre.

Le propre du Créateur est en effet d'agir à l'intime de sa créature, à la différence du cultivateur ou du médecin qui n'agissent que de l'extérieur : le « mouvement intérieur » de la nature par lequel s'opère une guérison, par exemple, n'est possible que par « l'action intime » de Dieu qui soutient la nature dans l'être et la crée[5]; de façon similaire, la transformation intérieure de la volonté de l'homme suppose l'action intime de la grâce de Dieu qui l'aide et la restaure[6]. Le Créateur qui a suscité à l'origine le libre arbitre

---

1. Cf. *De spir. et lit.* 3, 5 (CSEL 60, p. 157), avec allusion à Rm 5, 5 : « Vt autem diligatur, caritas Dei diffunditur in cordibus nostris non per arbitrium liberum, quod surgit ex nobis, sed per spiritum sanctum, qui datus est nobis. » Rm 5, 5 est constamment cité dans le contexte de la controverse antipélagienne : cf. A.-M. La Bonnardière, « Le verset paulinien *Rom.*, V, 5 dans l'œuvre de saint Augustin », dans *Augustinus Magister*, Paris, Études Augustiniennes, 1954, t. 2, p. 657-665.

2. *S.* 159, 3, 3 (PL 38, 869) : « Non enim amatur, nisi quod delectat. »

3. Cf. *En. in Ps.* 118, *s.* 10, 6 (CCSL 40, p. 1695) : « Cordis dilatatio, iustitiae est delectatio. Haec munus est Dei, ut in praeceptis eius non timore poenae angustemur, sed *dilectione et delectatione iustitiae* dilatemur »; *De spir. et lit.* 3, 5 (CSEL 60, p. 157) : « Nos autem dicimus humanam uoluntatem sic diuinitus adiuuari ad faciendam iustitiam, ut praeter quod creatus est homo cum libero arbitrio praeterque doctrinam qua ei praecipitur quemadmodum uiuere debeat accipiat spiritum sanctum, quo fiat in animo eius *delectatio dilectioque summi illius atque incommutabilis boni, quod Deus est*, etiam nunc cum per fidem ambulatur, nondum per speciem, ut hac sibi uelut arra data gratuiti muneris inardescat inhaerere creatori atque inflammetur accedere ad participationem illius ueri luminis, ut ex illo ei bene sit, a quo habet ut sit. »

4. P. Rousselot, « La grâce d'après saint Jean et d'après saint Paul », *Recherches de science religieuse*, 18, 1928, p. 87-104; voir ici p. 101-102.

5. Cf. *De Gen. ad litt.* IX, 15, 27 (BA 49, p. 130-131) : « Natura id agit *interiore motu* nobisque occultissimo. Cui tamen si Deus subtrahat *operationem intimam*, qua eam substituit et facit, continuo tamquam extincta nulla remanebit. »

6. Cf. *De Gen. ad litt.* IX, 18, 33 (BA 49, p. 140-141) : « Ibi est et gratia, per quam salui fiunt peccatores. Nam quod adtinet ad naturam iniqua sua uoluntate deprauatam, recursum per semet ipsam non habet, sed per Dei gratiam, qua adiuuatur et instauratur. » À rapprocher de *De grat. Christi et de pecc. or.* I, 24, 25 (BA 22, p. 104-105), cité *supra*, p. 64 n. 1.

de l'homme est celui qui le recrée intérieurement loin de l'aliéner. Une telle conception est aux antipodes de celle de Pélage, qui pense la grâce comme une « aide » que l'homme peut ou non utiliser et qui récuse totalement l'idée que Dieu pourrait agir à l'intime de la volonté humaine.

Là où Pélage pense la *possibilitas* de façon abstraite comme une capacité qu'il dissocie du vouloir et de l'agir, Augustin pense une *potestas* concrète, indissociable pratiquement de la *uoluntas* (même si, en sens inverse, la *uoluntas* ne s'accompagne pas toujours de la *potestas*). Pélage pense la nature *en face de Dieu*, Augustin la pense *dans une intime dépendance de son Créateur* qui agit dans le cœur de l'homme par un pouvoir intérieur et secret.

Corrélativement, Pélage pense le libre arbitre comme un pouvoir de consentir aux pensées qui se présentent ou de les refuser : il s'agit d'un pouvoir pleinement autonome ; le vouloir nous est propre. Augustin pense le libre arbitre comme pouvoir de consentir ou non aux pensées, mais surtout aux *delectationes* : tout particulièrement à la *delectatio* qui est un don de l'Esprit et qui enflamme l'homme d'amour pour son Créateur. Loin de voir dans l'action de Dieu à l'intime de la volonté humaine quelque chose qui l'aliénerait, Augustin la conçoit au contraire comme ce qui rend l'homme à lui-même, comme ce qui lui donne sa liberté véritable. La relation à Dieu n'est pas, en effet, une relation qui viendrait comme s'ajouter du dehors à une nature humaine qui serait préalablement constituée : elle constitue si profondément l'homme en tant qu' « image de Dieu », qu'il est impossible de penser la grâce comme ce qui annihilerait le libre arbitre ; bien au contraire, la grâce l'établit[1].

Isabelle BOCHET
CNRS

---

1. Cf. *De spir. et lit.* 30, 52, CSEL 60, p. 208, cité *supra* p. 54 n. 3.

## « *LA JUSTICE SANS LAQUELLE ELLE N'EST JAMAIS LIBRE* ». FORCE, FAIBLESSE ET LIBERTÉ DE LA VOLONTÉ SELON SAINT ANSELME

### FAIBLESSE DE LA VOLONTÉ SANS ARISTOTE [1]

Prédestiné à être un non-lecteur de l'Ethique à Nicomaque par son lieu et sa date de naissance, saint Anselme ne nous a pas laissé une théorie de la faiblesse de la volonté comme *akrasie*. Il ne semble pas connaître le syllogisme pratique, on ne trouve chez lui aucune distinction entre plusieurs manières de savoir quelque chose, sous l'influence des passions et sans elle, et lorsqu'il parle d'*incontinentia*, il n'entend pas encore par là la faiblesse de la volonté. Néanmoins, Anselme était un moine attentif aux mouvements de son âme, se nourrissant des textes de saint Paul, d'Augustin et de Grégoire. Il était pour cela tout à fait familier du phénomène de l'agir à l'encontre de ce qu'on juge le meilleur. Qui plus est, il en propose une analyse, qui prendra chez lui la forme d'une critique de celle d'Augustin, en particulier de l'affirmation de celui-ci que nous voulons parfois quelque chose en même temps que nous ne le voulons pas. Il est vrai que les expressions augustiniennes, « volonté faible » (*infirma voluntas*) et « faiblesse de la volonté » (*infirmitas voluntatis*) [2], reprises, entre autres,

---

1. Pour une étude plus approfondie des notions de force et de faiblesse de la volonté chez saint Anselme, voir B. Goebel, « Anselm von Canterbury über Willensstärke und Willensschwäche », dans T. Hoffmann *et al.* (Hrsg.), *Das Problem der Willensschwäche im mittelalterlichen Denken*, Leuven, Peeters, 2006, p. 89-122.

2. *Cf.* Augustin, *Epistola* 179, 5, ed. A. Goldbacher (CSEL 44), Vienne, 1904, p. 694 (« voluntatis infirmitas »); *id.*, *De Genesi ad litteram* 8, 24, ed. J. Zycha, CSEL 28, 1, Vienne 1894, p. 263 (« voluntas infirma »); *id.*, *De correptione et gratia* 38, ed. G. Folliet, CSEL 92, Vienne, 2000, p. 266 (« infirmitate voluntatis »); *id.*, *Contra Iulianum opus imperfectum* 2, 15, ed. M. Zelzer, CSEL 85, 1, Wien, 1974, p. 173 : « voluntas infirma ». Voir Saint Bernard,

par saint Bernard, ne figurent pas dans les écrits d'Anselme; mais ce ne sont que des mots pour une chose qu'Anselme, à la suite d'Augustin, a lui aussi mis en exergue.

### FAIBLESSE DE LA VOLONTÉ : TENTATIVE DE TYPOLOGIE

Il me paraît utile de distinguer trois types de faiblesse de la volonté : concernant la motivation, l'exécution et la persévérance. De fait, si l'on accepte la triade, assez peu controversée, *jugement – intention – acte*, la faiblesse qui fait que notre agir ne suit pas nos jugements pratiques semble pouvoir se situer à l'un de trois niveaux [1] :

Si le jugement pratique ne donne pas lieu à une intention qui lui correspond, on pourrait parler d'une a) faiblesse de la volonté en tant que faiblesse de la motivation. Si par contre le lien entre l'intention et l'acte est suspendu, on pourrait parler d'une b) faiblesse de la volonté en tant que faiblesse de l'exécution; et si nous passons du jugement à l'intention correspondante ainsi que de l'intention à l'acte correspondant tout en ne faisant finalement pas ce que nous jugeons le meilleur, c'est que l'intention même doit avoir été transformée entretemps : donc c) faiblesse de la volonté en tant que faiblesse de la persévérance.

(a) $\text{jugement}_1 \mid \text{intention}_2 \rightarrow \text{acte}_2$ (faiblesse de la motivation)

(b) $\text{jugement}_1 \rightarrow \text{intention}_1 \mid \text{acte}_2$ (faiblesse de l'exécution)

(c) $\text{jugement}_1 \rightarrow \text{intention}_1 \mid \text{intention}_2 \rightarrow \text{acte}_2$ (faiblesse de la persévérance).

La faiblesse de la volonté envisagée par Aristote serait la faiblesse de la motivation (due selon lui à l'emprise des passions, faiblesse de l'intellect plutôt que de la volonté dirait-on). La faiblesse de la volonté qui tourmentait tant saint Augustin serait la faiblesse de l'exécution (qui se manifeste selon lui dans un conflit intérieur qu'on ressent comme un déchirement de soi-même, une désintégration du sujet en deux volontés opposées).

*De gratia et libero arbitrio* 12, 38, ed. J. Leclercq/H. Rochais (*Sancti Bernardi opera omnia*, t. 3), Roma, Editiones cistercienses, 1963, p. 193 («voluntatis infirmae», » voluntatis infirmitas»).

1. *Cf.* J. Müller, *Willensschwäche in Antike und Mittelalter. Eine Problemgeschichte von Sokrates bis Johannes Duns Scotus*, Leuven, Leuven University Press, 2009, p. 22-23, qui ne distingue pourtant que les deux premières formes de faiblesse de la volonté.

## FAIBLESSE DE LA VOLONTÉ : L'ANALYSE DE SAINT ANSELME

Pour Anselme enfin, la faiblesse de la volonté est une faiblesse de la persévérance où l'agent abandonne sa (bonne) volonté initiale avant l'acte, en en assumant une autre, parce qu'il se laisse vaincre par la tentation. C'est donc une faiblesse de la volonté « morale » et non seulement « prudentielle » à laquelle il pense.

Comme la faiblesse de la motivation, pour Socrate, était chose impossible, la faiblesse de l'exécution, pour Anselme, ne saurait exister. Cependant, la faiblesse de la volonté pour saint Anselme existe. En voici la structure :

> *Maître* : As-tu jamais entrepris quelque chose avec la volonté et le pouvoir de la parfaire, sans pourtant la parfaire, ta volonté ayant changé avant la fin de la chose ? *Disciple* : Souvent [1].

Celui dont la volonté s'est montrée faible, dit Anselme, n'a pas voulu jusqu'à la fin, *non pervoluit*. Le premier élément, décisif, de l'analyse de saint Anselme, est l'introduction d'un composant temporel dans le concept de vouloir. À cela s'ajoute la reconnaissance d'une possible simultanéité de deux états conatifs chez l'homme : nous pouvons vouloir une chose tout en préférant une autre, et même en souhaitant son contraire. C'est un phénomène de la vie intérieure qu'Anselme mentionne, entre autres, dans ses *Fragments philosophiques* [2].

Anselme nous avertit que l'agir contre son meilleur jugement est un phénomène sur lequel on se méprend facilement. De la sorte, il rejette deux idées relatives à la faiblesse de la volonté : l'idée selon laquelle *on peut vouloir ou non son vouloir* [3]; et l'idée selon laquelle *on peut vouloir contre son vouloir*, l'idée qu'on peut faire et donc vouloir quelque chose alors qu'on veut autre chose, c'est-à-dire sans le vouloir. C'est cela l'explication

---

1. Saint Anselme, *De casu diaboli* 3, ed. F. S. Schmitt, *Sancti Anselmi Cantuariensis Archiepiscopi opera omnia* [dorénavant abrégé S], t. I [dorénavant abrégé I], Seckau, s.n. 1938, réimpr. : Stuttgart, Frommann-Holzboog, vol. 2, 1984, p. 237 : « Magister : Incepisti umquam aliquid cum voluntate et potestate perficiendi, quod tamen voluntate ante finem rei mutata non perfecisti ? Discipulus : Saepe. »

2. *Cf.* Saint Anselme, *Fragments philosophiques* (*De potestate*), dans A. Galonnier (éd.), *L'œuvre de S. Anselme de Cantorbéry*, t. 4, Paris, Cerf, 1990, p. 416.

3. Voir B. Goebel, *Anselm von Canterbury über Willensstärke und Willensschwäche*, *op. cit.*, p. 98-103.

de l'expression *invitus facere* qu'on trouve chez Augustin[1]. Sans pourtant le nommer, Anselme insiste contre celui-ci :

> Personne n'abandonne [la volonté droite] sinon volontairement. Si donc « malgré soi » (*invitus*) est dit à la place de « en ne voulant pas », personne ne l'abandonne malgré soi. Un homme en effet peut être lié malgré soi, car il peut l'être en ne le voulant pas [...]; mais il ne peut vouloir malgré soi, car il ne peut vouloir en ne voulant pas vouloir. Car tout homme qui veut, veut précisément son propre vouloir[2].

En outre, il faut se méfier des apparences, car on a cru percevoir la faiblesse de la volonté là où elle n'était pas. Ainsi, ce ne serait pas la faiblesse de la volonté dont il s'agit lorsque saint Paul s'accuse de ne pas faire ce qu'il voudrait mais ce qu'il déteste[3]. Dans l'analyse d'Anselme, la situation envisagée par l'apôtre est telle que la volonté y manque dès le début. Il n'y a donc pas, à proprement parler, d'acte; le mouvement d'âme dont se plaint Paul n'est qu'un désir involontaire (*nolens concupisco*), comme dit Anselme de façon assez lapidaire[4].

## LA FORCE ET LA FAIBLESSE DE LA VOLONTÉ SELON SAINT ANSELME

À bien y regarder, la faiblesse de l'exécution, conçue, par Augustin, comme une rupture entre le *vouloir* et le *faire* n'existe pas. La faiblesse de la volonté s'avère comme une faiblesse de la persévérance. Plus précisément, il y a plusieurs faiblesses (et plusieurs forces) de la volonté ayant égard à la persévérance, puisque le terme « volonté », insiste Anselme, est équivoque. Il désigne, entre autres, 1) la *faculté* de vouloir quelque chose (*voluntas instrumentum*); et 2) l'*acte* de vouloir quelque chose (*usus instrumenti voluntatis*)[5]. De plus, dans ses réflexions autour de la force et la

1. *Cf.* Augustin, *De spiritu et littera* 31, ed. K.Urba/J. Zycha (CSEL 60, Wien, 1913, p. 210) : « quamquam, si subtilius advertamus, etiam quod quisque invitus facere cogitur, si facit, voluntate facit; sed quia mallet aliud, ideo invitus, hoc est nolens facere dicitur ».

2. Saint Anselme, *De libertate arbitrii* 5, S I, p. 214 : « Nemo illam deserit nisi volendo. Si ergo invitus dicitur nolens, nemo deserit illam invitus. Ligari enim potest homo invitus, quia nolens potest ligari [...]; velle autem non potest invitus, quia velle non potest nolens velle. Nam omnis volens ipsum suum velle vult. »

3. Voir *Romains* 7, 15.

4. *Cf.* Saint Anselme, *De concordia* 3, 7, S, t. II (dorénavant cité II), Rome, s.n., 1940, réimpr. : Stuttgart, Frommann-Holzboog, vol. 2, ²1984, p. 274.

5. *Cf.* Saint Anselme, *De libertate arbitrii* 7, S I, p. 218-219; voir aussi *id.*, *De concordia* 3, 11, S II, p. 278-284, le *Liber Anselmi de humanis moribus* (dont l'auteur ou plutôt éditeur

liberté de la volonté, Anselme emploie, assez discrètement d'ailleurs, deux notions différentes de "pouvoir" (*potestas*) que l'interprète doit distinguer. Pour ne pas les confondre, il vaut mieux se servir d'indices et parler d'un "pouvoir$_1$" et d'un "pouvoir$_2$".

Un "pouvoir$_1$" est une capacité dont la mise-en-acte, dans une situation donnée, ne dépend que de ma propre volonté.

Un "pouvoir$_2$" se définit comme une capacité dont la mise-en-acte, dans une situation donnée, dépend de ma volonté ainsi que de la volonté (hypothétique) d'autrui.

Il faut noter qu'un pouvoir$_2$ est un pouvoir au sens extrêmement large et donc un pouvoir extrêmement faible. Souvent, il ne revient pas à beaucoup plus que la simple possibilité logique. Un pouvoir$_1$, en revanche, est un pouvoir au sens beaucoup plus strict et donc un pouvoir fort. Ainsi, par exemple, j'ai le pouvoir$_1$ d'interrompre la rédaction de cet article, car je peux l'interrompre si (seulement) je veux. Par contre, je n'ai que le pouvoir$_2$ d'agréer la suite de cet article de la part de Dieu quand il me la dicte dans mon sommeil. Je n'ai pas le pouvoir$_1$ d'agréer effectivement ce don, car cela dépend, outre ma volonté, de ce que Dieu veuille bien me le faire. C'est seulement dans l'hypothèse d'une telle volonté divine que je peux$_1$ l'agréer. Au lieu d'un "pouvoir$_1$" et d'un "pouvoir$_2$" on pourrait peut-être aussi parler d'un "pouvoir réel" et d'un "pouvoir potentiel". Pour faciliter les choses, je vais parfois parler d'un "pouvoir" tout court si c'est à un pouvoir$_1$ que je me réfère (étant donné aussi qu'un pouvoir$_2$ est faible à tel point qu'il peut paraître extravagant même de l'appeler de ce nom).

Pour ce qui est de la volonté au deuxième sens, l'usage de la faculté de vouloir (*usus instrumenti voluntatis*), on peut tout simplement dire que sa *force*, force de persévérance, consiste à maintenir une volonté bonne jusqu'à l'acte, au lieu de la transformer en une volonté mauvaise entretemps. Du même coup, la *faiblesse* dans l'usage de la faculté de vouloir, faiblesse de persévérance, consisterait à ne pas la maintenir jusqu'à l'acte.

Cependant, force et faiblesse de la volonté peuvent se dire non seulement de l'usage de la faculté de vouloir, mais aussi de la faculté de vouloir elle-même. Ici, Anselme opère (implicitement) une distinction tripartite :

---

est peut-être Boson de Montivilliers), ed. R. Southern/F. S. Schmitt, *Memorials of Saint Anselm*, Oxford, The British Academy/OUP, 2, 1991, p. 39, et le fragment *Liber de voluntate*, ed. G. Gerberon (PL 158, col. 487-490A), où Anselme reconnaît encore un troisième sens du mot « volonté ».

La pleine force, force$_1$, appartient à la volonté de ceux qui *ne peuvent$_1$ que* maintenir une volonté bonne jusqu'à l'acte. C'est le cas de Dieu et des saints qui *ne peuvent$_1$ pécher.* (Si nous l'appelons force$_1$, c'est parce qu'elle correspond à un pouvoir$_1$.)

Ensuite, la volonté de ceux qui peuvent$_1$ maintenir une volonté bonne jusqu'à l'acte, alors qu'ils peuvent aussi la perdre entretemps est elle-aussi forte; sa force$_1$ est semblable, mais différente de la précédente; elle est toujours grande, mais moins que celle-ci. C'est cela la force dont jouissent les (êtres humains) justes, c'est-à-dire moralement bons, dans cette vie ainsi qu'Adam et les anges lors de leur création : ils *peuvent$_1$ ne pas pécher.* Leur justice (*iustitia*) consiste, selon la célèbre définition qu'Anselme en donne dans son *De veritate*, à garder la droiture de leur volonté pour la droiture même[1] : ils veulent ce qu'ils doivent vouloir et le veulent parce qu'ils le doivent.

Il y a enfin les injustes, à savoir les pécheurs, les damnés et le diable. Ceux-ci sont tout à fait incapables$_1$ de maintenir une volonté bonne jusqu'à l'acte. *Ne pouvant$_1$* ainsi *ne pas pécher*, leur volonté est faible$_1$. Intervient alors la notion anselmienne d'un pouvoir$_2$. Malgré l'incapacité$_1$ qu'on vient de décrire, les injustes peuvent$_2$ maintenir une volonté bonne jusqu'à l'acte, car ils le pourraient$_1$ *si Dieu les rendait justes*. Ils *peuvent$_2$* ainsi *ne pas pécher*; toutefois, ce pouvoir$_2$ de la volonté est un pouvoir extrêmement faible. La force$_2$ anodine qui va avec le pouvoir$_2$, semble-t-il, est presqu'entièrement éclipsée par sa faiblesse$_1$. On peut apprécier l'ampleur de cette faiblesse$_1$ en considérant qu'Anselme va jusqu'à accorder un tel pouvoir$_2$ même aux damnés et au diable, pour qui il n'y a plus d'espoir que Dieu les rende réellement justes de sorte qu'ils puissent réellement maintenir une volonté bonne jusqu'à l'acte.

La force et la faiblesse de la volonté en tant que faculté de vouloir selon saint Anselme se présentent donc ainsi :

---

1. *Cf.* Saint Anselme, *De veritate* 12, S I, p. 194 : « Iustitia igitur est rectitudo voluntatis propter se servata. »

| *type de force ou de faiblesse* | *type de pouvoir moral* | *agent moral* |
|---|---|---|
| force$_1$ (pleine) | ne pouvoir$_1$ pécher = ne pouvoir que maintenir une volonté bonne jusqu'à l'acte | Dieu et les bienheureux |
| force$_1$ (grande) | pouvoir$_1$ ne pas pécher = pouvoir$_1$ maintenir une volonté bonne jusqu'à l'acte | les justes dans cette vie, les anges (création) |
| faiblesse$_1$ force$_2$ (minime) | ne pas pouvoir$_1$ ne pas pécher = ne pas pouvoir$_1$ maintenir une volonté bonne jusqu'à l'acte & pouvoir$_2$ ne pas pécher = pouvoir$_2$ maintenir une volonté bonne jusqu'à l'acte | les injustes (pécheurs, damnés, diable) |

Quant aux expressions, augustiniennes, « ne pas pouvoir pécher », « pouvoir ne pas pécher » et « ne pas pouvoir ne pas pécher », notons qu'elles n'ont certes chez Anselme la même importance qu'elles auront par exemple dans le *De libero arbitrio* bernardien ou le *De sacramentis* d'Hugues de Saint-Victor[1]. Mais elles se trouvent aussi dans ses écrits sur la liberté[2]; et il est assez clair qu'un des objectifs d'Anselme y est de reconstituer la théorie augustinienne de la liberté et de la grâce dans une forme plus cohérente.

La suite (5-8) est un exposé de la théorie anselmienne de la liberté de la volonté et du libre arbitre en commençant par un recours à leur modèle augustinien. Je finirai (9) par mettre en évidence le rapport entre la force de la volonté et sa liberté selon saint Anselme.

1. *Cf.* Bernard de Clairvaux, *De libero arbitrio* 8, 24, *op. cit.*, p. 183; Hugues de Saint-Victor, *De sacramentis* 1, 6, 16, ed. R. Berndt, Münster, Aschendorff, 2008, p, 148-149.

2. *Cf.* par ex. Saint Anselme, *Cur Deus homo* 2, 10, S II, p. 107 : « peccare non potest », peccare potuerunt », » peccare nequeunt »; *id.*, *De libertate arbitrii* 1, S I, p. 207 : « potentiam peccandi et non peccandi »; *ibid.*, p. 208 : « peccare non potest », » posse peccare »; *ibid.* 12, S I, p. 223 : « impotentia non peccandi ».

## Augustin sur la liberté de la volonté
## et l'origine du vouloir

« Que l'homme soit libre », a écrit Étienne Gilson, « c'est une affirmation aussi ancienne que la pensée chrétienne »[1]. Le souci chrétien de la
liberté – la liberté de la volonté, du libre arbitre – est au fond un souci de la
responsabilité morale de l'ange et de l'homme. Celui-ci s'explique à son
tour par deux vérités centrales de la foi : la bonté de Dieu ; et l'idée selon
laquelle chaque personne devra se justifier de ses actes auprès de son
créateur.

Toutefois, le rapport entre la liberté de la volonté et la théologie
chrétienne n'a pas toujours été une histoire d'amour. Supposer que
*le détournement de Dieu* soit le produit d'une volonté mauvaise dont la
source ultime est l'ange ou l'homme, et non pas Dieu, entraîne déjà toute
une gamme de problèmes théologiques : Comment cela s'accorde-t-il avec
la toute-puissance et l'omniscience, la providence et même avec la bonté
divines ? Dans le troisième livre du *De libero arbitrio* ainsi que dans le
dixième livre du *De civitate Dei*, Augustin soutient que la mauvaise
volonté par laquelle l'ange et l'homme se détournent de Dieu n'a pas de
cause efficace, qu'il ne peut y avoir d'explication totale, qu'elle est une
sorte de « première cause du péché »[2]. Pour Augustin, tous les problèmes
théologiques que nous venons de mentionner ont pourtant une solution –
pourvu que le théologien n'admette pas l'existence d'une liberté créée
encore plus vaste. Ce qu'il ne faut pas supposer, c'est que *la conversion à
Dieu* soit, elle aussi, le produit d'une volonté dont la source ultime est
l'homme (ou l'ange), et non pas Dieu. On est peut-être tenté de croire avec
Pélage que le souci chrétien de responsabilité morale exige encore ce
deuxième pas. Mais ce serait commettre une erreur. Entre le détournement
de Dieu et la conversion à Dieu il n'y a pas de symétrie :

> Autre chose est, en effet, de rechercher d'où vient le mal ; autre chose, de
> rechercher par où l'on retourne au […] bien[3].

1. É. Gilson, *L'esprit de la philosophie médiévale*, Paris, Vrin, 1989, p. 284.
2. *Cf.* Augustin, *De libero arbitrio* 3, 49, 168, ed. W. Green, CSEL 74, Wien, 1956,
p. 130.
3. Augustin, *Retractationes* 1, 9, 2, ed. A. Mutzenbecher, CCSL 57, Turnhout, Brepols,
1984, p. 24 : « Aliud est enim quaerere, unde sit malum, et aliud est quaerere, unde redeatur ad
[…] bonum. »

Il suffit que la créature raisonnable soit responsable du mal. Celle-ci n'est jamais l'origine ultime d'un bien. C'est Dieu, le souverain bien, qui est l'unique source de tout ce qui est bon :

> Tous les biens, qu'ils soient grands ou petits, [...] ne peuvent être que de Dieu[1].

Par conséquent, une volonté bonne et efficace ne peut, en dernière instance, venir que de Dieu. À cause de la chute du premier homme, la volonté humaine est affaiblie de sorte que l'homme est incapable de se diriger vers le bien. Or, cela ne veut pas dire que nous ayons perdu le libre arbitre. À une exception près[2], Augustin ne cesse d'affirmer l'existence du libre arbitre chez le pécheur. Mais c'est un pouvoir désormais impuissant par lequel l'homme ne peut jamais échapper au péché, et qui ne vaut plus grand-chose. Nous gardons le libre arbitre, il est vrai; mais nous avons perdu notre vraie « liberté » – Augustin dit parfois : nous avons perdu notre « volonté libre » –, de façon que, paradoxalement, notre libre arbitre a besoin d'être lui-même « libéré » puisqu'il ne nous sert plus, comme jadis, à choisir le bien. Une telle libération consisterait à rétablir la bonté et donc la vraie liberté de la volonté de l'homme[3]. Pour que cela se fasse, l'homme a besoin de la grâce. La doctrine augustinienne de la liberté et la grâce repose sur les deux principes que tout bien se ramène à Dieu tandis que tout mal se ramène à la décision libre de la créature raisonnable.

---

1. Augustin, *De natura boni* 1, ed. J. Zycha, CSEL 25, 2, Wien, 1892, p. 855 : « quia ergo bona omnia, sive magna sive parva, [...], non possunt esse nisi a deo ».

2. *Cf.* Augustin, *Enchiridion ad Laurentium* 9, 30, ed. E. Evans, CCSL 46, Turnhout, Brepols, 1969, p. 65; voir C. Müller, » Liberum arbitrium », dans C. Mayer (ed.), *Augustinus-Lexikon*, t. 3, Basel, Schwabe, 2011, p. 972-980.

3. *Cf.* Augustin, *De correptione et gratia* 11, 32, *op. cit.*, p. 258 : « quod [sc. liberum arbitrium] tunc ita liberum erat, ut et bene velle posset et male »; *id.*, *Enchiridion ad Laurentium* 9, 30, *op. cit.*, p. 66 : « Unde ad iuste faciendum liber non erit nisi a peccato liberatus esse iustitiae coeperit servus. Ipsa est vera libertas propter recte facti laetitiam »; *id.*, *De libero arbitrio* 1, 32, 109, *op. cit.*, p. 32-33 : « deinde libertas; quae quidem nulla vera est nisi beatorum et legi aeternae adhaerentium ». Voir aussi M. Djuth, » True liberty », dans J. Cavadini (ed.), *Augustine through the ages : an encyclopedia*, Grand Rapids, Eerdmans, 1999, p. 497-498.

### ANSELME SUR L'ORIGINE DU VOULOIR :
### LA VOLONTÉ DES JUSTES

Anselme reprend la doctrine augustinienne d'un écart entre la volonté des justes et la volonté des injustes quant à l'origine du vouloir et cherche à préciser la doctrine augustinienne de l'origine du vouloir humain et angélique. Regardons d'abord la volonté des justes. Par un «juste», Anselme entend une personne *dont le dernier acte de volonté a été bon* (à force d'avoir gardé la droiture de la volonté pour la droiture même). Les êtres humains justes dans cette vie ainsi que les anges lors de leur création peuvent ou bien garder la justice (ne pas pécher), ou bien l'abandonner (pécher). Je vais désormais appeler l'acte de volonté d'un juste conservant la justice (en la prolongeant pour ainsi dire) une *volonté bonne persistante*; et l'acte de volonté d'un juste par lequel il abandonne la justice une *première volonté mauvaise*. Les actes de volonté des justes se caractérisent par leur aséité. Dans cette vie, l'aséité du vouloir des justes prend des formes différentes selon la qualité morale de leurs actes. Deux cas se présentent :

a) La *première volonté mauvaise* (l'acte de volonté par lequel un juste abandonne la justice). Pour Anselme, la première volonté mauvaise se caractérise par une *aséité radicale* ou bien *révolutionnaire*. Dans le *De casu diaboli* il soutient que l'aséité de la première volonté mauvaise est telle que l'ange s'y autodétermine à vouloir sans le moindre concours d'une cause quelconque, sans le concours notamment de Dieu :

> *Disciple* : Pourquoi alors a-t-il [sc. le mauvais ange qui a abandonné la justice] voulu? *Maître* : Uniquement parce qu'il a voulu. Car cette volonté n'eut aucune autre cause qui la poussât ou attirât quelque peu, mais elle-même fut à elle-même, si l'on peut dire, cause efficiente et effet [1].

À part la volonté de pécher, il y a trois autres conditions nécessaires pour qu'il puisse y avoir une première volonté mauvaise chez l'ange : l'ange doit être juste (c'est ainsi que Dieu l'a fait); il doit avoir le pouvoir de pécher (pouvoir que l'ange, à la différence de l'être humain, perd après avoir décidé de ne pas en user); et il doit être dans l'incertitude quant aux effets du péché sur son bien-être (eschatologique) [2]. L'aséité radicale de la première volonté mauvaise est une idée déjà présente chez Augustin. Mais elle n'a peut-être jamais été prononcée aussi explicitement que par le

---

1. Saint Anselme, *De casu diaboli* 27, S I, p. 275.
2. Cf. *ibid.* 23, S I, p. 270.

maître du dialogue anselmien. L'aséité radicale d'une « volonté propre » ne convient qu'à Dieu, étant l'unique être qui est par soi-même et non pas par un autre[1]. Si elle se trouve chez une créature, elle indique toujours un défaut.

b) La *volonté bonne persistante* (l'acte de volonté d'un juste qui conserve la justice). À l'égal de la première volonté mauvaise, la bonne volonté persistante a sa source en l'ange et l'être humain justes. Elle aussi est une volonté que les justes conçoivent *a se*. L'ange qui garde la justice en n'usant pas de son pouvoir d'autodétermination radicale, alors qu'il est capable d'en user, se donne d'une certaine manière la justice à lui-même. Si la formation de la première volonté mauvaise revient à la créature raisonnable, le renoncement à sa formation doit aussi revenir à elle. Si je ne me trompe, c'est une idée qu'Anselme n'a pas pu trouver chez Augustin. Toutefois, l'aséité de la bonne volonté persistante n'est pas radicale. Son aséité n'est pas révolutionnaire mais, bien au contraire, *conservatrice*. Ce n'est pas d'une manière absolue que l'ange se donne la justice à lui-même, puisqu'il l'a reçue, en première instance, de Dieu. Il se la donne en la conservant. D'où le terme « garder » (*servare*) dans la définition ansel-mienne de la liberté de l'arbitre.

Dans le dix-septième chapitre du *De casu diaboli*, le disciple annonce que l'ange « ne doit pas tenir quelque chose de soi », une interdiction dans laquelle il voit probablement la quintessence de l'angélologie et de l'anthropologie de saint Augustin[2]. Or, aux yeux d'Anselme, ce verdict ne s'applique qu'à l'aséité révolutionnaire de la volonté créée. Il ne s'applique pas à son aséité conservatrice. Quand le maître suggère que le bon ange a pu se donner la justice d'une certaine manière à lui-même, l'élève appa-remment déconcerté conteste en exclamant : « Comment l'aurait-il pu ? »[3]. Alors le maître lui explique que le bon ange était effectivement capable de se faire juste :

> Il a pu se donner la justice, parce qu'il a pu se l'enlever et ne pas se l'enlever, de la même manière aussi que celui qui s'est tenu dans la vérité en

1. *Cf.* Saint Anselme, *Monologion* 6, S I, p. 18sq. : « constet quia illa [sc. summa natura] est per seipsam quidquid est, et omnia alia sunt per illam id quod sunt » ; *id.*, *De casu diaboli* 4, S I, p. 242 : « Solius enim dei esse debet sic voluntate propria velle aliquid, ut superiorem non sequatur voluntatem. »

2. Saint Anselme, *De casu diaboli* 17, S I, p. 262 : « Non debet aliquid habere a se. »

3. *Ibid.*, 18, S I, p. 263 : « Quomodo potuisset ? ».

laquelle il avait été fait, n'a pas fait qu'il ne l'ait pas alors qu'il le pouvait, s'étant ainsi lui-même donné (la justice)[1].

Si l'ange garde la justice alors qu'il peut aussi l'abandonner, il « se fait juste », il « tient de soi la justice »[2]. Par un acte de volonté dont il est la source ultime, le premier principe, il conserve une justice – c'est-à-dire une certaine volonté droite – dont la source ultime, le premier principe est Dieu. En gardant ainsi la justice, il garde aussi l'aséité de sa volonté. Dans l'augustinisme d'Anselme, une personne ne saurait devenir juste sans y être destinée par Dieu. Mais une fois qu'elle est juste, elle n'est pas, dans le temps (homme) ou le moment (ange) de l'épreuve, pour autant déterminée à garder le don de la justice, ni à l'abandonner. Si elle veut à un moment donné le garder ou non, cela dépend ultimement d'elle-même, non pas de Dieu ni de quoi que ce soit d'autre. L'un et l'autre de ces deux actes moralement opposés est dans son pouvoir[1], « ni l'un ni l'autre n'est déterminé par la nécessité, parce que l'un et l'autre sont en son pouvoir »[3]. Sans qu'il use de ce terme, Anselme maintient évidemment une *contingence synchronique* dans les actes de volonté d'une personne juste dans le temps ou au moment de l'épreuve[4].

---

1. Saint Anselme, *De casu diaboli* 17, S I, p. 263 : « potuit ipse dare iustitiam sibi, quia potuit sibi auferre eam et potuit non auferre, quomodo ille qui stetit in veritate in qua factus est, non fecit cum potuit ut eam non haberet, et ita ipse sibi eam dedit » ; voir aussi *id.*, *Cur deus homo* 2, 10, S II, p. 107-108 : « Dicitur enim dare aliquid, qui non aufert quando potest […]. Sic itaque cum angelus potuit auferre sibi iustitiam et non abstulit […], recte asseritur ipse sibi dedisse iustitiam, et se ipsum iustum fecisse. »

2. *Ibid.* : « se fecit iustum » ; *id.*, *Cur deus homo* 2, 10, S II, p. 108 : « habet a se iustitiam ».

3. Saint Anselme, *De libertate arbitrii* 5, S I, p. 215 : « neutrum enim est determinate in necessitate, quia utrumlibet est in potestate ».

4. Voir B. Goebel, « Anselm von Canterbury über Gerechtigkeit, Freiheit und das Verhältnis von Gerechtigkeit und Glück », dans J. Disse/B. Goebel (Hrsg.), *Gott und die Frage nach dem Glück. Anthropologische und ethische Perspektiven*, Frankfurt am Main, Knecht, 2010, p. 75-76.

## ANSELME SUR L'ORIGINE DU VOULOIR :
## LA VOLONTÉ DES « INJUSTES »

Il est facile d'ignorer que tout ce qu'on vient d'observer dans la dernière section ne concerne qu'une personne juste. La volonté d'un *juste* (c'est-à-dire d'un être raisonnable dont le dernier acte de volonté a été bon, parce qu'il a gardé la droiture de la volonté pour la droiture même) est, on l'a vu, soit une première volonté mauvaise, soit une bonne volonté persistante. De manière semblable, la volonté d'un injuste (d'un être raisonnable dont le dernier acte de volonté a été mauvais) est soit une première volonté bonne soit une mauvaise volonté persistante. Une mauvaise volonté persistante est l'acte de volonté d'un injuste qui demeure dans l'injustice. Une première volonté bonne est l'acte de volonté d'un injuste qui sort de l'injustice en acquérant la justice. Ici aussi, deux cas se présentent donc :

a) La *mauvaise volonté persistante* (l'acte de volonté d'un juste qui demeure dans l'injustice). Une telle volonté offre un aspect triste, non seulement du point de vue moral, mais aussi métaphysique. En effet, elle est complètement déterminée par des états de choses ultimement incontrôlables par le sujet de la volonté devenue « esclave du péché » :

> [...] la volonté, à laquelle sont soumis tous les mouvements volontaires de l'homme tout entier, est, en l'absence de la justice, poussée par divers appétits se précipitant, elle-même et tout ce qui lui est soumis, vers des maux de toute espèce, sans consistance, sans frein ni maître, toutes choses que la justice, si elle était présente, empêcherait d'arriver [1].

b) La *bonne volonté première* (l'acte de volonté d'un injuste qui acquiert la justice). D'après Anselme, une telle volonté est toujours déterminée par Dieu. Comme Dieu est la source ultime de tout bien, l'instauration ainsi que la restauration d'une volonté bonne, l'*initium bonae voluntatis* dont disputaient Augustin et les pélagiens, ne peut venir que de Dieu. Par conséquent, quoiqu'il y ait un sens banal selon lequel les actes volontaires d'une personne injuste sont effectivement ses actes, ceux-ci manquent d'aséité de sorte qu'elle n'est en aucun cas leur source ultime.

---

1. Saint Anselme, *De conceptu virginali et de originali peccato* 5, S II, p. 146 : « [...] voluntas cui subditi sunt omnes voluntarii motus totius hominis, absente iustitia diversis appetitibus impulsa se et omnia sibi subdita in multimoda mala levis et effrenata et sine rectore praecipitat, quod totum iustitia, si adesset, prohiberet ne fieret. »

## La liberté de la volonté juste et le libre arbitre
## selon saint Anselme

Dans son dialogue *De libertate arbitrii*, Anselme définit la liberté de l'arbitre comme le pouvoir$_2$ de garder la droiture de la volonté pour elle-même :

> [...] cette liberté de l'arbitre est le pouvoir de garder la droiture de la volonté pour la droiture même [1].

Le pouvoir$_2$, on l'a vu, est un pouvoir extrêmement faible : même celui qui ne possède pas la droiture de la volonté et qui n'a donc rien à garder, a pourtant le pouvoir$_2$ de la garder puisqu'il peut$_2$ (c'est-à-dire pourrait$_1$) la garder si Dieu lui la rendait. La liberté de l'arbitre étant le pouvoir$_2$ de garder la droiture de la volonté pour la droiture même, il s'ensuit que le libre arbitre est l'arbitre capable$_2$ de garder la droiture de la volonté pour la droiture même [2]. La deuxième définition (celle du libre arbitre) n'est qu'une application de la première (celle de la liberté de l'arbitre). Il n'est pas vrai qu'il existe, comme on lit parfois [3], une différence importante entre « le libre arbitre » et la « liberté de l'arbitre » dans les écrits de saint Anselme.

On y trouve en revanche une distinction nette et régulière entre la « liberté de l'arbitre » et, de l'autre côté, la « liberté de la volonté », distinction qui pour la plupart est passée inaperçue. Considérons d'abord la célèbre définition anselmienne de la liberté de l'arbitre, puis la notion, souvent ignorée, de la liberté de la volonté.

### Liberté de l'arbitre / libre arbitre

La « droiture de la volonté gardée pour elle-même » étant la définition anselmienne de la justice (justice au sens de bonté morale), la définition de la liberté de l'arbitre peut s'abréger de la manière suivante : La liberté

---

1. Saint Anselme, *De libertate arbitrii* 3, S I, p. 212 : « [...] illa libertas arbitrii est potestas servandi rectitudinem voluntatis propter ipsam rectitudinem ».

2. Cf. *Ibid.* : « Iam ergo clarum est liberum arbitrium non esse aliud quam arbitrium potens servare rectitudinem voluntatis propter ipsam rectitudinem. »

3. Voir par ex. W. Löffler, « Hat uns Anselms Dialog "De libertate arbitrii" für die gegenwärtige Freiheitsdiskussion noch etwas zu sagen ? », dans S. Ernst/T. Franz (Hrsg.), *Sola ratio : Anselm von Canterbury und die rationale Rekonstruktion des Glaubens*, Würzburg, Echter, 2009, p. 171.

de l'arbitre est le *pouvoir$_2$ de la justice* (ou bien la *capacité$_2$ d'être juste*). Car,

> si la liberté de l'arbitre est le pouvoir$_2$ de garder la droiture de la volonté pour elle-même, et
> si la justice est la droiture de la volonté gardée pour elle-même,
> alors la liberté de l'arbitre et le pouvoir$_2$ de la justice – c'est-à-dire la capacité$_2$ de l'acquérir et de la prolonger.

À maints commentateurs, la définition anselmienne de la liberté de l'arbitre a paru extravagante, maladroite ou peu éclairante. Pourquoi cette définition à l'apparence morale? Pourquoi ne pas définir cette liberté comme le «pouvoir de pécher ou non» (de garder la droiture de la volonté pour elle-même ou non), le pouvoir du bien et du mal, définitions courantes à l'époque d'Anselme?

Que la liberté de l'arbitre ne peut se définir comme le pouvoir de pécher ou non, voilà la toute première observation du maître dans le dialogue d'Anselme sur la liberté de l'arbitre[1]. C'est parce qu'il insiste avec saint Augustin sur l'univocité de la liberté de l'arbitre que cette définition, la définition des adversaires pélagiens d'Augustin, ne lui semble pas correcte. Anselme ne nie pas que la liberté divine de l'arbitre et celle des bienheureux soient différentes de la liberté humaine et angélique de l'arbitre dans le temps (ou dans le moment) de l'épreuve. Il maintient pourtant que la liberté de l'arbitre de Dieu et des bienheureux est génériquement identique à la nôtre et à celle des anges comme le sont deux différentes espèces d'animal, ayant en commun leur animalité[2]. En effet, selon la théologie de l'être parfait d'Anselme il faut attribuer toute perfection à Dieu, c'est-à-dire toute qualité qu'il vaut mieux avoir que ne pas avoir, tout ce qu'il vaut mieux être que ne pas être. Dans la théologie de l'être parfait d'Anselme, toute perfection est forcément divine. Or, il est difficile de nier que la liberté de l'arbitre soit une perfection.

«*La liberté de l'arbitre est le pouvoir$_2$ d'être juste* (*le pouvoir$_2$ de ne pas pécher*).» Cette définition insolite a donné lieu à plusieurs malentendus. Ainsi, une conséquence peut-être surprenante de cette définition (et qu'on

---

1. *Cf.* Saint Anselme, *De libertate arbitrii* 1, S I, p. 207: «Libertatem arbitrii non puto esse potentiam peccandi et non peccandi. Quippe si haec eius esset definitio: nec deus nec angeli qui peccare nequeunt liberum haberent arbitrium; quod nefas est dicere.» Le même argument se trouve chez Augustin; voir *Contra Iulianum opus imperfectum* 6, 10, ed. M. Zelzer, CSEL 85, 2, Wien, 2004, p. 312.
2. Cf. *ibid.*, S I, p. 208.

ignore facilement) est la suivante : Elle embrasse le cas envisagé par sa rivale. Comment cela ? Si la liberté de l'arbitre est le pouvoir$_2$ de ne pas pécher, alors celui qui a le pouvoir$_1$ de pécher et en même temps le pouvoir$_2$ (ou le pouvoir$_1$) de ne pas pécher, et qui a alors le « pouvoir de pécher ou non », jouit, lui aussi, de cette liberté. Car il a, entre autres, le pouvoir$_2$ de ne pas pécher : le pouvoir$_2$ du bien, de la justice, le seul pouvoir essentiel à la liberté de l'arbitre et donc sa condition nécessaire et suffisante. Anselme n'a pas défini la liberté de l'arbitre comme « incapable de pécher »[1], mais comme la capacité$_2$ de ne pas pécher. Dès que j'ai le pouvoir$_2$ de ne pas pécher (ou le pouvoir$_1$ de ne pas pécher qui inclut le pouvoir$_2$ de ne pas pécher comme le réel inclut le possible), j'ai la liberté de l'arbitre, quoi qu'il en soit de ma capacité$_1$ de pécher.

Le pouvoir$_1$ de pécher ne ruine donc pas le libre arbitre tel que le définit Anselme. Au contraire, la possession de ce pouvoir est même, chez l'ange, *impliqué* par le pouvoir$_2$ de ne pas pécher au moment de l'épreuve (et vice versa), car la responsabilité morale de l'ange présuppose le pouvoir$_1$ de pécher (alors que chez l'homme la situation est plus compliquée à cause de sa participation dans le péché d'Adam); et à défaut de responsabilité morale, le pouvoir$_2$ de ne pas pécher ne saurait pas être un pouvoir *moral* et par conséquent ne saurait pas être un pouvoir de ne pas *pécher*. Dans le quatorzième chapitre du *De casu diaboli*, Anselme envisage le cas hypo- thétique d'un ange auquel il était donné de vouloir seulement ce qu'il conviendrait qu'il veuille, sans qu'il puisse ne pas le vouloir. Le maître conclut :

> Il aurait donc une volonté qui ne serait ni juste ni injuste ; s'il voulait ici ce qui convient, il n'aurait pas pour autant une volonté juste, puisqu'il l'aurait reçu de telle façon qu'il n'eût pu vouloir autrement[2].

---

1. *Cf.* O. Boulnois, « La liberté fautive. La question de l'origine du mal, d'Augustin à Duns Scot », dans *Cahiers disputatio* 1 : *Le péché originel*, Paris, F.X. de Guibert, 2008, p. 86 : « [...] si l'on définit la liberté de l'arbitre comme incapable de pécher, ainsi que le fait Anselme au chap. 1 du traité *Du libre arbitre* ». Cela ne porte pas atteinte aux conclusions générales de cet article qui me semblent tout à fait correctes.

2. Saint Anselme, *De casu diaboli* 14, S I, p. 258 : « Ergo nec iustam nec iniustam haberet voluntatem. Sicut enim ibi non esset voluntas iniusta si vellet inconvenientia, quoniam hoc non posset non velle : ita sic si vellet convenientia non idcirco esset iusta voluntas, quoniam sic hoc accepisset ut non posset aliter velle. »

Pour Anselme, la liberté de l'arbitre garantit la responsabilité morale[1]. S'il est nécessaire que l'ange, au moment de l'épreuve, possède le pouvoir$_1$ de pécher pour que son arbitre soit libre, c'est précisément parce qu'il y est nécessaire qu'il possède le pouvoir$_2$ de ne pas pécher. Ce dernier reste pourtant le seul pouvoir essentiel à la liberté de l'arbitre et donc sa condition nécessaire et *suffisante*. Au moment de l'épreuve, la nécessité, pour le libre arbitre, du pouvoir$_2$ de ne pas pécher implique la nécessité du pouvoir$_1$ de pécher. Cependant, une telle relation d'implication ne tient pas pour l'ange dans la cité de Dieu qui ne peut plus pécher parce que sa volonté est désormais confirmée dans la justice. Certes, la volonté de l'ange ne saurait être confirmée dans la justice s'il n'avait eu, jadis, le pouvoir$_1$ de pécher en même temps que le pouvoir$_2$ (et, de fait, le pouvoir$_1$) de ne pas pécher, le premier étant impliqué dans le second. Mais sa liberté d'arbitre n'implique désormais plus le pouvoir$_1$ de pécher[2]; en cela elle ressemble à celle de Dieu dont l'arbitre n'a pas besoin d'une alternative morale pour être libre[3].

Odon Lottin avait estimé :

> On voit où porte l'effort de saint Anselme. Réagissant contre une définition du libre arbitre réservée à l'état de la nature déchue il veut créer une notion commune à tous les êtres spirituels, Dieu, les anges, les bienheureux[4].

Mais « pouvoir pécher ou non » n'est pas une définition du libre arbitre réservée à l'état de la nature déchue. C'est un pouvoir qu'ont l'homme et l'ange au moment de leur création et qu'a un ancien pécheur dont la volonté a été redressée à son état originaire par la grâce dans cette vie. Il est bon d'avoir, dans le temps ou au moment de l'épreuve, le pouvoir de pécher ou non, car il est bon d'être responsable de ses actes. Pendant cette phase

---

1. Voir par ex. Saint Anselme, *De libertate arbitrii* 13, S I, p. 225 : « de libertate [...], propter quam imputatur illam habenti, sive faciat bonum sive faciat malum. De hac enim sola nunc noster est sermo »; *id.*, *De concordia* 3, 1, S II, 264 : « Sed nec ullo modo esset cur deus bonis vel malis pro meritis singulorum iuste retribueret, si per liberum arbitrium nullus bonum vel malum faceret. »

2. *Cf.* Saint Anselme, *Cur deus homo* 2, 10, S II, p. 107 : « Angeli non sunt laudandi de iustitia sua, quia peccare potuerunt, sed quia per hoc quodam modo a se habent quod peccare nequeunt; in quo aliquatenus similes sunt deo, qui a se habet quidquid habet. »

3. *Ibid.*, p. 108 : « Quapropter quoniam deus perfecte habet a se quidquid habet, ille maxime laudandus est de bonis quae habet et servat ».

4. O. Lottin, *Psychologie et morale au XII$^e$ et XIII$^e$ siècles*, t. 1, Louvain, Duculot, 1942, p. 14; C. Trottmann s'est rallié à cette interprétation, *cf.* « Le libre arbitre selon Bernard de Clairvaux et Descartes », dans J. Biard, R. Rashed (éd.), *Descartes et le moyen âge*, Paris, Vrin, 1997, p. 246.

critique, le pouvoir de pécher₁ est une implication à la fois du pouvoir₁ et du pouvoir₂ de ne pas pécher. Et pourtant il n'est pas essentiel à la liberté de l'arbitre, parce qu'une personne qui ne peut₁ plus pécher à force de n'avoir pas usé de son pouvoir₁ de pécher, ne perd pas sa liberté de l'arbitre mais la rend plus grande. Si l'ange et l'homme, dit Anselme, ont péché, c'était évidemment en usant de leur pouvoir₁ de pécher ; mais il a hâte de souligner que non celui-ci mais uniquement le pouvoir₂ de ne pas pécher est essentiel à la liberté de l'arbitre. Ces deux pouvoirs ne sont donc pas équivalents :

> Or il a péché par son propre choix qui était libre, mais non par cela d'où il était libre, c'est-à-dire non par le pouvoir qu'il avait de ne pas pécher [...], mais par le pouvoir qu'il avait de pécher[1].

### Liberté de la volonté / volonté libre

La liberté de l'arbitre, on l'a vu, est le pouvoir₂ de la justice ; et puisqu'Anselme n'est pas particulièrement exigeant en ce qui concerne l'envergure de ce pouvoir₂, il soutient que chaque être doué d'une volonté raisonnable possède nécessairement la liberté de l'arbitre. Pour l'ange et pour l'homme, la liberté de l'arbitre est « naturelle »[2].

Il n'en est pas ainsi pour la liberté de la volonté. Aux yeux d'Anselme, la liberté de la volonté n'est pas le pouvoir₂ de la justice. Elle est bien plus la justice même[3]. Puisque parmi les hommes et les anges il y a des justes et des injustes, il existe des personnes dont la volonté est libre et il existe des personnes dont la volonté n'est pas libre. La liberté de la volonté, la mise-en-acte de la liberté de l'arbitre, n'est pas naturelle ; elle peut se perdre. Le libre arbitre est bien un pouvoir de la volonté : c'est le libre arbitre de la volonté dont il s'agit. Mais pour que la volonté même soit libre, il en faut plus que le seul libre arbitre. Tant que la justice est absente, la volonté même n'est pas libre. Anselme le dit expressément :

---

1. Saint Anselme, *De libertate arbitrii* 2, S I, p. 210 ; voir aussi le commentaire de M. Corbin, « Introduction au *De libertate arbitrii* », dans *L'œuvre d'Anselme de Cantorbéry*, t. 2, Paris, Cerf, 1986, p. 193 : « Il y a bien un pouvoir de pécher et un pouvoir de ne pas pécher qui accompagnent la liberté pendant le temps de l'épreuve, mais ces deux pouvoirs ne sont pas équivalents [...]. Le péché fut libre sans que la définition de la liberté doive faire mention du péché. »

2. Cf. *ibid.*, p. 223 : « Semper enim naturaliter liber est ad servandum rectitudinem si eam habet, etiam quando quam servet non habet. »

3. Voir B. Goebel, *Beatitudo cum iustitia*, *op. cit*, p. 60-120, en part. p. 71-93 (« *Gerechtigkeit als Freiheit* »).

La volonté [...] ne peut revenir par elle-même à la justice sans laquelle elle n'est jamais libre, puisque la liberté de l'arbitre naturelle est désœuvrée sans elle[1].

La citation provient du traité *De concordia*, le dernier ouvrage d'Anselme. Dès lors on pourrait supposer qu'Anselme ait révisé sa doctrine de la liberté dans l'ultime phase de sa pensée[2]. Mais une lecture de l'ensemble de l'œuvre de saint Anselme montre qu'il n'a jamais conçu la liberté de la volonté, à l'instar de la liberté de l'arbitre, comme une liberté inséparable. Déjà dans le *De libertate arbitrii*, la liberté de la volonté et toute la force qui l'accompagne est le privilège des justes. Si Anselme y parle d'une volonté libre comme par exemple dans le cinquième chapitre, c'est toujours d'une volonté droite (*recta voluntas*) – c'est-à-dire juste – dont il est question[3]. Il n'y a qu'une seule énonciation du maître, dans le dixième chapitre, qui pourrait faire croire qu'une volonté libre est également accordée à un pécheur :

Mais quand la volonté libre abandonne la droiture par suite de la difficulté à la garder, elle est ensuite, assurément, esclave du péché par suite de son impossibilité à la recouvrer par elle-même[4].

Il est vrai que le terme « volonté libre » y figure non seulement comme sujet de la première affirmation, mais aussi de la seconde. Pourtant, cette manière de parler n'implique aucunement que la volonté reste libre même après la perte de la justice. En effet, quand nous disons par exemple : « Cet homme riche, après avoir perdu tout son argent, a été réduit à l'aumône », le fait que « cet homme riche » est le sujet grammatical non seulement de la première mais aussi de la deuxième phrase ne signifie pas que nous le croyons riche après la perte de son argent. Bien au contraire, ce passage confirme plutôt notre observation que la volonté libre présuppose la justice : il parle de l'abandon de la justice par une volonté libre ; et il faut avoir la justice pour pouvoir l'abandonner.

---

1. Saint Anselme, *De concordia* 3, 13, S II, p. 287 : « Voluntas [...] per se redire nequit ad iustitiam, sine qua numquam libera est, quia naturalis libertas arbitrii sine illa otiosa est. »
2. Cela paraît être l'avis de B. Schick, *Willensfreiheit bei Anselm von Canterbury*, Saarbrücken, VDM, 2008, p. 30. Il reconnaît qu'Anselme n'appelle plus libre la volonté « après la perte de la rectitude », mais il n'y voit que le « danger » que l' « importance de la volonté libre soit réduite outre mesure » dans son œuvre tardive.
3. *Cf.* Saint Anselme, *De libertate arbitrii* 5, p. 215 : « rectam habens homo voluntatem » ; *ibid.*, p. 216 : « quamdiu ipsa voluntas recta est ».
4. *Ibid.* 10, S I, p. 222 : « Sed cum libera voluntas deserit rectitudinem per difficultatem servandi, utique post servit peccato per impossibilitatem per se recuperandi. »

Mais alors, pourquoi s'est-on si rarement rendu compte de la distinction entre « volonté libre » et « libre arbitre » effectuée par Anselme ? Pour plus d'une raison me semble-t-il. D'abord, parce qu'Anselme a écrit un dialogue sur la liberté de l'arbitre et non pas sur la liberté de la volonté. Il y donne une définition, originale et assez fascinante, de la liberté de l'arbitre et du libre arbitre. Par contre, il ne nous a pas laissé une définition formelle de la liberté de la volonté. De plus, on a souvent du mal à reconnaître ou même à s'imaginer qu'un penseur médiéval ait refusé d'accorder une *volonté libre* à une partie de l'humanité, bien que, à cet égard, Anselme ne fasse que s'inscrire dans une tradition augustinienne[1]. De plus, on a affaire ici à un problème linguistique. Ceci ne concerne bien entendu pas le français, où le traducteur dispose à part l'expression « volonté libre » du terme « libre arbitre », mais les langues germaniques. Dans la littérature, *«free will»*, *«freier Wille»*, *«vrije wil»*, etc. est souvent la traduction à la fois de *voluntas libera* et de *liberum arbitrium*[2]. Se fier ici à la traduction conventionnelle veut dire se priver dès l'abord de la possibilité d'accueillir, dans sa propre langue, cette distinction conceptuelle et terminologique d'Anselme. Mais aussi ceux qui traduisent « liberum arbitrium » par « free choice » (ou ses équivalents dans d'autres langues) ont souvent tendance à considérer le terme comme un synonyme de « volonté libre » (« free will », etc.)[3].

Cela étant, voyons quelle est la relation entre liberté de l'arbitre (libre arbitre) et liberté de la volonté (volonté libre) chez Anselme. Elle est simplement celle-ci :

Si la « liberté de l'arbitre » est le pouvoir$_2$ de la justice (c'est-à-dire la capacité$_2$ d'acquérir la justice et de la prolonger), et
si la « liberté de la volonté » est la justice même (c'est-à-dire la capacité$_1$ de prolonger la justice),
alors la « liberté de l'arbitre » est le pouvoir$_2$ de la « liberté de la volonté ».

---

1. Voir *supra* p. 87 n. 2 et 3.

2. Voir par exemple J. Marenbon , *Medieval Philosophy. An historical and philosophical introduction*, London, Routledge, 2006, p. 120 : « The second dialogue, *De libero arbitrio* [i.e. *De libertate arbitrii*] ("On Freedom of the Will"), is also framed around these concepts [sc. rightness and justice], since free will is [...] the power of preserving rightness of the will for its own sake. »

3. Ainsi K. Rogers dans son *Anselm on freedom*, Oxford, Oxford University Press, 2008, *passim*.

Autrement dit : la « liberté de la volonté » est la mise-en-acte (l'activation) de la « liberté de l'arbitre ».

Voilà deux libertés ayant trait à la volonté : la « liberté de l'arbitre » (*liberum arbitrium voluntatis*) et la « liberté de la volonté » (*libera voluntas*) même. La théorie de la liberté que propose Anselme est une théorie à plusieurs niveaux. Au premier plan, il y a la liberté de l'arbitre ; chaque être doué d'une volonté et d'une raison la possède. Au deuxième plan, il y a la liberté de la volonté, réservée aux justes (à ceux qui conservent la droiture de la volonté pour elle-même) qui peuvent₁ ne pas pécher[1]. La liberté de l'arbitre n'implique donc pas la liberté de la volonté. Enfin, il y a même un troisième niveau de la liberté, la liberté de la volonté réservée aux êtres justes qui ne peuvent₁ pas (Dieu) ou qui ne peuvent₁ plus (les bienheureux) pécher – ou plutôt un niveau 2-a et un niveau 2-b de liberté, car la distinction entre les justes qui peuvent₁ et les justes qui ne peuvent₁ pas ou qui ne peuvent₁ plus pécher est une distinction effectuée à l'intérieur de l'espace libéré par la justice :

> Maître : Quelle volonté te semble la plus libre ? Celle qui veut et peut ne pas pécher au point de n'être nullement capable de se laisser fléchir dans sa droite résolution de ne pas pécher, ou celle qui peut de quelque façon se laisser fléchir pour pécher ?[2].

Le tableau suivant illustre la distribution de la liberté de l'arbitre et de la liberté de la volonté selon saint Anselme :

---

1. K. Trego a raison de souligner que la définition de la liberté *de l'arbitre* par saint Anselme est moins une définition « éthique » qu'une définition métaphysique, parce que dire que « la liberté consiste à pouvoir conserver la justice ne revient pas à dire que la liberté consiste à la conserver. [...] Un écart se trouve ainsi institué entre la liberté de l'arbitre et la justice », *L'essence de la liberté. La refondation de l'éthique dans l'œuvre de saint Anselme de Cantorbéry*, Paris, Vrin, 2010, p. 230-231. Mais cela ne vaut précisément pas pour la liberté *de la volonté* qui d'après Anselme ne se trouve jamais sans la justice et qui est donc vraiment une liberté « éthique ».

2. Saint Anselme, *De libertate arbitrii* 1, S I, p. 208 : « Magister : Quae tibi voluntas liberior videtur : illa quae sic vult et potest non peccare, ut nullatenus flecti valeat a non peccandi rectitudine, aut illa quae aliquo modo flecti potest ad peccandum ? ».

| état moral | Force/faiblesse de la volonté | agent moral | liberum arbitrium | libera voluntas |
|---|---|---|---|---|
| Injustes | ne peuvent, ne pas pécher; peuvent, ne pas pécher | pécheurs, damnés, diable | oui | non |
| justes non-confirmés | peuvent, ne pas pécher | Adam, justes (vie actuelle), anges (création) | oui | oui : libera |
| justes confirmés | ne peuvent, pécher | Dieu et bienheureux | oui | oui : liberior |

## LIBERTÉ ET FORCE DE LA VOLONTÉ

À l'aide de ce dernier tableau on perçoit facilement qu'il existe une correspondance étroite entre force et liberté *de la volonté* en tant que pouvoir₁ de ne pas pécher (tandis que même la faiblesse de la volonté la plus extrême laisse intacte la liberté *de l'arbitre* en tant que pouvoir₂ de ne pas pécher). On peut dire que pour Anselme la force de la volonté n'est autre que sa liberté et que la liberté de la volonté n'est autre que sa force. « Rien n'est plus libre que la volonté droite »[1] (à savoir la volonté d'un être juste), écrit-il, parce qu'« aucune force étrangère ne peut lui enlever sa droiture ». Le juste peut₁ résister à toute tentation, si forte qu'elle soit. Cela vaut même pour des situations extrêmes comme celle dans laquelle s'est trouvé saint Pierre lors de l'arrestation de Jésus. Pierre aurait pu₁ se déclarer chrétien et en accepter les conséquences terribles, s'il l'avait voulu[2]. Si je suis juste ayant la « droiture de la volonté gardée pour elle-même », explique Anselme, même Dieu ne peut m'enlever la droiture de la volonté ; car pour ce faire, Dieu devrait vouloir que je veuille ce dont Dieu ne peut pas vouloir que je le veuille[3]. Pour Anselme, force, liberté et droiture de la volonté (droiture de la volonté gardée pour elle-même : justice) ne font qu'un.

Bernd GOEBEL
Theologische Fakultät Fulda

1. Saint Anselme, *De libertate arbitrii* 9, S I, p. 221 : « nihil liberius recta voluntate, cui nulla vis aliena potest auferre suam rectitudinem ».
2. Cf. *ibid.* 6, S I, p. 217-218 et *ibid.* 9, S I, p. 221. Anselme ne mentionne pas le nom de l'apôtre, mais son exemple fait immédiatement penser au reniement de Pierre.
3. *Ibid.* 8, S I, p. 220-221.

# CONTINGENCE ET NÉCESSITÉ
## DANS L'ÉTHIQUE ARISTOTÉLICIENNE

On sait quel rôle jouent les considérations éthiques dans la réfutation aristotélicienne du déterminisme logique dans le chapitre 9 du *De Interpretatione* : si tout était nécessaire, il ne faudrait plus délibérer ni se donner de la peine, comme si le cours des choses dépendait de nos actions (18b31-33), ce qui est absurde, car nous *expérimentons* bel et bien la délibération comme principe (19a7-9). En effet, l'éthique se distingue de la science par le fait qu'elle concerne le contingent et non le nécessaire. Aristote y insiste : la délibération (ἡ βούλευσις) – et, partant, la *phronèsis* comme vertu de bien délibérer (*Éthique à Nicomaque* VI 5, 1140a25-6) [1] – ne peut porter que sur ce qui peut aussi bien être que ne pas être (cf. *Éthique à Nicomaque* VI 2, 1139a13-14 ; 5, 1140a31-33, b27-28 ; 6, 1140b35-1141a1 ; 8, 1141b9-11 ; *Rhétorique* I 2, 1357a4-7 ; 4, 1359a30-34) et qui dépend de nous (περὶ τῶν ἐφ' ἡμῖν, *Éthique à Nicomaque* III 5, 1112a30-31) ; la décision (ἡ προαίρεσις) [2] à laquelle elle aboutit porte elle-même sur ce qui dépend de nous (τὰ ἐφ' ἡμῖν, *Éthique à Nicomaque* III 4, 1111b30) ; et l'action que l'on peut accomplir (τὸ πρακτόν) en conséquence de cette décision fait dès lors elle aussi partie des choses qui peuvent être autrement qu'elles ne sont (*Éthique à Nicomaque* VI 4, 1140a1-2 ; 5, 1140b2-3 ;

---

1. Conformément à l'usage dans le monde francophone, je cite l'*Éthique à Nicomaque* en me référant à la numérotation des chapitres adoptée par Susemihl. Pour les livres communs à l'*Éthique à Nicomaque* et à l'*Éthique à Eudème*, j'indique uniquement les références à la première, sans que cela doive être interprété comme une prise de position sur l'appartenance originelle de ces livres à cette version de l'éthique aristotélicienne.

2. Je reviendrai sur cette traduction *infra*.

*Éthique à Eudème* II 6, 1222b41-1223a9). Comme y a insisté avec force Pierre Aubenque, le champ de l'éthique est celui de la contingence[1].

Est-ce à dire que l'éthique est le domaine de la liberté, en tant que celle-ci s'opposerait à toute nécessité ? La nécessité ne joue-t-elle qu'un rôle négatif au niveau de l'éthique, à savoir celui d'une *limite* qui en circonscrirait extérieurement le champ ? L'éthique valorise-t-elle la contingence au détriment de la nécessité, ce qui en ferait l'envers de la science ? Je voudrais montrer ici que la situation est plus complexe, et que reconnaître la contingence comme la condition de possibilité de l'éthique ne revient pas à la considérer comme un absolu indépassable. Pour ce faire, je commencerai par examiner l'analyse aristotélicienne du problème de la responsabilité morale afin de circonscrire plus précisément la place de la contingence dans l'éthique. Dans un deuxième temps, j'essaierai de montrer que l'idéal éthique d'Aristote, loin de résider dans la contingence, est plutôt à chercher dans une certaine forme de nécessité, qui n'est pas pour autant incompatible avec la liberté, à savoir le *devoir*.

## LE RÔLE DE LA CONTINGENCE DANS L'ÉTHIQUE
## ET LA QUESTION DE LA RESPONSABILITÉ

De prime abord, il pourrait sembler que si la contingence est une condition nécessaire de l'éthique, ce serait au sens où l'agent moral doit toujours pouvoir, dans une situation donnée, agir soit comme il agit soit de la manière opposée. En d'autres termes, l'éthique présupposerait ce que l'on nomme le libre arbitre, c'est-à-dire la liberté de choix de l'agent. En particulier, seul le libre arbitre permettrait d'imputer à l'agent la responsabilité de ses actions. Or il n'en va pas ainsi chez Aristote. Non seulement celui-ci ne dispose pas d'un concept de libre arbitre[2], mais il pose le problème de la responsabilité morale d'une manière qui rend le recours à un tel concept inutile.

---

1. P. Aubenque, *La prudence chez Aristote*, Paris, P.U.F., 1963, rééd. : Paris, Quadrige, 1997, p. 64-95, en part. p. 64-70.

2. Sur cette question, voir déjà les remarques de R.-A. Gauthier dans R.-A. Gauthier et J.-Y. Jolif (éd.), *Aristote : L'éthique à Nicomaque*, Louvain, Éditions de l'Institut Supérieur de Philosophie, 1970, t. II, 1, p. 217-220, en faisant toutefois abstraction de ses jugements évaluatifs relatifs à Aristote.

Aristote étudie la question de la responsabilité morale dans deux passages de ses *Éthiques* : *Éthique à Nicomaque* III 1-8 et *Éthique à Eudème* II 6-11. Je me concentrerai ici sur le premier, que l'on considère généralement comme le plus abouti[1].

Aristote commence par y distinguer le « de plein gré » (τὸ ἑκούσιον) du « contre son gré » (τὸ ἀκούσιον). En faisant fond sur le latin de Cicéron, on traduit souvent ces termes par « volontaire » et « involontaire », mais il est préférable d'éviter ces traductions, qui suggèrent un lien avec la « volonté », une instance que ne connaît pas Aristote[2]. Ce qui est frappant est bien plutôt la manière dont Aristote *évite* tout recours à une instance de ce type dans la définition de ces concepts. Il définit en effet l'acte accompli « contre son gré » comme un acte qui est fait par contrainte (βίᾳ) ou par ignorance (δι' ἄγνοιαν) (III 1, 1109b35-1110a1). Il précise : « Est contraint ce dont le principe est hors de nous (οὗ ἡ ἀρχὴ ἔξωθεν), et est tel celui auquel ne contribue en rien l'agent ou le patient » (1110a1-3 ; *cf.* b1-3, 15-17). Il y a cependant également des cas « mixtes » (μικταί, 1110a11), où l'agent accomplit une action qu'il n'accomplirait pas en temps normal parce qu'il y est poussé par des circonstances particulières – par exemple sous la pression d'un tyran qui menace la vie de ses parents et de ses enfants s'il ne lui cède pas (1110a5-7). Mais dans l'*Éthique à Nicomaque* en tout cas[3], Aristote soutient qu'au sens strict, de telles actions demeurent de plein gré, parce qu'elles trouvent leur principe dans l'agent lui-même au moment où il les accomplit (1110a15-18, b3-7). Quant à l'ignorance, Aristote précise que seule celle qui concerne les particularités de l'acte, c'est-à-dire ses circonstances et son objet, peut faire qu'un acte soit accompli « contre son gré » ; l'ignorance qui concernerait la fin à atteindre, ou encore l'inaptitude à calculer les moyens pour atteindre cette fin, ne peuvent en aucun cas être invoquées pour soutenir qu'un acte n'a pas été accompli de plein gré (2, 1110b24-1111a19).

---

1. Pour une analyse approfondie des différents textes aristotéliciens relatifs à cette problématique et de leur spécificité propre, voir en particulier S. Sauvé Meyer, *Aristotle on Moral Responsibility* [1993], Oxford, Oxford University Press, 2011 (2e éd.), dont l'introduction à la deuxième édition fait le point sur la littérature secondaire récente.

2. Sur l'absence de volonté chez Aristote, voir en particulier C. H. Kahn, « Discovering the Will. From Aristotle to Augustine », dans J.M. Dillon et A.A. Long (eds.), *The Question of* « *Eclectism* ». *Studies in Later Greek Philosophy*, Berkeley, University of California Press, 1988, p. 234-259, et M. Frede, *A Free Will. Origins of the Notion in Ancient Thought*, Berkeley, University of California Press, 2011, p. 19-30.

3. La position d'Aristote est plus ambiguë dans l'*Éthique à Eudème* : *cf.* II 8, 1225a2-36.

Dans ces conditions, l'acte accompli «de plein gré» sera «celui dont le principe est dans l'agent lui-même (οὗ ἡ ἀρχὴ ἐν αὐτῷ) qui connaît les circonstances particulières de son action» (3, 1111a22-24). La connaissance en question ne doit pas être prise en un sens trop fort, puisque Aristote poursuit immédiatement en soulignant que cette définition peut également s'appliquer à certains actes des animaux ou des jeunes enfants (1111a25-26). Cette précision est importante, car elle confirme que la question de savoir si un acte est accompli «de plein gré» ne repose aucunement sur l'attribution à l'agent d'une faculté spécifique telle que la «volonté», pas plus que de la «liberté», en quelque sens que l'on entende ce terme. La seule chose à prendre en considération pour déterminer si un acte est accompli de plein gré est la *cause* de l'action : si cette cause est interne à l'agent, l'acte est accompli de plein gré, et l'agent en porte la responsabilité. Rappelons d'ailleurs que «responsabilité» se dit αἰτία en grec, et que le terme αἴτιον – *cf.* 1111a29 – désigne aussi bien la cause que le responsable : la question de la responsabilité est une question de causalité.

Cependant, dans le cas des hommes adultes, il existe un principe interne d'action très particulier, qu'Aristote appelle προαίρεσις. Ce terme est souvent traduit par «choix» ou «choix préalable», mais là aussi, il convient d'être prudent en évitant de suggérer qu'il s'agirait d'un principe de choix entre contraires, et *a fortiori* d'un choix *libre*, pour des raisons sur lesquelles je reviendrai très vite. Afin de ne pas préjuger de cette question, on peut traduire προαίρεσις par «décision», terme qui rend d'ailleurs très bien les connotations du grec[1]. Quoi qu'il en soit, si les actions accomplies suite à une *prohairesis* sont «de plein gré», c'est simplement en tant que celle-ci est un principe d'action interne à l'agent, et non en tant qu'elle serait une faculté de choix entre contraires. Mais n'étant pas le seul principe d'action interne possible, elle ne *s'identifie* pas au «de plein gré», qui a une plus grande extension :

> En effet, les enfants et les autres animaux [que l'homme] ont part au «de plein gré», mais pas à la décision; et les actes accomplis subitement (τὰ ἐξαίφνης), nous disons qu'ils sont accomplis «de plein gré», mais pas «par décision» (4, 1111b8-10).

1. *Cf.* J.-L. Labarrière, «De "ce qui dépend de nous"», *Les études philosophiques*, 1, 2009, p. 11.

De fait, la décision est toujours accompagnée de raison et de pensée (μετὰ λόγου καὶ διανοίας, 1112a16); ce qui fait sa spécificité, c'est de résulter d'une délibération (ἡ βούλευσις) : la décision (ἡ προαίρεσις) peut donc être identifiée au « prédélibéré » (τὸ προβεβουλευμένον, 1112a15).

Or la délibération porte non pas sur la fin, mais sur les moyens pour atteindre cette fin : Aristote insiste sur ce point dans plusieurs passages (*Éthique à Nicomaque* III 5, 1112b11-27; *Éthique à Eudème* II 10, 1226b9-13 et 1227a5-9; *Rhétorique* I 6, 1362a18). Dans la mesure où

> l'objet de la délibération (βουλευτόν) et l'objet de la décision (προαιρετόν) sont identiques, sinon que l'objet de la décision est déjà déterminé, puisque c'est le jugement qui résulte de la délibération qui est objet de la décision (1113a2-4),

la décision porte elle aussi sur les moyens et non sur la fin. C'est en ce sens qu'elle se distingue du souhait (ἡ βούλησις), qui porte quant à lui sur la fin (4, 1111b26-30). La décision peut alors être définie comme

> un désir délibératif de ce qui dépend de nous (βουλευτικὴ ὄρεξις τῶν ἐφ' ἡμῖν); car ayant jugé à partir de la délibération, nous désirons conformément à cette délibération (5, 1113a11-12; cf. *Éthique à Eudème* II 10, 1126b16-20).

Sur cette base, Aristote peut dès lors conclure :

> La fin étant objet de souhait, et les moyens relatifs à la fin, objets de délibération et de décision, les actions concernant ces moyens seraient conformes à la décision et de plein gré. Or les activités vertueuses (αἱ δὲ τῶν ἀρετῶν ἐνέργειαι)[1] concernent ces derniers. La vertu dépend donc également de nous (ἐφ' ἡμῖν), et semblablement le vice. En effet, là où agir dépend de nous, il en va de même de ne pas agir, et là où non, oui également; de sorte que si le fait d'agir, étant bon, dépend de nous, le fait de ne pas agir, étant mauvais, dépend aussi de nous; et si le fait de ne pas agir, étant bon, dépend de nous, le fait d'agir, étant mauvais, dépend aussi de nous. Et s'il dépend de nous d'accomplir des actions bonnes ou mauvaises et semblablement de ne pas les accomplir, et si c'était en cela que consiste le fait d'être bons ou mauvais, il dépend de nous d'être honnêtes ou méchants. (7, 1113b3-14)

On a écrit que ce passage, où Aristote emploie pas moins de neuf fois l'expression ἐφ' ἡμῖν (« ce qui dépend de nous », expression qui chez Aristote peut être considérée comme co-extensive, sinon parfaitement

---

1. Sur cette expression, cf. P. L. Donini, *Aristotle and Determinism*, Louvain-la-Neuve, Peeters, 2010, p. 141-144.

synonyme, à τὸ ἑκούσιον)[1], était l'un des témoignages les plus forts en faveur d'une interprétation « volontariste » ou « libertarienne » de la position d'Aristote[2]. Est-ce si sûr ? Pour en juger, reprenons quelques éléments de l'analyse que nous venons de résumer.

Tout d'abord, rappelons que si les actions conformes à la vertu sont « de plein gré », c'est parce qu'elles sont accomplies suite à une décision qui résulte elle-même d'une délibération, et que la décision est un principe d'action interne à l'agent. Or aussi bien la délibération que la décision portent sur les moyens et non sur la fin, qui est présupposée par tout ce processus. Du point de vue de la délibération et de la décision, la fin est donc un *donné* qu'elles ne remettent pas en cause, ce qui réduit déjà considérablement le champ du « choix » qui serait laissé à l'agent moral dans une situation donnée.

Cela ne veut pas dire que cet agent agira toujours conformément à cette fin. Au contraire, il existe selon Aristote des situations où un agent moral accomplit une action contraire à ce qu'il reconnaît lui-même comme fin. C'est le phénomène de l'ἀκρασία, terme que l'on peut traduire, quoique imparfaitement, par « intempérance », auquel Aristote consacre une bonne partie du livre VII de l'*Éthique à Nicomaque* (chapitres 1 à 11). Sans entrer dans les détails de cette question complexe, qu'il suffise de rappeler que l'*akrasia* renvoie à la situation paradoxale dans laquelle un agent accomplit une action dont il sait pourtant qu'elle n'est pas bonne – paradoxale, puisque dans le cadre de l'éthique aristotélicienne, un agent désire toujours ce qui lui apparaît comme bon à titre de fin. En deux mots, l'explication d'Aristote consiste essentiellement à relativiser le statut de la science de l'intempérant au moment où il agit (*cf.* VII 5). Mais ce qui m'intéresse avant tout ici, c'est qu'Aristote déclare explicitement que l'intempérant n'agit pas par décision (*cf.* III 4, 1111b13-14) – ce qui n'empêche pas pour autant son action d'être de plein gré et ne l'absout donc aucunement de sa responsabilité (elle rentre dans la catégorie des actions accomplies « subitement » dont il était question en III 4, 1111b9-10). Cela montre que la *prohairesis ne consiste pas* à « choisir » d'agir conformément ou non à ce que l'on sait (ou croit savoir) être bon : au contraire, il n'y a *prohairesis* que si l'on agit conformément au bien tel qu'il nous apparaît. La *prohairesis* n'est pas un choix entre deux possibilités d'actions opposées ; seule l'*une* de ces possibilités est à proprement parler un « choix », ou plus précisément une décision, l'autre nous ramenant au

---

1. Sur les rapports entre ces deux expressions, cf. *ibid.*, p. 137-138.
2. *Cf.* J.-L. Labarrière, « De "ce qui dépend de nous" », art. cit., p. 17.

niveau des animaux ou des jeunes enfants. L'analyse d'Aristote n'implique aucunement que nous ayons la possibilité de choisir de faire ceci ou de ne pas le faire, mais seulement que nous ayons la possibilité *de choisir* (ou de décider) de faire ceci *ou de ne pas le choisir*. Quant aux raisons pour lesquelles nous agissons selon la *prohairesis* ou non, elles sont à chercher dans les habitudes contractées par notre éducation et notre pratique préalable, et non dans un choix ou une décision qui se produirait au moment même d'agir[1].

L'*akrasia* se distingue de la perversité en ce que l'intempérant *sait* néanmoins ce qu'est le bien, même si cette connaissance n'est pas suffisamment forte en lui pour déterminer son action au moment décisif. Le vicieux, en revanche, commet une erreur sur la fin elle-même : ce qui lui *apparaît* comme bon (τὸ φαινόμενον ἀγαθόν) n'est pas le bien véritable (τἀγαθόν, τὸ κατ᾽ ἀλήθειαν [ἀγαθόν]) (*cf.* 6, 1113a15-b2). C'est pour cette raison qu'Aristote considère qu'alors que l'intempérant peut être guéri, le cas du vicieux est désespéré, car celui-ci agit de la manière dont il croit devoir agir (*cf.* VII 9, 1151a11-20). Mais cela signifie également que le vicieux peut tout à fait agir, quant à lui, selon une décision qui fait suite à une délibération ; simplement, l'action qu'il accomplira sera vicieuse, parce qu'elle trouvera son origine dans une fin qui est elle-même mauvaise. Le propre du vicieux n'est donc pas de choisir de faire le mal en sachant que c'est le mal – ce qui est tout aussi impossible pour Aristote que pour Socrate et Platon –, mais de choisir de faire le mal en croyant que c'est le bien : c'est cette erreur sur la nature de la fin qui est la source du caractère vicieux de ses actions (*cf.* III 2, 1110b28-30).

Une action est donc vertueuse ou vicieuse en fonction de la fin d'où part la délibération dont elle résulte par l'intermédiaire de la décision. Mais la manière dont la fin nous apparaît dépend-elle de nous ou non? Le traitement aristotélicien de ce problème est particulièrement intéressant (7, 1114a31-b25). Aristote envisage deux possibilités : soit on considère que l'on naît «naturellement» vertueux ou vicieux, et que la fin nous est donnée en conséquence sans que nous y soyons pour rien, soit on considère que «chacun est en quelque sorte cause de sa propre disposition» (ἕκαστος ἑαυτῷ τῆς ἕξεώς ἐστί πως αἴτιος, 1114b2), de sorte qu'il sera également en quelque sorte cause de la manière dont le bien lui apparaît (καὶ τῆς φαντασίας ἔσται πως αὐτὸς αἴτιος, b2-3). Ce qui est remarquable dans ce passage, c'est qu'Aristote y laisse entendre qu'il n'est pas nécessaire de trancher entre ces deux possibilités pour répondre à la question de la

---

1. Sur ce point, voir les observations de M. Frede, *A Free Will, op. cit.*, p. 23-24 et 28-29.

responsabilité de l'agent relativement à ses actions (*cf.* 1114b16-21) :
même si nous n'étions pas responsables de notre caractère, nous n'en
demeurerions pas moins responsables de nos actions. Contrairement à ce
que présupposent de nombreux commentateurs, la responsabilité à l'égard
des actions ne dépend pas selon Aristote de celle à l'égard du caractère[1].
En effet, comme il l'a annoncé dès le début de son investigation, les qualifi-
cations « de plein gré » ou « contre son gré » supposent que l'on se réfère au
moment où l'action est accomplie (*cf.* 1, 1110a13, 14-15), et se rapportent
seulement à la question de savoir si la cause en est interne à l'agent. Or il en
irait bien ainsi du vicieux « de naissance », qui continuerait à agir « par lui-
même » (δι' αὐτόν, 7, 1114b21), même s'il n'était pas cause de la manière
dont la fin lui apparaît. Celui qui agit « conformément à sa nature » ne peut
prétendre être contraint de l'extérieur ; il est donc entièrement responsable
de son action. On voit une nouvelle fois combien la question de la responsabilité morale est étrangère pour Aristote à celle de la liberté de l'agent :
la première ne présuppose nullement la seconde et est compatible avec sa
négation.

Il n'en reste pas moins qu'Aristote a bien une position propre
concernant l'origine de notre caractère moral, position qui est en quelque
sorte intermédiaire entre les deux extrêmes énoncés ci-dessus, bien que la
balance penche clairement en faveur de la deuxième branche de l'alternative. Il admet, avec « tout le monde », que

> chaque caractère (ἕκαστα τῶν ἠθῶν) est en quelque sorte par nature (φύσει)
> – en effet, nous sommes justes, enclins à la modération, courageux, et
> possédons les autres [vertus] dès notre naissance (VI 13, 1144b4-6) –;

et cette donnée « naturelle » ne dépend pas de nous (*cf.* X 10, 1179b21-23).
Mais celle-ci n'est qu'un point de départ : encore faut-il développer ces
dispositions naturelles et les affirmer par la pratique régulière de la vertu,
car

> c'est en accomplissant les actions justes que nous devenons justes, les
> actions modérées que nous devenons modérés, et les actions courageuses
> que nous devenons courageux (II 1, 1103a34-b2 ; *cf.* 3, 1105b9-12 ; III 7,
> 1114a4-13).

La vertu authentique, qui se distingue de la vertu comme simple disposition
naturelle, naît de l'habitude (1, 1103a17-18). C'est pourquoi nous sommes
au moins en partie responsables (συναίτιοι) de nos dispositions, et donc

---

1. Ce point a été argumenté en détail par S. Sauvé Meyer, *Aristotle on Moral
Responsability, op. cit.*, p. 122-148.

du caractère qui se forme progressivement en nous (III 7, 1114b22-24).
La situation se complique toutefois lorsqu'on se souvient que selon
Aristote, c'est le rôle de l'éducation de nous inculquer cette habitude
(cf. X 10, 1179b20-1180a1 ; *Politique* VII 15, 1334b6-28) ; or celle-ci
devra parfois – du moins au début, lorsque la capacité de raisonner n'est pas
encore suffisamment développée chez le jeune enfant – recourir à la
contrainte (βίᾳ, *Éthique à Nicomaque* X 10, 1179b29), en particulier à
la peur du châtiment (1180a4-5). Mais il faut sans doute comprendre que
cette contrainte n'est jamais telle qu'elle rende toute infraction impossible,
de sorte que le principe des actions qui vont progressivement faire naître
l'habitude reste interne à l'agent, qui en demeure dès lors (au moins en
partie) responsable.

Aristote ajoute toutefois que notre caractère ne dépend pas de nous de la
même manière que chacune des actions que nous accomplissons :

> En effet, de nos actions, nous sommes maîtres (κύριοι) du commencement
> à la fin, si nous en connaissons les circonstances singulières, mais de nos
> dispositions, [nous sommes maîtres] au début, mais l'ajout des actes
> singuliers échappe à notre connaissance, comme dans le cas des maladies ;
> mais parce qu'il dépendait de nous (ἐφ' ἡμῖν) d'en user ainsi ou non, à cause
> de cela elles sont de plein gré. (III 8, 1114b31-1115a3)

Un peu plus tôt, Aristote explique que tout comme il est possible
d'éviter de devenir malade en s'abstenant de mener une vie intempérante et
en suivant les conseils des médecins, mais qu'une fois qu'on s'est laissé
aller, ce n'est plus possible, il en va de même pour l'homme injuste ou
intempérant :

> au début il était possible à ceux qui sont tels de ne pas le devenir, et c'est
> pourquoi ils le sont de plein gré ; mais une fois qu'ils le sont devenus, il ne
> leur est plus possible de ne pas l'être (οὐκέτι ἔστι μὴ εἶναι) (7, 1114a20-21)

– pas plus qu'il n'est possible d'empêcher une pierre de tomber lorsqu'on
l'a lâchée (a17-18). Une fois atteint un certain stade, le vicieux ne pourra
plus accomplir que des actions vicieuses, et dès lors perdurer dans sa
perversité, voire la renforcer[1]. Cela ne change rien au fait qu'il continuera à

---

1. Dans les *Catégories* (10, 13a23-31), Aristote reconnaît toutefois que le mauvais peut
devenir bon, bien que cela demande du temps. Sans doute pense-t-il ici à un homme mauvais à
un degré inférieur à celui de l'homme dont il parle dans le passage de l'*Éthique à Nicomaque*
mentionné ci-dessus, qui est pour sa part comparé à celui qui souffre d'une maladie *incurable*.
Sur la question de la possibilité de changer de caractère, voir P. L. Donini, *Aristotle and
Determinism*, *op. cit.*, p. 96-100, qui me paraît cependant attribuer à Aristote davantage
d'optimisme qu'on ne peut en déceler dans les textes.

agir de plein gré, pour autant que la cause de ses actions lui demeure interne[1].

Dire que nos actions dépendent de nous, cela n'implique donc pas pour Aristote que tel agent dans telle situation donnée pourrait aussi bien agir de telle manière que de telle autre : au contraire, Aristote suggère qu'une fois acquis un certain degré d'habitude, un agent vertueux agira toujours vertueusement, et un agent vicieux vicieusement. De fait, vertu et vice sont des dispositions (ἕξεις, cf. II 4), et une disposition, à la différence d'une puissance – du moins d'une puissance rationnelle (cf. Métaphysique Θ 2) –, ne peut pas produire des effets contraires (cf. Éthique à Nicomaque V 1, 1129a13-17)[2]. Dans ces conditions, dire que nos actions dépendent de nous, c'est simplement dire qu'elles auraient pu être différentes si elles avaient été accomplies par un autre agent placé dans la même situation[3]. C'est en ce sens que nos actions sont contingentes. La contingence est seulement une précondition du fait qu'elles dépendent de nous, elle n'en est pas le résultat : c'est parce qu'elles sont contingentes qu'elles peuvent dépendre de nous, mais ce n'est pas parce qu'elles dépendent de nous qu'elles sont contingentes[4].

1. J'avoue ne pas comprendre en quoi ce texte impliquerait une « rupture de la chaîne causale » au moment du début de l'action, qui permettrait dès lors d'éviter le déterminisme, comme le soutient C. Natali, « Responsabilité et déterminisme », dans L'action efficace. Études sur la philosophie de l'action d'Aristote, Louvain-la-Neuve, Peeters, 2004, p. 184-185 – à moins de présupposer que, par « être maîtres de nos actions », Aristote entend « avoir la possibilité de les accomplir ou non », ce qui serait une pétition de principe. De manière générale, même si l'on admet, avec Natali (cf. p. 185-191), que l'on ne peut attribuer à Aristote l'idée de chaîne causale continue et homogène, conduisant par exemple de stimuli extérieurs à l'acquisition d'un caractère puis au désir et à l'action, dans la mesure où elle mêlerait causes efficientes et causes formelles, il reste que pour autant que la relation causale (de quelque espèce de cause qu'il s'agisse) entre le caractère et le désir (et par conséquent l'action) est considérée comme nécessaire – ce qui doit être le cas de Natali, étant donné sa critique de l'interprétation de R. Sorabji (cf. p. 182-183) –, l'action peut bien être dite nécessitée par le caractère, ce qui laisse dès lors entier le problème du déterminisme.

2. C'est pourquoi l'invocation de la notion de « puissance rationnelle » pour attribuer à Aristote la reconnaissance du libre arbitre comme puissance des contraires me paraît exclue. Sur cette question, voir également P. L. Donini, Aristotle and Determinism, op. cit., p. 88-94, qui insiste à juste titre sur ce passage de l'Éthique à Nicomaque V 1.

3. C'est également tout ce qui me semble impliqué par le passage de l'Éthique à Eudème II 6, 1222b41-1223a9 (ainsi que par le passage parallèle de la Grande morale I 11, 1187b4-15), que l'on invoque parfois en faveur de la possibilité pour un même agent d'agir de manière opposée dans la même situation (voir par exemple C. Natali, » Actions humaines, événements naturels et la notion de responsabilité », dans L'action efficace, op. cit., 202-207).

4. Comparer S. Sauvé Meyer, » Aristote on the voluntary », dans R. Kraut (ed.), The Blackwell Guide to Aristotle's Nicomachean Ethics, Oxford, Blackwell, 2006, p. 138.

On le voit, le rejet du déterminisme logique et physique n'implique pas pour autant un indéterminisme total au niveau de l'éthique : au contraire, Aristote semble réintroduire à ce niveau une certaine forme de déterminisme, que l'on pourrait nommer un « déterminisme éthique » ou « déterminisme du caractère », puisqu'il soutient que le vicieux n'a plus la possibilité d'accomplir autre chose que des actions vicieuses; et ce déterminisme s'appuie lui-même sur un certain déterminisme social et politique, puisque, comme l'avoue Aristote, « recevoir en partage, dès la jeunesse, une éducation correctement orientée vers la vertu est difficile si on n'est pas élevé sous des lois qui sont telles » (X 10, 1179b31-32).

Parler de « déterminisme » à ce niveau est toutefois excessif. En effet, tout ce que les remarques précédentes impliquent est que *le caractère vertueux ou vicieux* d'un acte est déterminé par le caractère moral de l'agent, et que ce dernier est déterminé – dans une certaine mesure au moins – par sa nature et son éducation. Il n'y a aucune raison en revanche d'étendre cette détermination à la *singularité* de l'acte ou du caractère qui en est l'origine[1]. En d'autres termes, rien n'indique que pour Aristote, le vicieux qui a persisté dans son vice suite à sa mauvaise éducation accomplira nécessairement *telle* action vicieuse plutôt que telle autre dans des circonstances données; seul est déterminé le fait qu'il accomplira une action vicieuse. S'il est vrai que le vicieux agira nécessairement vicieusement, il n'en devra pas moins délibérer pour déterminer *quelle* action il va accomplir dans telle situation précise, et à ce niveau, le champ des possibles semble potentiellement infini.

Mais en va-t-il de même pour le vertueux ? S'il y a – malheureusement – une multiplicité, voire une infinité d'actions vicieuses possibles dans une situation donnée, n'y a-t-il pas en revanche une seule action vertueuse qui puisse être choisie (cf. *Éthique à Nicomaque* II 5, 1106b28-35)? Cela n'est-il pas la conséquence de la définition de la vertu comme étant à la fois un juste milieu et un sommet (II 6, 1107a6-8)? Dans ce cas, le vertueux n'a-t-il pas moins encore que le vicieux la possibilité d'agir autrement qu'il n'agit[2]? Ces questions suggèrent déjà que la contingence, si elle est bien une condition nécessaire de l'éthique, n'est pas pour autant une *valeur* dont celle-ci prônerait le caractère indépassable : au contraire, l'éthique a peut-être précisément pour but de *réduire* autant que possible l'emprise de la contingence dans les affaires humaines. C'est ce que je voudrais montrer à présent.

---

1. *Cf.* P. L. Donini, *Aristotle and Determinism, op. cit.*, p. 100.
2. *Cf.* M. Frede, *A Free Will, op. cit.*, p. 29-30.

## LE RÔLE DE LA NÉCESSITÉ DANS L'ÉTHIQUE

À la fin de l'*Éthique à Nicomaque*, Aristote établit que le bonheur parfait consiste en l'activité conforme à la plus haute vertu, qui n'est autre que la *sophia*. C'est dès lors la vie contemplative ou théorétique qui est prônée comme idéal ultime, vie dont Aristote nous dit :

> Une telle vie serait meilleure que ce qui est humain (κρείττων ἢ κατ' ἄνθρωπον). En effet, ce n'est pas en tant qu'homme qu'on vivra ainsi, mais en tant que quelque chose de divin est en nous. Et autant cela se distingue du composé (τοῦ συνθέτου), autant son activité se distingue de celle de l'autre vertu (τῆς κατὰ τὴν ἄλλην ἀρετήν). Si donc l'intelligence est quelque chose de divin par rapport à l'homme, la vie selon celle-ci est également divine par rapport à la vie humaine. Mais il ne faut pas suivre ceux qui conseillent à celui qui est homme de penser ce qui est humain (ἀνθρώπινα φρονεῖν) et au mortel de penser ce qui est mortel, mais il faut s'immortaliser (ἀθανατίζειν) autant que possible et tout faire pour vivre selon ce qu'il y a de meilleur en nous ; car même si cela est petit par la masse, par la puissance et la valeur cela surpasse de beaucoup tout le reste. On pourrait même penser que chacun *est* cela, si précisément c'est ce qui est le principal et le meilleur (τὸ κύριον καὶ ἄμεινον). Ce serait dès lors étrange, si l'on choisissait non pas sa propre vie, mais celle de quelque chose d'autre. Et ce que nous avons dit antérieurement s'appliquera également maintenant : ce qui est propre à chaque chose est par nature ce qui est le meilleur et le plus plaisant (κράτιστον καὶ ἥδιστον) pour cette chose ; et pour l'homme, dès lors, c'est la vie selon l'intelligence, si précisément c'est cela qui est principalement l'homme. Cette vie est donc également la plus heureuse (εὐδαιμονέστατος). (X 7, 1177b26-1178a8)

Afin de comprendre ce texte, il convient d'observer que le terme « homme » y est utilisé en deux acceptions différentes : d'un côté, l'homme comme « composé » (συνθέτον), à savoir composé d'âme et de corps ; de l'autre, l'homme en tant qu'il s'identifie à cet élément divin qui est présent en lui, à savoir l'intelligence. Cette distinction peut aisément se comprendre si l'on se rapporte au livre Z de la *Métaphysique*, qui montre qu'à propos des êtres sensibles, le terme *ousia* peut désigner aussi bien le composé de matière et d'*eidos* que l'*eidos* lui-même, mais plus fondamentalement ce dernier, identifié au « ce que c'est qu'être » et à l'*ousia* première. Or dans le cas des animaux, l'*ousia* en ce dernier sens est l'âme (*cf.* Z 10, 1035b14-16). Plus précisément, l'*ousia* au sens d'*eidos* de l'homme en tant qu'il se distingue de tous les autres animaux n'est pas l'âme en général, mais l'âme intellectuelle, qui est donc à proprement parler sa différence spécifique. Mais dieu n'est rien d'autre que l'intelligence elle-même (*cf.* Λ 7, 1072b30 : τοῦτο γὰρ ὁ θεός). C'est pourquoi Aristote peut écrire que la nature et l'essence de l'homme sont divines (cf. *Parties des animaux* IV 10, 686a27-29). Contrairement aux apparences, il n'y a donc aucune contradiction entre vouloir être vraiment homme et vouloir se diviniser : en effet, la pointe de notre être, c'est la pensée, et celle-ci est ce qu'il y a de divin en nous (voir aussi *Éthique à Nicomaque* IX 4, 1166a14-23).

Or Aristote définit la matière comme la puissance d'être et de ne pas être (*Métaphysique* Z 7, 1032a20-22 ; 15, 1039b29-30), bref comme le lieu même de la contingence. C'est en raison de sa matière, c'est-à-dire de son corps, que l'homme comme composé est corruptible (cf. *Éthique à Nicomaque* VII 15, 1154b21-22). L'*eidos* est quant à lui incorruptible (cf. *Métaphysique* Z 8, 1033a24-b19), et, en tant qu'il correspond en définitive à l'*acte*, il est le lieu même de la nécessité. Dans son *eidos*, l'homme est donc un être nécessaire. Mais *en tant que composé*, il ne peut accéder à cette nécessité qu'en s'identifiant à cet *eidos*, c'est-à-dire par la pensée – et ce, singulièrement lorsque celle-ci se tourne vers dieu lui-même, qui, en tant qu'acte pur, correspond à la nécessité la plus absolue (cf. *Métaphysique* Λ 7, 1072b10). Alors, il devient proprement lui-même, en tant qu'il coïncide avec sa propre essence. Mais devenant lui-même, il se divinise ; et ce faisant, il devient nécessaire, d'une nécessité qui est à la fois celle de son essence et celle de l'objet qu'il pense, à savoir dieu, les deux s'identifiant dans cet unique acte de pensée. Or le nécessaire étant également éternel, on comprend pourquoi Aristote écrit qu'une telle contem-plation a pour effet d'«immortaliser» celui qui s'y adonne (*Éthique à Nicomaque* X 7, 1177b33), même si l'immortalité en question n'a rien de personnel, mais correspond à l'éternité de son essence avec laquelle il coïncide en ce moment privilégié, éternité qui est en même temps celle de la pure activité de la pensée. Telle est la seule immortalité à laquelle l'homme puisse prétendre : l'immortalité ou l'éternité de l'activité même de la pensée, à laquelle il participe d'autant plus qu'il s'adonne à la philosophie.

Du point de vue de notre vie contingente, toutefois, cette expérience ne peut avoir lieu que par intermittence (cf. *Métaphysique* Λ 7, 1072b24-25) : paradoxalement, nous ne sommes immortels ou éternels qu'*au moment* où nous pensons et en tant que nous pensons. De fait, à la différence de dieu lui-même, nous ne sommes pas des actes purs, mais des composés de matière et d'*eidos*, et en ce sens nous sommes nécessairement voués *aussi* à la contingence. C'est cette vie de l'homme comme composé que régule l'éthique telle qu'elle est développée dans le corps des traités qu'Aristote y a consacrés ; c'est elle que concernent aussi bien les vertus éthiques que la *phronèsis* (cf. *Éthique à Nicomaque* X 8, 1178a9-22), désignée dans le texte ci-dessus comme « l'autre vertu ». L'éthique (et la politique dont elle est une partie) s'adresse à l'homme comme être contingent, composé d'une âme et d'un corps, et aux prises avec un monde lui-même traversé par la contingence.

Sommes-nous pour autant condamnés à être déchirés entre ces deux tendances contraires, une aspiration à la nécessité et à l'éternité qui ne pourrait se réaliser que dans la pensée et une résignation à la contingence indépassable de notre condition ? Au contraire, s'il est vrai que l'action a pour objet de pallier les défaillances ou l'inachèvement de la nature[1], on peut penser qu'elle cherchera à transposer autant que possible la nécessité dans le domaine des affaires humaines. On pourrait rétorquer que la seule nécessité pertinente dans le domaine de l'éthique est celle que Leibniz nommera la « nécessité morale », en la définissant comme ce dont l'opposé est non pas logiquement impossible, mais contre la convenance[2]. Une telle nécessité semble correspondre à celle qu'Aristote caractérise comme ce sans quoi le bien ne peut ni être ni advenir ou le mal être écarté (*Métaph.* Δ 5, 1015a22-24). Cependant, outre qu'Aristote fait explicitement dériver celle-ci de la nécessité absolue, en la considérant comme une simple application de la définition générale du nécessaire comme « ce qui ne peut être autrement [qu'il n'est] » au bien, en ce sens que le nécessaire ainsi compris est ce sans quoi le bien n'est pas *possible*, bref ce dont l'absence serait contradictoire avec le bien (*cf.* 1015a33-b6), il convient de se souvenir que d'après le livre Λ de la *Métaphysique*, le bien en soi est en définitive identique à la nécessité absolue elle-même[3]. Dès lors, ce qui est nécessaire d'un point de vue éthique, c'est précisément ce qui s'accorde avec la nécessité *en tant que telle*. Ainsi, toute action vertueuse, dans la mesure où elle prend pour fin le bien réel, se règle sur la nécessité. Une telle nécessité, en tant qu'elle s'impose à un être dont l'accord avec celle-ci n'est que contingent, peut être définie comme le *devoir*.

À lire la plupart des commentaires, le devoir serait pourtant une notion absente, ou à tout le moins inessentielle, de l'éthique aristotélicienne. Contre cette idée, R.-A. Gauthier a fait remarquer qu'au contraire, « [l]e verbe "devoir", *déïn*, est un des mots qui reviennent le plus souvent

---

1. *Cf.* P. Aubenque, *La prudence chez Aristote*, *op. cit.*, p. 67, qui ne tire toutefois pas du tout les mêmes conclusions que celles défendues ici.

2. Voir notamment *Théodicée* § 132, 174-175, 230, 282, 349 ; *La cause de Dieu* § 20-21.

3. Voir en particulier *Métaphysique* Λ 7, 1072b10 : « Il est donc nécessaire, et en tant que nécessaire (ἦ ἀνάγκη), il est bon, et ainsi il est principe. »

dans l'*Éthique à Nicomaque* » – au moins 170 fois dans un sens « incontes-
tablement moral » [1] –; et on pourrait en dire autant de l'*Éthique à Eudème*.
De fait, agir vertueusement, c'est agir conformément au juste milieu, en
évitant l'excès et le défaut (*Éthique à Nicomaque* II 5, 1106b8-28). Mais ce
juste milieu n'est rien d'autre que « ce qu'il faut » :

> Par exemple, il est possible d'être effrayé, d'être audacieux, d'avoir des
> appétits, de se mettre en colère, d'avoir pitié et en général d'éprouver du
> plaisir et de la peine plus ou moins, et dans les deux cas, pas de manière
> correcte (καὶ μᾶλλον καὶ ἧττον, καὶ ἀμφότερα οὐκ εὖ); mais ressentir cela
> quand il faut, à propos des cas, à l'égard des personnes, dans le but et de la
> manière qu'il faut (τὸ δ' ὅτε δεῖ καὶ ἐφ' οἷς καὶ πρὸς οὓς καὶ οὗ ἕνεκα καὶ ὡς
> δεῖ), c'est à la fois moyen et excellence, ce qui précisément appartient à la
> vertu. (1106b18-23)

C'est donc leur conformité au devoir, au « il faut » (δεῖ), qui rend ces
émotions vertueuses. L'assimilation de la juste mesure, et donc de la norme
de la vertu, au « il faut », est constante dans les *Éthiques* (voir par exemple
*Éthique à Nicomaque* II 6, 1107a4 ; IV 3, 1121b12 ; *Éthique à Eudème* II 3,

---

1. R.-A. Gauthier et J.-Y. Jolif, *Aristote : L'éthique à Nicomaque, op. cit.*, t. II, 2, p. 569 ;
voir l'ensemble des p. 568-575, où sont cités un grand nombre de passages pertinents.
Récemment, deux auteurs ont nié que les verbes impersonnels δεῖ et χρή puissent être
interprétés comme signifiant un devoir moral au sens moderne, au moins chez Aristote :
*cf.* R. Kraut, « Doing without morality : Reflections on the meaning of *dein* in Aristotle's
*Nicomachean Ethics* », *Oxford Studies in Ancient Philosophy*, 30, 2006, p. 159-200, et
A. Merker, *Une morale pour les mortels. L'éthique de Platon et d'Aristote*, Paris, Les Belles
Lettres, 2011. Dans la mesure où la plupart des arguments du premier se fondent sur
l'impossibilité de trouver chez Aristote un devoir qui constituerait un motif d'action *autre* que
le bien, ils sont sans effet sur la thèse ici défendue, qui consiste précisément à soutenir que le
bien *s'identifie* ultimement au devoir chez Aristote (quant au fait que δεῖν puisse être utilisé
dans des contextes non éthiques – techniques, par exemple –, c'est évident, mais cela ne remet
pas en question la spécificité de l'action éthique, pour laquelle le devoir est une fin en soi).
De son côté, A. Merker oppose le devoir de la philosophie morale moderne, qu'elle interprète,
sur la base d'analyses étymologiques, comme reposant sur la dette et comme situant la morale
dans un contexte interpersonnel, au « Il faut » de l'éthique grecque, qui la mettrait plutôt en
rapport avec le besoin et le bien comme « ce qu'il faut » (voir en particulier p. 21-76). J'avoue
ne pas être convaincu par ce contraste ni par le rapprochement entre la problématique
ancienne et le besoin tel que l'interprète l'auteur, qui me semble ôter toute positivité au désir et
s'approcher dangereusement de la problématique judéo-chrétienne de la chute, problématique à mes yeux tout aussi étrangère à la philosophie grecque de l'époque classique.
L'interprétation modale du devoir comme transposition éthique de la nécessité dans le monde
de la contingence faisant l'objet d'un désir me paraît éviter ces écueils.

1221a13-b3)[1]. De fait, Aristote identifie le juste milieu à la fin (*Éthique à Eudème* II 11, 1227b36-9); dès lors, puisque la fin est en définitive la contemplation de dieu (cf. *Éthique à Eudème* VIII 3, 1249b17), qui s'identifie à la nécessité elle-même, agir conformément au juste milieu, ce sera agir par devoir. Cependant, il ne suffit pas d'accomplir une action conforme à ce devoir : encore faut-il avoir posé celui-ci comme principe de notre délibération (cf. *Éthique à Nicomaque* VI 10, 1142b22-26). Cela suppose que l'on sache que le devoir s'identifie au bien, et c'est pourquoi l'objet de la science politique est parfois assimilé au devoir (I 1, 1094a24, b5), tandis que le méchant est dit ignorer ce qu'il doit faire (III 2, 1110b28). Une fois le devoir posé comme principe de la délibération, la *phronèsis* garantira que la décision qui en résultera se portera elle-même sur une action conforme au devoir, et c'est cela qui la rendra louable (*cf.* III 4, 1112a5-6). L'homme vertueux agira alors non seulement conformément au devoir, mais aussi *par devoir*. Or Aristote identifie le devoir à la conformité à la droite raison : « Je veux dire par "comme il faut" (τὸ ὡς δεῖ), ici et ailleurs, "selon la droite raison"(τὸ ὡς ὁ λόγος ὁ ὀρθός) » (*Éthique à Eudème* III 4, 1231b32-33). Agir par devoir, ce sera donc également agir selon la droite raison (κατὰ τὸν ὀρθὸν λόγον), qui n'est autre, en définitive, que la *phronèsis* en tant qu'elle calcule les moyens pour accomplir une fin bonne (cf. *Éthique à Nicomaque* VI 13, 1144b21-28) – c'est-à-dire précisément le devoir lui-même.

Or, selon le dernier chapitre du livre Λ de la *Métaphysique*, identifier le bien à la nécessité, c'est en définitive l'identifier à l'*ordre* (Λ 10, 1075 a11-25). La même idée se retrouve dans les *Éthiques*, où l'on peut lire que « le défini appartient à la nature du bien » (τὸ δ' ὡρισμένον τῆς τἀγαθοῦ φύσεως, *Éthique à Nicomaque* IX 9, 1170a20-21) et où « l'ordre et le repos » (τάξις καὶ ἠρεμία, *Éthique à Eudème* I 8, 1218a23) sont cités comme traits distinctifs du bien[2]. Dès lors, en s'attachant au devoir, l'homme vertueux réalise également un tel ordre dans son âme :

---

1. On la trouve déjà, bien entendu, dans le *Politique* de Platon (*cf.* 284e6-8), au sein d'une liste de termes – parmi lesquels καιρός, qui joue également un rôle important dans l'éthique aristotélicienne (*cf.* P. Aubenque, *La prudence chez Aristote, op. cit.*, p. 95-105, ainsi que L. Couloubaritsis, « Temps et action dans l'*Éthique à Nicomaque* », dans N. I. Cordero (éd.), *Ontologie et dialogue. Hommage à Pierre Aubenque*, Paris, Vrin, 2000, p. 131-148) – qui renvoient eux aussi à la problématique de la transposition de l'éternité dans le devenir (voir mon commentaire dans *L'inventivité dialectique dans le* Politique *de Platon*, Bruxelles, Ousia, 2000, p. 258-273).

2. Sur cette question, comparer G. Richardson Lear, *Happy Lives and the Highest Good*, Princeton, Princeton University Press, 2004, p. 126-133.

non seulement ses opinions, mais également ses désirs sont en accord les uns avec les autres, dans la mesure où tous convergent vers le bien véritable, c'est-à-dire vers la pensée, et donc vers ce qu'il est le plus véritablement (cf. *Éthique à Nicomaque* IX 4, 1166a13-19). Une telle harmonie peut être considérée comme une application éthique du principe de non-contradiction, qui empêche tout conflit de surgir au sein de l'âme d'un même individu[1]. Grâce à elle, l'homme vertueux acquiert une fermeté d'âme qui se manifestera par le caractère inébranlable de ses décisions et sa soumission inflexible au devoir quelles que soient les circonstances, conditions de l'acte authentiquement moral (*cf.* II 3, 1105a32-3) et motif de louange tout à fait légitime (*cf.* III 1, 1110a29-b1). En cela, il s'oppose à la versatilité de l'homme pervers (*cf.* εὐμετάβολος, VII 15, 1154b30). C'est là un aspect de l'éthique aristotélicienne sur lequel on insiste peu, mais pourtant bien présent : Aristote va jusqu'à écrire, dans un passage remarquable, que

> dans aucune œuvre humaine (τῶν ἀνθρωπίνων ἔργων), il n'y a de solidité (βεβαιότης) telle que celle des activités conformes à la vertu ; en effet, celles-ci apparaissent plus stables (μονιμώτεραι) encore que les sciences (τῶν ἐπιστημῶν) (*Éthique à Nicomaque* I 11, 1100b12-14).

Il poursuit en précisant :

> Parmi ces activités conformes à la vertu, les plus honorables sont plus stables, parce que c'est en elles surtout et de la manière la plus continue que passent leur vie les bienheureux, et telle semble être la cause du fait que l'oubli ne naît pas à leur propos. Dès lors, la stabilité recherchée appartiendra à l'homme heureux, et il sera tel durant toute sa vie : car toujours ou plus que tout, il fera des actions et des contemplations selon la vertu (πράξει καὶ θεωρήσει τὰ κατ' ἀρετήν), et il supportera les coups du sort de la plus

---

1. Rappelons que c'est par l'usage d'une variante du principe de non-contradiction que Platon met en évidence la tripartition de l'âme en *République* IV (*cf.* 436 b9-c2), en faisant fond sur les conflits entre désirs qui peuvent surgir dans une même âme ; et qu'en *République* X 611a10-612a7, il suggère que l'âme juste, quant à elle, pourrait ne plus présenter une telle tripartition, précisément parce que les conflits en seraient absents (sur cette question, je me permets de renvoyer à mon article « Facultés et parties de l'âme selon Platon », *Plato. The Internet Journal of the International Plato Society*, 8, 2008, disponible à l'adresse http://gramata.univ-paris1.fr/Plato/article83.html). On peut y voir un héritage de l'idéal socratique de l'accord avec soi-même, qui sera plus tard repris par les stoïciens sous le nom d'ὁμολογία (*cf.* Cicéron, *Des termes extrêmes des biens et des maux* III 20-22, ainsi que les textes rassemblés par A. A. Long et D. N. Sedley dans *Les philosophes hellénistiques* [1987], trad. fr. J. Brunschwig et P. Pellegrin, Paris, GF-Flammarion, 2001, t. 2, p. 63) et explicitement mis en rapport avec le principe de non-contradiction par Épictète, *Entretiens* II 26.

belle manière et avec une mesure en tout point parfaite, si du moins il est
véritablement bon et « d'une carrure sans reproche ». (1100b15-22)

Ce texte suggère que l'action la plus stable est précisément la contem-
plation, mais n'en implique pas moins que *toute* action selon la vertu a un
certain degré de stabilité. Et de fait : *pour le vertueux*, la fin qui s'impose
comme objet de désir n'est autre que le devoir lui-même ; le calcul des
moyens, réglé par la *phronèsis*, aboutit par analyse à la seule (ou du moins à
la meilleure) décision qui soit à la fois réalisable et conforme à la vertu dans
les circonstances présentes ; et dans ces conditions, l'action s'ensuit nécessairement, telle la conclusion d'un syllogisme, selon le schéma aristotélicien qui vise à rendre compte du mouvement des animaux en général
(*cf.* VII 5, 1147a26-31 ; *De l'âme* III 11, 434a16-21 ; *Mouvement des
animaux* 7, 701a7-23). Certes, la nécessité de l'action en tant qu'elle
découle des prémisses dans un tel « syllogisme pratique » est une nécessité
hypothétique, de même que celle de la conclusion d'un syllogisme tradi-
tionnel[1] ; mais dans la mesure où la première prémisse est ici l'expression
d'un devoir et la seconde le résultat d'une analyse qui remonte aux
conditions nécessaires et suffisantes de la réalisation de celui-ci, l'action
du vertueux revêt également le caractère de la nécessité en elle-même. Bien
plus, parce que la vertu est devenue chez lui une *hexis*, elle lui permet de
prendre la bonne décision même lorsque les circonstances ne lui laissent
pas le temps de délibérer (cf. *Éthique à Nicomaque* III 11, 1117a18-22)[2].
Plus on est vertueux, moins on a besoin de délibérer, ce qui n'est paradoxal
qu'en apparence, car comme l'écrit Aristote, le champ de la délibération est
celui de l'indéterminé, qui se réduit d'autant plus que la science progresse
(*cf.* III 5, 1112a34-b11) ; or selon Aristote, le progrès dans la vertu peut lui-
même prendre la forme, à partir d'un certain stade, d'un progrès dans la
*connaissance* du bien[3].

On comprend à présent en quel sens l'action conforme à la vertu, en tant
qu'elle est également conforme au devoir, introduit une certaine nécessité
dans le flux contingent des affaires humaines – d'une manière analogue
à celle dont la *tekhnè* « achève ce que la nature n'a pu accomplir »

---

1. Comme le fait remarquer S. G. Etheridge, « Aristotle's practical syllogism and
necessity », *Philologus,* 112, 1968, p. 38-42.

2. Sur ce texte, *cf.* P. L. Donini, *Aristotle and Determinism, op. cit.*, p. 84-88.

3. Sur cette question, je me permets de renvoyer à mon article « Unité des vertus et unité
du bien chez Aristote », dans B. Collette-Dučić et S. Delcomminette (éd.), *Unité et origine des
vertus dans l'Antiquité*, Bruxelles, Ousia, 2014, p. 129-136.

(*Physique* II 8, 199a16)[1]. Mais en soumettant ainsi l'action au devoir, ne réintroduit-on pas une nouvelle forme de contrainte qui menace la liberté? C'est en réalité tout le contraire. Car la soumission au devoir n'est que l'aspiration à réaliser la nécessité qui est notre essence même en tant que nous transcendons notre condition d'êtres humains contingents. La nécessité, c'est l'activité de la pensée pure en tant que nous nous y identifions – ou du moins, en tant que nous *pouvons* nous y identifier. En ce sens, nous y soumettre, c'est nous soumettre à nous-mêmes, à ce qui en nous est vraiment nous. C'est pourquoi une telle condition n'a rien d'une soumission à une autorité extérieure ; elle serait bien plutôt à rapprocher de celle de l'homme libre, qu'Aristote distingue précisément, dans un passage capital du livre Λ de la *Métaphysique*, de celle de l'esclave par sa régularité et sa constance :

> dans une maison, c'est aux hommes libres (τοῖς ἐλευθέροις) qu'il est le moins permis d'agir au hasard (ὅ ἔτυχε ποιεῖν), mais tout ou la plus grande partie [de ce qu'ils font] est ordonné (τέτακται), alors que pour les esclaves et les bêtes sauvages, peu [de ce qu'ils font] est en vue du bien commun (τὸ εἰς τὸ κοινόν), mais la plus grande partie est au hasard. (10, 1075a19-22)

Selon Pierre Aubenque, ce passage serait contraire à l'idée moderne de liberté et exprimerait un reste de fascination d'Aristote pour la « théologie astrale » des platoniciens telle qu'elle s'exprime en particulier dans l'*Épinomis*[2] et qui serait incompatible avec l'exaltation de la *phronèsis*

---

1. Sur cette fonction de la *tekhnè*, voir P. Aubenque, *Le problème de l'être chez Aristote*, Paris, P.U.F., 1962, p. 498-499, qui renvoie également à *Protreptique* fr. 11 W ; IX, 50.1-2 Pistelli.

2. Voir en particulier *Épinomis* 982a7-e6 : « D'autre part, ce qui se meut dans le désordre (ἐν ἀταξίᾳ) doit être considéré comme déraisonnable (ἄφρον) (ce que précisément manifeste avec une extrême fréquence le vivant que nous sommes !), tandis que ce qui se meut dans l'ordre (ἐν τάξει), en se faisant son chemin à travers le ciel, doit être considéré comme nous donnant une forte preuve de la réalité de son intelligence (τοῦ φρόνιμον εἶναι ; car l'uniformité et l'identité constantes du trajet parcouru, des actions exercées et subies, fourniraient une preuve décisive d'une vie intelligente. Or, la nécessité (ἀνάγκη) propre à une âme qui possède l'intelligence (νοῦν) doit, de toutes les nécessités, être celle qui a le plus de poids (πολὺ μεγίστη), car sa loi, elle l'édicte (νομοθετεῖ) en tant qu'elle est le principe et non le sujet de l'autorité. Il y a plus : lorsqu'une âme a délibéré de la façon la plus excellente dans la perfection de l'intelligence (κατὰ τὸν ἄριστον... νοῦν), ce à quoi elle aboutit, c'est à l'inflexibilité (τό... ἀμετάστροφον), celle qui est parfaitement et réellement selon l'intelligence (τῷ ὄντι κατὰ νοῦν) : jamais le diamant lui-même ne serait plus fort, ni non plus moins impossible à entamer ; disons plutôt que véritablement trois Parques tiennent sous leur garde vigilante la parfaite réalisation de ce que chacun des dieux a décidé par la plus excellente délibération. [...] Il eût été loisible, au moins, à un homme dont le suffrage va à ce qui est le plus beau, le

comme présupposant la contingence[1]. Si l'interprétation proposée ici est correcte, on peut voir qu'il n'y a en réalité aucune incompatibilité, car la contingence n'est jamais valorisée *comme telle* dans l'éthique aristotélicienne : elle est certes la condition de possibilité de l'éthique, mais celle-ci a pour fin de la réduire autant que possible. Quant à savoir si cette conception est opposée à l'idée moderne de liberté, tout dépend de ce que l'on entend par cette dernière. Certes, elle se distingue radicalement d'une conception qui assimilerait la liberté au libre arbitre et interpréterait celui-ci en termes de pure contingence. Mais une telle conception ne peut certainement pas prétendre valoir comme *la* conception moderne de la liberté, elle qui a bien plutôt subi des critiques radicales de la part de philosophes tels que Hegel[2]. Et s'il est vrai que, lorsqu'il définit l'homme libre comme «celui qui est en vue de lui-même et non en vue d'un autre» (*Métaphysique* A 2, 982b26), Aristote parle depuis un point de vue socio-historiquement situé, on peut considérer en revanche qu'il est étonnamment moderne lorsqu'il suggère qu'il serait injuste de soumettre les hommes parfaitement vertueux, pour autant qu'ils existent, aux lois d'une cité composée d'individus moins vertueux qu'eux, dans la mesure où ils sont eux-mêmes une loi (αὐτοί … εἰσι νόμος) (*Politique* III 14, 1284a3-17)[3] : n'est-ce pas l'idée même d'*autonomie* qui se fait jour ici – certes, en tant qu'*idéal* pour ainsi dire divin; mais cela ne signifie-t-il pas, d'après ce que nous avons vu ci-dessus, qu'il s'agit d'un idéal d'autant plus véritablement humain? Et l'autonomie n'est-elle pas, depuis Kant, intrinsèquement liée à une conception de la liberté comme *devoir*? De fait, s'il est vrai que le devoir a selon Aristote pour effet d'insuffler dans

---

meilleur, à ce qui est aimé des dieux, d'admettre, pour cette raison même, que l'on doit considérer comme doué de pensée (ἔμφον) l'être qui agit toujours de façon uniforme, de façon identique; en vertu des mêmes causes, d'admettre, d'autre part, que telle est, en effet, la nature des astres : cette nature qui est la plus belle qu'on puisse voir, lorsque, dans leur procession dansante, ils forment le chœur de danse le plus beau de tous les chœurs de danse et le plus magnifique, celui qui, pour tous les vivants, réalise pleinement ce qui doit être (τό δέον)! » (trad. fr. L. Robin, dans Platon, *Œuvres complètes*, «Bibliothèque de la Pléiade », Paris, Gallimard, 1993, t. 2, légèrement modifiée p. 1147-1148).

1. P. Aubenque, *La prudence chez Aristote*, *op. cit.*, p. 91-95.

2. Voir par exemple *Encyclopédie des sciences philosophiques I : Science de la Logique*, Add. § 145, trad. fr. B. Bourgeois, Paris, Vrin, 1994, p. 578-579.

3. Il est tentant d'invoquer également *Éthique à Nicomaque* IV 14, 1128a32, où Aristote écrit que l'homme ἐλευθέριος est «en quelque sorte sa propre loi» (οἷον νόμος… ἑαυτῷ), bien qu'ἐλευτέριος ne soit pas strictement synonyme d'ἐλευθέρος.

la contingence des affaires humaines une constance et une nécessité comparables à celles révélées par la science de la nature, il devient difficile de ne pas penser au rapprochement kantien entre « le ciel étoilé au-dessus de moi et la loi morale en moi »[1]...

Sylvain DELCOMMINETTE
Université Libre de Bruxelles

---

1. *Critique de la raison pratique*, Ak V, 161, trad. fr. L. Ferry et H. Wismann, dans E. Kant, *Œuvres philosophiques*, *op. cit.*, p. 802. Sur le rapprochement (qui suppose leur distinction) entre la loi morale et les lois de la nature, voir également *Fondements de la métaphysique des mœurs*, Ak IV, 421, trad. fr. V. Delbos revue et modifiée par F. Alquié dans *ibid.*, p. 285 ; *Critique de la raison pratique*, Ak V, 67-71, *ibid.*, p. 690-695. L'origine (certes insoupçonnée de Kant) de ce rapprochement est peut-être à chercher dans le *Timée* de Platon, où Timée enjoint les hommes à suivre l'exemple des révolutions circulaires des astres qui représentent mythiquement les mouvements de l'intelligence (*cf.* 90a2-d7).

# ARISTOTE ET THOMAS D'AQUIN :
## LES LIMITES DE LA VOLONTÉ

Lorsqu'on traite de la question de la volonté chez Aristote, nous nous heurtons aussitôt à l'idée, courante chez les philosophes, selon laquelle ce penseur ne serait pas concerné par cette problématique, qui serait plus tardive. Aristote aurait interprété le terme de *boulèsis* comme « souhait » et nullement dans le sens de volonté[1]. Certes, de nombreux indices montrent que la mise en forme de la notion de volonté daterait de l'époque hellénistique, et serait introduite par les Stoïciens, qui l'ont liée à la notion d'*hormè*, qui signifie élan, voire impulsion. La volonté (*boulèsis*) serait ainsi une impulsion rationnelle et l'on doit à Cicéron la traduction latine par *voluntas*[2]. Et il est indubitable qu'elle fut mise en valeur par saint Augustin, lorsqu'il comprit la difficulté de réduire le mal au non-être comme le fit Plotin. Il l'attribua à la perversion de la volonté et à la volonté de puissance de l'homme, à cause du péché originel, comme cela ressort de la *Cité de Dieu*[3]. Je pense néanmoins que les choses sont plus complexes. C'est pourquoi je souhaite aborder le problème avec un nouveau regard, en confrontant les pensées d'Aristote et de saint Thomas d'Aquin (qui défend un aristotélisme post-augustinien), après avoir réfléchi sur la sémantique de la volonté à l'époque archaïque, notamment chez Homère. Je pense que le problème est moins celui de la présence ou de l'absence de

---

1. *Cf.* C. Bégorre-Bret, « Aristote ou comment se passer de la volonté », dans Ph. Saltel (dir.), *La volonté*, Paris, Ellipses, 2002, p. 37-47.

2. *Cf.* A.-J. Voelke, *L'idée de volonté dans le stoïcisme*, Paris, Vrin, 1973 et J.-B. Gourinat, « L'apparition de la notion de volonté dans le Stoïcisme », dans *La volonté*, *op. cit.*, p. 49-57.

3. *Cf.* par exemple J.-C. Guy, *Unité et structure de la Cité de Dieu*, Paris, Études augustiniennes, 1961, ainsi que mon livre *Aux origines de la philosophie européenne* [1992], Bruxelles, De Boeck, ⁴2003, p. 709-711.

chez les Grecs avant les stoïciens, que celui de discerner les limites que chacun de ces deux penseurs a imposé à ses prérogatives dans deux époques différentes.

Comme dans le cas du *logos* et du *mythos*, les textes décisifs sont ceux d'Homère[1], qui font usage des termes *boulomai* et *boulè*. Lorsqu'Homère utilise le verbe dans le sens de « souhaiter », « avoir l'intention », « préférer », ces sens peuvent en réalité se rapporter à *vouloir*. Dans l'*Iliade*, lorsqu'il est question de victoire sur les Troyens, il fait état de quelque chose de plus qu'un souhait : c'est la volonté de vaincre, avec une attitude fougueuse[2]. D'autre part, quand il attribue *boulè* aux dieux, il comprend ce terme dans le sens d'une volonté[3]. Dans le dictionnaire d'A. Bailly, *boulè* est défini par « volonté », « détermination », et même « ce qu'on veut », « ce qu'on peut vouloir », « ce qu'il faut vouloir »[4]. Mais il y a d'autres cas où le terme signifie « conseil », « délibération », dès lors qu'il est question de réfléchir à propos de ce qu'on veut. Le côté actif et la connotation de « puissance » dans la volonté n'est donc pas seulement une affaire tardive, notamment augustinienne. Avant de venir à Aristote faisons un saut jusqu'à Plotin, qui fut le modèle de saint Augustin lorsqu'il se rendit à Milan auprès de saint Ambroise.

La sixième *Ennéade*, 8-9 (= 39) s'intitule : *Peri tou Hekousiou kai thelimatos tou Enos*, traduit parfois librement par « De la liberté et de la volonté de l'Un », alors que le sens est « À propos de ce que l'Un accomplit de son plein gré et par sa volonté ». Dans ce texte, on trouve toute la terminologie qui nous intéresse, et notamment le lien entre volonté (*boulèsis*) comme puissance et intelligence. Sur le plan supérieur, la liberté est comprise comme l'autodétermination ou plus littéralement « auto-autorité » (*autoexousion*) selon ce qui est maître et souverain, impliquant même une hiérarchie. Pour être plus complet il faudrait dans cette problématique analyser d'autres textes, et plus spécialement la deuxième *Ennéade* dans le sillage des stoïciens et de la critique contre le gnosticisme – ce que je ne peux pas faire ici.

---

1. Voir mes études « Images, mythes, catalogues, généalogies et mythographies » et « Fécondité des pratiques catalogiques », *Kernos*, 19, 2006, p. 11-21 et 249-266, où je montre que *logos* signifie à l'origine un récit où se succèdent les données et *mythos*, une façon de parler autorisée qui crée un effet.

2. Homère, *Iliade*, 7, 21.

3. *Ibid.*, 1, 5 ; 12, 236. *Cf.* aussi *Odyssée*, 8, 82.

4. A. Bailly, *Dictionnaire grec-français*, Paris, Hachette, 1950, p. 372.

Dans cette contribution, je me limiterai à une comparaison ponctuelle de la question de la volonté (notamment de la *boulèsis*) dans le cadre de la *phronèsis* aristotélicienne et de son infléchissement en *prudentia* chez saint Thomas. La différence entre l'interprétation d'Aristote, qui s'appuie sur la sagesse pratique (*phronèsis*) dans un cadre politique où la volonté est centrale, et celle de saint Thomas qui renvoie à un au-delà de la «prudence» qui exprime la *phronèsis* en tant qu'instance infléchie, pour les raisons que nous verrons, est significative, car la «prudence» limite l'action de la volonté. Or, cette différence fut occultée par les interprètes de la pensée antique et médiévale, puisque, comme on le verra, on est arrivé à traduire *phronèsis* chez Aristote, par «prudence» au lieu de «sagesse pratique», distordant sa pensée. Chez saint Thomas, l'au-delà de la prudence est constitué par des principes appréhendés par la *syndérèse*. Cette démarche est essentielle, car elle conduit à la question de savoir quels sont les arguments qui justifient la destitution de la *phronèsis* de son socle. En fait, le rôle joué par Plotin est décisif, dans la mesure où il repère les limites de la théorie aristotélicienne des vertus. Or, cette limitation aboutit chez saint Thomas qui pourtant promeut la pensée d'Aristote, à un infléchissement également de la pratique de la «délibération», essentielle dans la *phronèsis* aristotélicienne, au profit de la problématique du «conseil» (*consilium* ou *concilium*). Bref l'histoire de la notion de la volonté n'est pas séparée de celle de la délibération, et ne peut se réduire à une question sémantique. Il s'agit d'un problème philosophique majeur tributaire de l'historicité de l'Europe et de ses ruptures successives. Pour voir plus clair, commençons par deux textes d'Aristote en mettant en relief l'action qui dépend de nous (*eph'hèmin*) et qui peut être accomplie de notre plein gré (*hekousion*), c'est-à-dire volontairement, ou involontairement (*akousion*), et qui constituent les prémisses de la question de la *boulèsis*.

Au début du livre III de l'*Éthique à Nicomaque*, Aristote développe, dans l'éclairage des questions de la contrainte et de l'ignorance, une analyse subtile des actes que nous faisons sans le vouloir, c'est-à-dire qui sont involontaires (*akousia*). Suit, au chapitre III, l'analyse des actes que nous accomplissons de notre plein gré, c'est-à-dire qu'on *souhaite*, mieux qu'on *veut* accomplir, bref les actes volontaires. Il commence son exposé en ces termes :

> Étant donné que ce qui est fait sous la contrainte ou par ignorance est invo-lontaire, l'acte volontaire semblerait être ce dont le principe (*hè archè*) réside dans l'agent qui connaît les circonstances particulières au sein

desquelles son action s'accomplit (*en autô eidoti ta kath'hekasta en hois hè praxis*)[1].

Plus loin, au livre V, il fait la distinction, pour des situations où le changement et la contingence règnent, entre ce qui est de l'ordre de la nature (*physei*) et ce qui repose sur le droit (*nomikon*) et sur la convention (*synthèkè*). Sur le plan de la nature, on peut changer les choses, comme le fait d'utiliser la main droite et la gauche, alors que d'habitude la droite l'emporte. De même les unités de mesure sont généralement conventionnelles pour mesurer le vin ou le blé, et les règles du droit sont partout fondées sur les initiatives humaines, car même les gouvernements diffèrent, quand bien même on considère qu'il existe un régime politique qui est le meilleur[2]. Cela signifie qu'il est possible par des décisions humaines de redresser (*epanorthôma*) les injustices par la justice. En pratique, les actions sont injustes lorsqu'on les accomplit volontairement (*hekôn*), et que ces actions sont blâmables. C'est autrement dit la notion de « volontaire » qui qualifie un acte, et le rend susceptible d'un jugement. Aussi Aristote reprend ce qu'il a dit au livre III[3] :

> J'appelle volontaire (*hekousion*)… tout ce qui, parmi les choses qui dépendent de soi-même, est accompli en connaissance de cause, sans ignorer ni la personne qui subit l'acte, ni l'instrument employé, ni le but visé…, lequel exclut aussi bien l'accident que la violence…[4].

Bien qu'il utilise l'exemple de celui qui frappe quelqu'un, il me semble que la référence qui exprime le mieux cette situation et qui est plus percutante est celle de la mort qui résulte de l'acte de tuer une personne soit par accident, soit par passion, soit encore par préméditation. Ce dernier cas montre que la visée ici (*hou heneka*) n'est pas aussi inactive qu'on le dit souvent à propos du désir ou de la volonté (*boulèsis*). J'y reviendrai, car agir en connaissance de cause et par préméditation pour tuer une personne, suppose une volonté active. Mais, en attendant, il faut souligner que rien n'est définitivement acquis chez Aristote, dans la mesure où le développement des sujets qu'il étudie sont souvent différés et il les traite dans le contexte qui leur convient.

1. *Eth. Nic.*, III, 1, 1111a20-24.
2. *Ibid.*, V, 7, 1134b30-1035a5.
3. *Ibid.*, III, 1, 1109b35 et 1111a24.
4. *Ibid.*, V, 8, 1135a23-27.

Ainsi, les livres IV à VI de la *Politique* montrent qu'on peut modifier les régimes politiques en analysant les paramètres du régime où l'on vit et en agissant sur certains d'entre eux. Une fois les données établies, on peut agir en activant la volonté en prenant comme modèle le régime que nous désirons ou souhaitons réaliser. C'est pourquoi les détails de l'analyse d'Aristote dans l'*Éthique à Nicomaque* (que je ne reprends pas ici) montrent que les choses sont plus complexes que l'indiquent les assertions ponctuelles autour de la question de la volonté (*hekousion, boulèsis*…). D'autant plus qu'il y a des cas où l'on mêle vertu et vice, comme le cas du tempérant (*egkratès*). Or, cette option concerne le plaisir, et l'opposé de la tempérance (*egkrateia*) est l'intempérance (*akrasia*). Ces termes sont issus du verbe *krateô* et de *kratos*, qui mettent en jeu le fait d'être « maître » des situations, de gouverner et de se gouverner. La dimension politique de cette approche ne doit pas être occultée, et l'on comprend son impact sur la question des régimes politiques à redresser selon un projet précis. Aristote montre au livre VII, 9 de l'*Éthique à Nicomaque*, que l'on peut agir sur l'intempérant et redresser la situation, car il peut regretter son action, ce qui n'est pas le cas de l'homme déréglé (*akolastos*). Or, toutes ces situations concernent le degré de maîtrise de l'action, mais toujours dans l'horizon de l'acte volontaire ou non, et de ce qui dépend de nous. Bref, je crois qu'il est trop facile d'exclure chez Aristote une problématique de la volonté, même si celle-ci n'est pas, bien entendu, celle des stoïciens et encore moins celle de Plotin et de saint Augustin.

Pour montrer l'originalité d'Aristote dans cette problématique, il faut commencer par reconnaître que si on envisage son analyse en fonction des personnes à l'égard desquelles elle s'adresse, c'est-à-dire aux *hommes libres*, citoyens d'un régime démocratique, l'exposé prend une tournure plus complexe encore. L'action du citoyen est fondée sur le principe qu'il doit obéir aux lois de la cité parce qu'il peut contribuer à les instituer et à la modifier. Ce type de liberté suppose des *règles de conduite*. Et comme le dit Aristote dans sa *Politique*, l'éducation démocratique assure un régime démocratique, comme l'éducation oligarchique produit un régime oligarchique. C'est l'éducation depuis la naissance qui permet de produire des *hexeis*, des dispositions acquises, qui sont, dans l'ordre des actions, des qualités éthiques, avec les cas extrêmes, les vertus (exprimant des médiétés) et les vices (produits par excès ou par manques). Par là, on comprend mieux que ses *Éthiques* concernent des hommes responsables considérés comme agents de leurs actions, sans que ceci signifie qu'ils soient coupables s'ils ne s'accordent pas à ce qui est visé par l'*Éthique*, car il existe des circonstances atténuantes du fait que toutes les actions ne sont pas soumises à l'idée que l'agent agit toujours de son plein gré, volontairement. L'action n'a de sens que si, d'abord, elle dépend de nous (*eph'hèmin*) et si, ensuite, elle est accomplie librement. C'est cette liberté qui justifie la culpabilité élevée de celui qui tue par préméditation. Au contraire, lorsque l'agent n'est pas maître des situations et il agit par contrainte ou ignorance, même l'éducation peut s'avérer impuissante à guider ses choix, ses décisions et ses actions.

Du reste, même à cette occasion, Aristote nuance son propos en rappelant qu'il n'est pas illégitime d'être en colère dans certaines circonstances (ce que j'appelle « la colère légitime », lorsqu'il y a injustice) ou, à l'inverse, de ressentir du désir ou de l'appétit pour certaines choses positives, comme la santé ou l'étude. Du reste, il reprend l'opinion selon laquelle les actes involontaires s'accompagnent d'affliction et les concupiscences de plaisir. Il reconnaît que les passions irrationnelles sont humaines, de sorte qu'il est absurde de considérer que les actions accomplies par impulsion (*thymos*) ou par appétit (*epithymia*) sont involontaires. Enfin, l'animal et l'enfant produisent aussi des actes volontaires (*hekousia*), mais ils n'agissent pas par choix préférentiel ou intentionnel (*proairésis*), car leur responsabilité n'est pas du même type que celle de l'homme libre. C'est dans le cadre où la raison agit en pleine possession de ses moyens, que se pose le problème de la responsabilité, donc aussi de la liberté.

En effet, dès lors qu'il met en scène la notion de choix, Aristote ne parle plus d'impulsion (*thymos*) et d'appétit (*epithymia*) qui concernent la partie non rationnelle de l'âme, ni même de désir (*orexis*), mais de *boulèsis*, c'est-à-dire de « volonté » (plutôt que de « souhait »). Il arrive même à considérer que le désir est le genre dont *thymos*, *epithymia* et *boulèsis* sont des espèces[1], voire que le désir est un désir du bien[2]. Toutefois, *boulèsis* appartient plus clairement (que l'*orexis*) à la partie rationnelle de l'âme (*en tô logistikô*)[3] et présente un caractère intentionnel, c'est-à-dire elle se rapporte à des choses (*tinôn esti*)[4], plus spécialement à une fin (*to telos*)[5]. Bien plus, cette activité peut envisager des choses qui sont impossibles, comme, par exemple, le fait d'être immortel[6], ce qui n'est pas le cas de la

1. *De anima*, III, 9, 432b1 ss.; 433a23.
2. *Rhét.*, I, 10, 1369a3.
3. *De anima*, III, 9, 432b5
4. *Eth. Nic.*, III, 2, 1111b19-30.
5. *Ibid.*, 4, 1113a15.
6. *Ibid.*, 2, 1111b22.

délibération, ni du choix. Cette possibilité de vouloir des choses irréalisables révèle que la volonté atteste d'une forme de liberté radicale. C'est cette possibilité qui fait penser que *boulèsis* signifie « souhait », alors que son rôle principal concerne ce qui est possible, voire réalisable. Comme le dit un proverbe chinois : « entre le possible et l'impossible, il y a la volonté humaine ». Je pourrais ajouter que, pour Aristote, le sens de « souhait » de *boulèsis* concerne davantage l'impossible ou le difficilement réalisable, tandis que le sens de « volonté » concerne surtout le possible.

Par là on comprend que la traduction de *boulèsis* se rapproche de « volonté », tout en laissant un espace pour le souhait. Du reste, une fois qu'on traduit par acte volontaire ou involontaire *hekousion* ou *akousion*, « volonté » est plus logique, que « souhait ». Cette dernière traduction est aussi faible que celle de « prudence » pour *phronèsis*, et qui appartient plus à une problématique de l'habilité qu'à celle de l'action morale. C'est l'interprétation proposée par P. Aubenque[1] pour *phronèsis*, en suivant une longue tradition issue de Cicéron et renforcée par saint Thomas d'Aquin. D'autre part, la traduction plus récente de par « sagacité », proposée par Richard Bodéüs, qui renforce la prudence en innovant, ne rend pas compte du fond éthique de la pensée d'Aristote, comme l'avait déjà discerné le P. Gauthier, qui a montré qu'il s'agit bien d'une « sagesse pratique »[2]. La sagesse pratique est caractérisée par une bonne délibération (*euboulia*) concernant la volonté (*boulèsis*) de réaliser une fin bonne fondée sur un *ethos* vertueux. Bref, il vaut mieux traduire *phronèsis* par « sagesse pratique » et *boulèsis* par « volonté », car celle-ci inclut des actes volontaires (*hekousia*) qui dépendent de nous (*eph'hèmin*).

D'ailleurs dans l'ordre argumentatif, après l'acte volontaire, l'*Éthique à Nicomaque* III traite de la *proairèsis*, – que les uns traduisent par « choix préférentiel », d'autres par « intention », d'autres encore par « décision ». Il me semble utile de simplifier et de traduire par « choix ». Il s'agit bien d'un choix qui dépend de nous (*eph'hèmin*) et qui concerne une décision qui allie la volonté d'atteindre une fin posée et la délibération qui concerne les moyens requis pour la réaliser. Du reste, cette activité n'est pas nécessairement d'ordre éthique ou moral, car, comme le montre Aristote, on délibère en médecine, en navigation, pour un voyage, pour gagner une bataille, etc. Dans ces cas, souvent la référence est une *technè* qui concerne

---

1. P. Aubenque, *La prudence chez Aristote* [1963], Paris, P.U.F., 2014[6].
2. Voir le monumental travail du Père R.-A. Gauthier, sur *L'Éthique à Nicomaque*, Paris/Louvain, Institut Supérieur de Philosophie, 1970. *Cf.* à ce propos mon étude « La *proairésis* chez Aristote », *Annales de l'Institut de Philosophie de l'ULB*, 1972, p. 7-50.

des situations contingentes. La *phronèsis* concerne principalement l'action (*praxis*) et sa vérité s'impose dans l'ordre de la contingence. Elle est d'abord une *recherche* dans le domaine de l'action au moyen d'une bonne délibération (*euboulia*) sur les meilleurs moyens pour réaliser une fin bonne. En dernière analyse, cette fin est le bien propre de l'homme, c'est-à-dire le bonheur, qui ne peut être réalisé que par l'action conforme aux vertus. La sagesse pratique (*phronèsis*) exprime une activité de réflexion dans l'action, qu'Aristote qualifie de *directrice* (*épitaktikè*)[1], c'est-à-dire capable d'imposer l'action vertueuse et de la conformer à un contexte déterminé.

Pour être plus concret, précisons que, dans le cas de l'action, il s'agit de l'action immanente d'un agent possédant une qualité éthique (*èthos*) réalisée par des actions qui forment une *hexis* (*habitus*). Celle-ci peut être aussi bien la vertu (qui fonde l'action sur la médiété) que le vice (qui agit selon le manque ou l'excès).

> La vertu, écrit Aristote, est une disposition acquise qui permet un choix (*hexis proairetikè*) s'accomplissant par une médiété relativement à nous, déterminée par la raison (*logôi*) *selon le mode que déterminerait un homme possédant la sagesse pratique* (*phronimos*), – une médiété impliquant deux maux, l'un par excès, l'autre par défaut[2].

Dans le cas de l'action vertueuse, la visée est en fait un *bien véritable*, et non le bien apparent, et la délibération cherche les meilleurs moyens pour la réaliser (*euboulia*), tandis que, dans le vice, on peut viser une fin mauvaise (accomplir un meurtre) et utiliser des moyens efficaces (donc prémédités) pour la réaliser.

C'est dans ce contexte éthique que la médiété, même si elle atteste d'une visée entre deux extrêmes, est l'œuvre de la volonté (*boulèsis*); elle requiert néanmoins un guide pour l'*adapter* aux situations et aux circonstances particulières et la *concrétiser*[3], car l'action concerne des choses concrètes et particulières (*kath'hekasta*)[4]. C'est cette adaptation et en même temps cette concrétisation par un acte volontaire qui expriment la vérité (*alètheia*) dans le domaine de l'action[5]. En d'autres termes, c'est à la sagesse pratique (*phronèsis*) que ce rôle incombe, qui est qualifié de ce fait

---

1. *Eth. Nic.*, VI, 10, 1143a8-9; 12, 1143b35.
2. *Ibid.*, II, 6, 1106b36-1107a2.
3. *Ibid.*, VI, 7-13.
4. *Ibid.*, 7, 1141b14-16; 8, 1142a14.
5. *Ibid.*, 5, 1140b4-6; 9, 1142b10-11; 1142b32-33; 11, 1143a23-24.

*epitaktikè*, car elle est à la fois ce qui dirige, ordonne et impose[1]. Son rôle est de *redresser* chaque cas en l'*adaptant* aux situations concrètes. D'où l'expression *orthos logos*, qui fait voir l'idée de redressement pour rendre une action « droite ». Or, paradoxalement, la référence que donne Aristote pour justifier ce rôle n'est pas de l'ordre des principes, mais renvoie à l'homme sage (*phronimos*) avec comme figure idéale Périclès et les personnes de son genre, c'est-à-dire des figures politiques qui avaient cherché le bien commun[2]. Cela signifie que le critère de l'action atteste d'une limite qui n'excède pas le domaine de l'action qui est dominée par la sagesse pratique (*phronèsis*), mais par l'homme politique, non pas idéal et parfait, mais qui cherche le bien de ses concitoyens (entendez les citoyens libres). C'est sur ce plan que saint Thomas d'Aquin accomplit un renversement important, qui ouvre la voie à la modernité.

Avant de préciser davantage le sens de la *boulèsis* dans ce contexte d'analyse, on pourrait imaginer que saint Thomas d'Aquin, lorsqu'il s'approprie de la pensée d'Aristote, remplaça Périclès par Jésus-Christ, en le considérant comme le *phronimos* par excellence. D'autant plus que celui-ci possède une double nature : celle de Dieu et celle de l'homme, impliquant leur unité. Il s'agit d'une option logique et, pour ainsi dire, naturelle dans le contexte chrétien. Pourtant, ce n'est pas l'option qu'il a choisi.

En fait, l'irruption de la problématique de la *boulèsis* chez Aristote en *Éthique à Nicomaque* III, 4, s'accomplit au terme de l'analyse de la délibération (III, 3), comme si celle-ci était autonome et essentielle dans la problématique du choix (III, 2). Effectivement délibérer suppose des choses qui dépendent de nous (*ta eph'hèmin*) et que nous pouvons réaliser. Du reste au livre VI, 5, Aristote qualifie le *phronimos* de *bouleutikos*, c'est-à-dire d'apte à délibérer[3]. Or, si parmi les choses qui possèdent une cause, il y a la nature, la nécessité ou le hasard, et il y a surtout celles qui dépendent de l'homme et, au premier plan, celles qui proviennent de l'intellect (*noûs*). Du reste, dit Aristote, tous les hommes délibèrent sur les choses qu'ils peuvent réaliser par eux-mêmes (*di'autôn*) (1112a30-34). Mais s'ils ne délibèrent pas sur les fins qui sont visées (ce qui ne veut pas dire qu'elles ne peuvent être étudiées par le philosophe, comme le fait Aristote à propos du bonheur), ils ne délibèrent pas non plus sur toutes choses, comme celles qui

---

1. *Eth. Nic.*, VI, 10, 1143a8 et 12, 1143b35.
2. *Ibid.*, VI, 5, 1140b7-12. Voir mon *Histoire de la philosophie ancienne et médiévale*, Paris, Grasset, 1998, p. 382-391.
3. *Ibid.*, VI, 5, 1140a31 et 7, 1141b8-12.

sont préalables et connues par les sens, sinon on risquerait d'accomplir une régression à l'infini. D'où cette affirmation :

> Le choix serait un désir délibératif qui dépend de nous (*hè proairésis...* *bouleutikè orexis ton eph'hèmin*), car une fois que nous avons jugé/décidé (*krinantes*) nous désirons conformément à notre délibération[1].

Or, dans le chapitre suivant où il développe la volonté, Aristote considère que c'est l'homme qui excelle, qui parvient à agir le mieux dans l'ordre de l'action (*ho spoudaios*). Celui-ci juge d'une façon droite/correcte dans les cas concrets (*krinei orthôs*), et c'est cet homme qui voit le vrai dans les choses concrètes et agit comme s'il était « leur règle et leur mesure » (*ôsper kanôn kai metron autôn*), alors que dans la plupart des cas la faute semble arriver à cause du plaisir[2]. De là, il suffit d'accomplir un pas pour arriver à la fois au sage de la raison pratique (*phronimos*) et à l'idée d'une *bouleutikè boulèsis*, d'une « volonté délibérative », qu'Aristote il est vrai n'utilise pas, car il associe les deux activités en une seule : l'*euboulia*. Cette activité est axée sur le Bien suprême, qui consiste dans la réalisation du bonheur. Mais ce qu'il faut retenir ici, c'est la thèse que l'œuvre principale de l'homme sage dans l'action (*phronimos*) est de bien délibérer (*eu bouleuesthai*)[3].

Cette précision est importante, car elle révèle que dans la philosophie pratique d'Aristote la problématique de la délibération, en vue d'une bonne délibération en fonction d'une volonté d'accomplir le bien, prime et supplante la volonté comme telle. C'est cette précision qui atteste de la limite de la volonté face à la délibération, car celle-ci a l'avantage de pouvoir agir dans l'ordre des techniques et dans le domaine des désirs.

Or, c'est précisément l'infléchissement de cette question, qui marque l'originalité de saint Thomas, au point qu'il remplace la problématique de la délibération, par celle du conseil (*concilium*), et la problématique du *phronimos* (sage) par celle de l'homme prudent. Mieux, la *prudentia* devient l'une des quatre vertus cardinales, alors que, chez Aristote, la *phronèsis* supplante les vertus éthiques au profit d'une vertu intellectuelle. Par cette observation, on sent déjà que saint Thomas d'Aquin, tout en s'appropriant la pensée d'Aristote, tient compte de la tradition augustinienne qui plaça la question du péché sur le plan de la volonté, après avoir mis le mal dans la perspective néoplatonicienne du non-être, et limita les

---

1. *Eth. Nic.*, III, 3, 1112b31-1113a12.
2. *Ibid.*, 4, 1113a29-34.
3. *Ibid.*, VI, 7, 1141b9-10.

vertus cardinales en quatre (prudence, justice, force et tempérance). Cette avancée augustinienne, je l'ai dit, introduisit, dans la *Cité de Dieu*, l'idée d'une volonté de puissance pour expliquer le mal[1], Saint Thomas la nuance dans le sillage d'Aristote, mais en prenant l'initiative de développer une conception nouvelle. Tantôt, chez lui, c'est l'intelligence qui a le primat sur la volonté et tantôt l'inverse. Déjà Plotin, en *Ennéade* VI, 8, disait que la présence de l'intelligence excédait l'activité de la raison et s'associait à la volonté. C'est manifestement encore le cas chez saint Thomas, alors que pour Aristote, la raison se tient au cœur de la sagesse pratique (*phronèsis*), même s'il tente de thématiser la question de l'intellect pratique (à la fin du *De anima*), et situe la connaissance dans un domaine parallèle dominé par la sagesse et l'intellect théoriques.

Ces différences ont des conséquences importantes. En effet, comme je viens de la rappeler, si la sagesse pratique chez Aristote est autonome, c'est parce que la *phronèsis* est une vertu intellectuelle qui transcende les vertus éthiques, alors que chez saint Thomas, comme cela ressort de la *Somme théologique* 2ª pars, Q. 47, la prudence est l'une des quatre vertus cardinales, même si elle possède ses qualités propres et actives. Du reste, le glissement de sens vers la prudence (*prudentia*) au détriment de la sagesse pratique s'explique par l'édifice augustinien qui met en jeu un lien subtil entre quatre vertus, en quelque sorte d'égale valeur, là où Aristote multiplie les vertus selon le type d'action, en repérant la médiété de chacune, même si elle est anonyme. Dès lors la prudence, ainsi dégradée, a besoin d'une faculté supérieure pour agir, qui est la *syndérèse*. Celle-ci concerne les principes de l'action, tout comme la science s'appuie sur ses propres principes ou sur des principes métaphysiques.

Comme je l'ai indiqué ailleurs[2], le choix de ce terme technique s'appuie sur le grec *syntèresis* qui signifie « conserver » et « sauvegarder », utilisé par d'autres penseurs de l'époque, notamment par Saint Bonaventure. Il trouverait son origine dans l'Évangile de saint Luc (2, 19), dans le passage célèbre où les bergers annoncent à la Vierge Marie le message que les anges leur ont communiqué concernant le Christ. Ce texte relate que Marie, ayant entendu le message, le conserve (*syntèrei*) dans son cœur. Comme je l'ai déjà souligné à l'époque, la reprise technique et

---

1. Voir mon livre *Aux origines de la philosophie européenne, op. cit.*, p. 709-711, ainsi que *Histoire de la philosophie ancienne et médiévale, op. cit.*, p. 781-783.
2. « La philosophie pratique d'Aristote a-t-elle un sens aujourd'hui ? », dans D. N. Koutras (dir.), *The Aristotelian ethics and its influence*, Athènes, Soc. des Études aristotéliciennes, Le Lycée, 1996, p. 49-71, p. 63.

métaphorique du terme par les théologiens signifierait que le Chrétien, en se référant aux préceptes de l'Église (soumise aux doctrines sacrées) et en y prenant conseil pour les actions, « sauvegarde » d'une certaine façon ces préceptes.

Par suite, le glissement en question de la *phronèsis* en *prudentia* confère à la notion de délibération aristotélicienne (*bouleusis*) un sens nouveau qui accentue les sens de « conseil » utilisé parfois en rhétorique, devenant chez saint Thomas *concilium*, c'est-à-dire un conseil à prendre auprès de ces principes au détriment de la *deliberatio*. Par là saint Thomas inaugure la problématique des « conseils » qui domine dans la suite et qui s'est répandu à notre époque dans nos institutions, là où Aristote demeurait fidèle à la problématique démocratique de la délibération propre aux Assemblées, et qui était ce qui caractérisait le sage (*phronimos*) dans le domaine de l'action. Il n'est pas sans intérêt de remarquer que l'expression *phronimos* en grec moderne a le sens de « prudent » et non plus de sage, ce qui révèle les infléchissements produits par l'histoire. J'ai d'ailleurs montré, qu'un phénomène analogue s'est produit avec la notion de « penser » (*nœin*), qui rencontra au cours de l'histoire de la philosophie la notion de « réflexion » (*skepsis*), qui rend aujourd'hui, en grec moderne, la « pensée »[1]. C'est dire que l'évolution de la langue n'est pas indépendante de l'évolution de la pensée humaine... Le cas de la transmutation de la délibération en conseil n'est donc pas une coïncidence, mais traduit bien un glissement idéologique déterminant.

Quant à saint Thomas, il situe, en parallèle avec la connaissance, l'appétition, qu'il associe au bien. L'appétition suppose un champ d'action très large (désir, amour, jouissance, choix...). Il analyse la vie affective qui lie inclinations et formes[2]. Si l'on écarte les inclinations naturelles et animales, on peut considérer l'homme à partir de deux genres de facultés appétitives, les unes sensibles (connaissance sensible), tandis que l'autre est la *volonté* (connaissance intellectuelle). Il apparaît ainsi que *la volonté*

---

1. *Cf.* « La problématique sceptique d'un impensé : *hè skepsis* », dans A. Voelke (éd.), *Le scepticisme antique* (Actes du Coll. Intern. de Lausanne, juin 1988), Genève/Lausanne/Neuchâtel, *Revue de Théologie et de Philosophie*, 1990, p. 9-28 ; « Le scepticisme et la controverse entre *noèsis* et *skepsis* », dans *Scepticisme* (Proceedings of the 2nd Intern. Symposium, Zacharo-Ancient Olympia, sept. 1988), Athènes, Center of Philosophy and Inter-disciplinary Research, 1990, p. 11-21. Voir aussi « Consistance et changements dans la langue grecque », dans B. Cassin (dir.), *Vocabulaire européen des philosophies. Dictionnaire des intraduisibles*, Paris, Seuil et Le Robert, p. 526-540 et p. 47.

2. *Somme Théologique*, Ia Pars, q. 80-83 ; *Somme contre les Gentils*, IV, c. 19.

*est une tendance intellectuelle*[1] ; mais l'inverse est également vrai, car *dans toute nature intellectuelle*, dit-il, *il y a une volonté*. Ce lien entre intelligence et volonté fait penser davantage à Plotin qu'à Aristote, révélant que l'aristotélisme de saint Thomas intègre de nombreux traits du néoplatonisme historique.

Toutefois, proche d'Aristote, saint Thomas situe sur le plan inférieur le concupiscible et l'irascible. Mais la situation change et diffère dès lors qu'on pénètre dans le champ de la volonté, laquelle inclut certes ces facultés, mais atteste aussi, comme je viens de le dire, de sa spécificité. Pour expliciter cette perspective, il considère que l'intellect est actualisé par la forme intelligible, tout comme la nature l'est par la forme, qui parfait en chaque espèce par l'inclination vers la fin et les opérations qui conviennent. Or, il s'avère que l'inclination propre à l'activité intellectuelle est bien la volonté, laquelle est « le principe des opérations qui sont en nous, grâce auxquelles celui qui intellige agit en vue d'une fin ». D'où il s'ensuit que l'objet de la volonté est la fin et le bien. Bref, tout être qui possède l'intelligence possède aussi la volonté. Mais cela signifie aussi qu'à côté de la fin qui concerne le bien en lui-même (*bonum honestum*), il y a les moyens qui sont utiles (Aristote parlait déjà de *sympheron*). Mieux, à côté du *bonum utile*, la possession du bien produit une jouissance (*bonum delectabile*). Toujours dans la proximité d'Aristote, il considère que dans le cas de l'appétition, donc aussi de la volonté, il n'y a pas identité avec le sensible ou l'intelligible, mais une forme d'adaptation (*coaptatio*). Mais alors que chez Aristote, cette adaptation suppose l'action active et directrice de la sagesse pratique (*phronèsis*), chez lui elle se réfère au mouvement animé par le désirable ou l'aimable, qui sont comparés au processus du feu, lequel incline, selon la physique d'Aristote, vers son lieu propre. À partir de là, saint Thomas peut construire un système par degrés, où la volonté simple, l'intention, le consentement, l'élection, l'exécution et la complaisance jouent un rôle important, mais au détriment d'une activité délibérative efficace. Il considère néanmoins que la source de la liberté est la volonté, bien que ce soit la raison qui en est la cause[2].

En fait, l'appétition *adaptative* requiert avant tout l'action de l'intelligence, laquelle utilise la délibération comme *conseil* et non comme une activité autonome. La question de savoir laquelle des deux puissances, l'intelligence ou la volonté, est supérieure est analysée dans la *Somme*

---

1. *De Anima*, II, lect. V.
2. *Somme Théologique*, Ia IIae, q. 17, art. 1.

*Théologique*[1], et dans le *De Veritate*[2]. Du fait que la volonté concerne l'être comme bien (qui implique la plénitude et la perfection), elle semble avoir la préséance sur l'Intelligence, qui concerne l'être comme vrai. D'autant plus qu'elle peut s'élever jusqu'aux vertus théologales, par la Charité. Ce qui aboutit à l'idée que l'amour (fondé sur la volonté) de Dieu est meilleur que la connaissance que l'on en a.

Mais, d'un autre côté, dans le *De anima*[3], saint Thomas insiste sur les choses les plus simples, les plus abstraites et les plus immatérielles comme étant les plus élevées, ce qui confère le primat à l'intelligence. D'autant plus que la perfection de l'intelligence réside dans le fait de concevoir les *species* comme existant dans l'intelligence (elles sont ce par quoi on pense), tandis que la volonté se rapporte à une chose certes excellente, mais en dehors de soi. On devrait aller plus loin dans cette direction, mais, même si l'on pouvait y voir le signe d'une limitation de la volonté (d'ailleurs fort ambiguë), nous risquons de nous éloigner du chemin qui situe l'originalité de saint Thomas dans la question de la syndérèse[4].

En effet, la syndérèse concerne dans le domaine de l'action la connaissance des principes de la moralité, analogue à l'action de l'intelligence relativement aux principes de la pensée spéculative. Ces principes de l'action sont en réalité, comme je l'ai indiqué ci-dessus, les préceptes de l'Église fondés d'une façon doctrinale. La référence aux doctrines sacrées est une constante au plus tard depuis saint Augustin et devient le fondement de la pensée de Pseudo-Denys l'Aréopagite, que saint Thomas connaissait bien. Mais alors que chez Denys, l'application des doctrines sacrées impliquait la médiation de l'Eglise par la promotion d'un symbolisme théorique et actif (cf. la *Hiérarchie ecclésiastique*)[5], saint Thomas au contraire, se référa à l'éthique d'Aristote. C'est à la « prudence » que revient le rôle d'appliquer ces principes dans la vie. Or, cette obligation fait en sorte que la délibération se limite, car elle prend *conseil* à ce que lui confère la syndérèse, laquelle permet à chaque Chrétien qui s'y conforme de *sauvegarder* (*syntèrein*) ces vérités dans son âme et les transmettre par son action aux autres. Dans ce contexte, on peut dire avec H.-D. Noble, que

---

1. *Somme Théologique*, Ia Pars, q. 82, art. 3.
2. *De Veritate*, q. 22, art. 11.
3. *De anima*, q. 12, art. 5.
4. *Somme Théologique*, Ia Pars, q. 16, art. 12 et *De Veritate*, q. 16, art. 1-3.
5. *Cf.* mon ouvrage *Histoire de la philosophie ancienne et médiévale*, *op. cit.*, p. 851-860.

à cette évidence de l'obligation du devoir, affirmée dans la raison pratique par la syndérèse, correspond, dans la volonté, une inclination à accomplir le devoir et ses différents objectifs de vertu, même si cette inclination ne se présente pas comme un vouloir parfait, c'est-à-dire efficace et sûr de ses propres réalisations[1].

Cette soumission des vertus à la syndérèse explique donc pourquoi la délibération est sous-déterminée chez saint Thomas, au profit de la volonté, qui s'allie à l'intelligence. Du coup la prudence perd son lien avec une délibération qui promeut le bien visé par la volonté.

Au point de vue historique, on peut situer l'origine de cet infléchissement chez Plotin. Celui-ci avait en effet insisté sur la nécessité d'approfondir l'éthique aristotélicienne par des principes supérieurs, tels des préceptes et des maximes qui dirigeraient nos actions. Il fallait soumettre le désir et la raison à la volonté et à l'intelligence. Ainsi, par exemple, au-delà de l'action vertueuse devant la peur pour agir courageusement lors d'une guerre (comme médiété régie par l'*orthos logos* conféré par la *phronèsis*), il faut, dit-il, poser la question de la légitimité de la guerre, c'est-à-dire en activant sa volonté, grâce à laquelle on devrait refuser la guerre comme principe de l'action[2].

Par cette démarche Plotin a ouvert la voie d'une relativisation de la *phronèsis* aristotélicienne, en la soumettant à l'intelligence liée à la volonté. Mais, plus fondamentalement, cette décision introduisait la problématique des maximes qui permettent de contourner ou de dépasser les préceptes de l'Église, comme le firent plusieurs tendances chrétiennes depuis la Réforme luthérienne. Par là on comprend que si l'aristotélisme du Moyen Âge, contaminé par le néoplatonisme, eut la perspicacité de recourir à la syndérèse en s'appuyant à la fois sur l'Évangile et sur l'intelligence des doctrines sacrées du christianisme, l'aboutissement de cette pratique fut thématisée surtout par le protestant Kant qui se référa aux maximes grâce à la promotion qu'il fit de la raison dans le sillage des Lumières, tout en accordant à la volonté une place centrale dans sa réflexion. Ainsi, par exemple, l'une des maximes affirme : « agis uniquement d'après la maxime qui fait que tu peux *vouloir* en même temps qu'elle devienne une loi universelle », que l'on peut formuler comme suit : « il faut que nous puissions *vouloir* que ce qui est une maxime de notre

1. Note pour *Somme Théologique*, IIa IIae, q. 47, art. 6, rép. 2, p. 706.
2. *Enn.*, VI, 8, 5.

action devienne une loi universelle »[1]. Or, on le sait, cette promotion de la raison comme susceptible de penser l'universalité, conduisit Kant à montrer la difficulté d'instaurer la métaphysique comme science, l'obligeant, grâce à la raison pratique, de sauver la métaphysique. Toute proportion gardée, cette dualité s'accorde à la différence chez Aristote entre sagesse théorique et sagesse pratique, et fait voir que la volonté s'impose surtout dans l'action, limitant ses ambitions, pourtant présentes dans d'autres courants de la pensée, qui trouva un aboutissement dans « la volonté de puissance » de Nietzsche[2].

Lambros COULOUBARITSIS
Université Libre de Bruxelles,
Académie Royale de Belgique

1 Cf. F. Albrecht, « La volonté selon Kant », dans La volonté, op. cit., p. 141-160, en part. p. 144.

2. Cf. O. Ponton, « Premières pensée de Nietzsche sur la " volonté de puissance " », dans La volonté, op. cit., p. 195-207, ainsi que W. Müller-Lauter, Nietzsche. Physiologie de la Volonté de Puissance, trad. fr. J. Champeaux, Paris, Allia, 1998.

## THOMAS D'AQUIN ET LA LIBERTÉ DE LA VOLONTÉ. APPROCHE HISTORIQUE

Alors que les penseurs antiques insistaient sur la raison qui cause la rationalité ou l'irrationalité des actes humains, les théologiens médiévaux, à la suite d'Augustin, insistent sur la volonté, dotée du libre arbitre, à la fois force et faiblesse de l'agir humain. Aux XIIᵉ et XIIIᵉ siècles, les traductions en latin des traités d'Aristote et de ses commentateurs gréco-arabes relancent le débat théorique.

Dès la rédaction de sa première grande œuvre, le *Commentaire sur les Sentences* (1252-1257), Thomas d'Aquin hérite des problématiques théologiques d'inspiration augustinienne. La volonté est à la fois la force et la faiblesse de l'homme : elle agit spontanément et se situe hors de la nature, elle est dotée du libre arbitre mais elle est inclinée au mal. L'Aquinate hérite également de problématiques aristotéliciennes : le désir est naturel, il est orienté vers le bien et le choix est délibéré. La confrontation de ces théories montre que le concept de volonté est problématique et que la définition de la volonté comme une faculté libre n'a rien d'une évidence.

Thomas adopte mais surtout adapte ces théories pour proposer une théorie personnelle de la liberté de la volonté qui tient compte à la fois de l'orientation naturelle du désir vers le bien mais aussi de la liberté de choix et de l'inclination de la volonté au mal. Ces grandes orientations se retrouvent dans l'ensemble de ses œuvres. Néanmoins, une évolution est, il me semble, perceptible. C'est une question qui a aussi été posée par Daniel Westberg mais il y répond négativement[1]. Et pourtant nous allons montrer les variations de la théorie thomasienne de la liberté de la volonté.

---

1. D. Westberg, « Did Aquinas change his mind about the Will? », *The Thomist*, 58, 1994, p. 41-60.

## LE *COMMENTAIRE SUR LES SENTENCES* :
### UNE LIBERTÉ DE CHOIX

Ma première réflexion porte sur l'importance du *Commentaire sur les Sentences*, trop longtemps minimisée. En effet, cette œuvre propose des réponses innovantes, déjà marquées par les écrits aristotéliciens.

Respectant l'organisation des *Sentences* de Pierre Lombard qu'il commente, Thomas traite le problème de la liberté humaine dans les distinctions 24 et 25 du Livre II consacré à l'étude des créatures. Il y pose le problème de la liberté en termes théologiques : l'homme a-t-il la liberté de l'arbitre face à la toute-puissance divine et a-t-il conservé cette liberté de l'arbitre malgré le choix du péché par Adam? En effet, Augustin mentionne : « l'homme, s'il use mal de son libre arbitre, le perd et se perd lui-même »[1].

Thomas prouve l'existence d'un libre arbitre en l'homme en deux temps : il prouve d'abord l'existence d'un arbitre puis il prouve sa liberté. La distinction est nette entre ces deux notions. Classiquement, l'Aquinate lie le problème de la liberté et celui de l'âme. Or l'anthropologie enseignée par les traités gréco-arabes ne reconnaît pas la notion de libre arbitre. Pour un théologien désireux d'intégrer des éléments aristotéliciens dans l'anthropologie chrétienne, se pose donc le problème de l'existence d'un principe des contraires, permettant à l'homme d'échapper à la nécessité. Thomas veut définir le libre arbitre comme le principe de l'acte libre.

Thomas écarte la possibilité que l'arbitre soit un *habitus*, à la fois une puissance et un *habitus* et une simple habileté. Auquel cas, l'arbitre serait missible. Or cette affirmation serait contraire à la théorie chrétienne de la liberté. En effet, pour être rétribué ou puni en fonction de ses mérites ou de ses péchés, l'homme doit être le responsable de ses actes et doit donc posséder la liberté de l'arbitre. Thomas vise les théories de certains de ses prédécesseurs et de trois contemporains qui ont, selon lui, une lecture erronée d'Aristote : Bernard de Clairvaux et Bonaventure; Philippe le Chancelier; Alexandre de Halès.

Thomas, à la suite d'Augustin, retient que « le libre arbitre est le sujet de la grâce »[2]. Il fonde sa démonstration sur un argument théologique.

---

1. Augustin d'Hippone, *Enchiridion*, éd. J. Rivière, IX, 30, « Bibliothèque Augustinienne » 9, Paris, Desclée de Brouwer, 1947, p. 158 : « Et hoc absit : nam libero arbitrio male utens homo, et se perdit et ipsum ».

2. Thomas d'Aquin, *Scriptum super Sententiis*, éd. P. Mandonnet, Paris, Lethielleux, 1929, II, d. 24, q. 1, a.1, sed contra 2, p. 590 : « liberum arbitrium est subjectum gratiae ».

La grâce perfectionne l'essence de l'âme comme forme accidentelle et agit en l'âme comme une cause formelle. Cette grâce est amissible en vertu du libre arbitre. Mais l'arbitre, lui, ne peut manquer à l'homme. Affirmer le contraire serait contraire à la foi chrétienne. Thomas ancre sa théorie dans une anthropologie d'inspiration aristotélicienne selon laquelle l'âme est constituée de puissances. Il relève qu'« aucune puissance naturelle ne peut être ôtée par le péché »[1]. D'emblée, il fait de l'arbitre comme une puissance naturelle. Selon Thomas, c'est le fait d'être une puissance naturelle qui rend l'arbitre inamissible.

Thomas refuse de définir l'arbitre comme une puissance de l'âme. Pierre Lombard définissait l'arbitre soit comme une faculté de l'âme soit comme une puissance de l'âme[2]. L'Aquinate refuse cette confusion des termes. Par Avicenne, notamment, il hérite d'une théorie précise de l'âme et de ses puissances. Il distingue rigoureusement les termes de puissance et de faculté et leur donne un sens différent. Suivant l'anthropologie aristotélicienne, il ne retient que deux puissances en l'âme : l'intellect et la volonté. Il admet que l'arbitre est une *facultas*. Il définit l'arbitre comme la faculté naturelle présente en l'âme humaine de pouvoir réaliser quelque chose.

Thomas nie que l'arbitre soit une puissance commune à la raison et à la volonté. Tous les théologiens s'accordent pour reconnaître que la volonté et l'intellect sont tous deux liés au libre arbitre. L'Aquinate cherche à préciser une conception confuse de l'arbitre. Il refuse toute théorie qui ferait de l'arbitre une puissance mixte et qui admettrait des conflits entre l'intellect et la volonté donnant des ordres contradictoires. Il refuse que l'arbitre se rattache à l'intellect. Celui-ci dispose déjà en la raison de sa faculté de délibération. Dans un contexte de recherche renouvelé par la traduction latine de l'*Éthique*, l'Aquinate veut préciser le fonctionnement de la volonté. Si la volonté est une puissance de l'âme, l'arbitre est sa faculté. Aussi Thomas fait-il de l'arbitre la faculté de la volonté seule. Liant Augustin et Aristote, il fait de l'arbitre le pouvoir de la volonté.

Thomas doit à Augustin la notion de « libre arbitre de la volonté ». Celui-ci a introduit dans sa théologie cette notion d'origine juridique afin d'affirmer la responsabilité de l'homme dans l'acte de pécher[3].

1. Thomas d'Aquin, *Scriptum super Sententiis, op. cit.*, II, d. 24, q. 1, a.1, obj. 4, p. 589 : « per peccatum nulla potentia nauralis tollitur ».

2. Pierre Lombard, *Sententiae in IV libris distinctae*, Grottaferrata, Collegium S. Bonaventurae, 1971, II, d. 25, c. 1, p. 461.

3. F. Hurlet, « Liberté (Droit romain) » dans J. Leclant (dir.), *Dictionnaire de l'Antiquité*, Paris, P.U.F., 2005, p. 1260.

L'Aquinate s'applique à définir de quel pouvoir il s'agit. Il s'appuie sur Boèce qui définit l'arbitre comme « le libre jugement de la volonté »[1]. Il assimile la notion augustinienne d'arbitre et la notion boécienne de jugement. Il fonde la liberté humaine dans l'acte de juger. Il accorde à la volonté le pouvoir d' « arbitrer », c'est-à-dire de juger. Il utilise le terme de jugement dans un sens juridique : il en fait l'acte du juge, c'est-à-dire de celui qui discerne la règle à appliquer puis l'applique au cas concret. La volonté veut le bien et a le pouvoir de juger du bien vers lequel elle tend. Ainsi la volonté met-elle fin à la délibération de la raison. Habituellement, la notion de jugement est définie comme un acte de l'intellect. Celui-ci juge si le bien appréhendé est conforme au bien. Mais Thomas cherche à affirmer la liberté de la volonté par rapport à l'intellect. Il trouve dans la traduction latine de l'*Éthique* la notion d'*electio* qui se traduit soit par « choix préférentiel »[2], soit par « décision »[3]. L'*electio* est un acte complet par lequel la volonté se détermine et qui comprend à la fois la délibération de la raison et la décision de la volonté. L'Aquinate assimile le jugement boécien de la volonté à l'*electio* aristotélicienne. Il définit ce jugement comme un choix. Ainsi, de manière subtile, il subordonne la notion aristotélicienne d'*electio* à la notion augustinienne d'arbitre. Il précise que l'arbitre n'effectue qu'un seul acte : « l'acte assigné au libre arbitre est le choix »[4]. En introduisant cette notion nouvelle, Thomas peut accorder à l'arbitre en tant que faculté un acte distinct. Ainsi définit-il l'arbitre comme le pouvoir de choix de la volonté. Mais pouvoir agir n'est pas agir librement.

S'il distingue les notions d'arbitre et de liberté, l'Aquinate ne reconnaît l'existence que d'une seule liberté. Mais il admet les conséquences du péché originel. Classiquement, il reconnait que la liberté conservée par l'homme est celle qui s'exerce à l'égard de toute contrainte et de toute nécessité. La volonté dispose, par nature, d'une indétermination potentielle. Cette indétermination est due au libre arbitre qui est un pouvoir des contraires. Parce qu'il est naturel, ce pouvoir est inamissible. Cette liberté de choix n'est pas à confondre avec la liberté vis-à-vis du péché, conférée

---

1. Boèce, *Super Peri Hermeneias*, Patrologie Latine 64, Prol., III, 492-493.

2. Selon la traduction de J. Tricot dans Aristote, *Éthique à Nicomaque*, Paris, Vrin, 1990, III, 4, p. 128.

3. Selon la traduction de R.-A. Gauthier et J.-Y Jolif, dans Aristote, *Éthique à Nicomaque*, t. 1, Louvain, Institut supérieur de philosophie-Paris, Éditions Béatrice Nauwelaerts, 1958, III, 4, p. 61.

4. Thomas d'Aquin, *Scriptum super Sententiis*, *op. cit.*, II, d. 24, q. 1, a. 2, ad. 3, p. 594 : « libero arbitrio assignatur actus ille qui est eligere ».

par la grâce, ni avec la liberté vis-à-vis de toute misère, accessible seulement dans la gloire. Ainsi Thomas affirme-t-il la liberté de l'arbitre en corrigeant Bernard de Clairvaux :

> lorsqu'il [*i.e.* l'acte] est dit que l'homme a perdu le libre arbitre, cela ne signifie pas que l'arbitre est perdu de manière essentielle mais seulement qu'il a perdu une certaine liberté qui est la liberté vis-à-vis du péché et de la misère[1].

Précisément, l'Aquinate définit la liberté comme l'état parfait auquel l'homme doit retourner. Cela dépend donc du libre choix de l'homme de faire ce qui est bon ou mal et d'accepter ou non de se laisser guider par la grâce.

À la suite d'Augustin, les théologiens médiévaux admettent que le choix du mal ne relève pas de la liberté. Thomas, marqué par la notion de choix trouvée dans l'*Éthique*, propose une théorie tout autre. Augustin a défini l'arbitre comme le pouvoir de la volonté d'agir droitement[2]. Distinguant les notions de liberté et d'arbitre, il a affirmé que le choix n'est pas indifférent et qu'il ne peut porter que sur le bien. En ce sens, le choix d'un bien moindre est un péché. Pour Augustin, pécher consiste à abandonner la liberté. Thomas admet que l'homme doit prendre connaissance de la loi naturelle et conformer son choix à cette loi naturelle conforme à la volonté divine. Mais contrairement à l'évêque d'Hippone, il définit l'arbitre comme une puissance des contraires. Il affirme donc que le choix porte sur un bien ou un autre de manière indifférente. Il est persuadé que la volonté d'Adam possédait la force de résister « facilement » au péché[3]. Aussi affirme-t-il que la volonté n'a pu choisir le mal que par un choix libre. Thomas diffère d'Augustin car il a adopté les théories aristotéliciennes des puissances de l'âme et de l'*electio*.

Définir l'arbitre comme un pouvoir des contraires introduit une difficulté : l'arbitre a le pouvoir de choisir ou le bien ou le mal car il est

---

1. Thomas d'Aquin, *Scriptum super Sententiis*, *op. cit.*, II, d. 24, q. 1, a. 1, ad. 4, p. 591 : « quod homo dicitur liberum arbitrium amisisse, non quidem essentialiter, sed quia quamdam libertatem amisit quae quidem est a peccato et a miseria ».

2. Augustin d'Hippone, *De libero arbitrio*, éd. G. Madec, « Bibliothèque Augustinienne », Paris, Desclée de Brouwer, 1976, 3ᵉ éd., II, I, 3, p. 266.

3. Thomas d'Aquin, *Scriptum super Sententiis*, *op. cit.*, II, d. 24, q. 1, a. 4, resp., p. 599-600 : « habuit quod peccato resistere posset, sed quod etiam illud facile potuerit ».

moralement indifférent[1]. L'Aquinate admet que la volonté peut être spécifiée soit par le bien soit par le mal[2]. Sur ce point, il est influencé par la traduction de l'*Éthique* de Robert Grosseteste. Dans la traduction du Livre III, celui-ci utilise le terme de *voluntas* pour traduire la notion de *boulèsis* qui désigne le souhait[3]. Cette traduction inspire l'interprétation par les médiévaux de la théorie de la volonté, pensée comme capacité à vouloir, naturellement, le bien ou le mal. Thomas interprète également la notion de volonté en ce sens. Il défend la théorie de la liberté de la volonté dès son *Commentaire sur les Sentences*. Pour cela, il adapte les théories aristotéliciennes et propose une théorie positive de la liberté de la volonté pensée non seulement comme une indétermination mais également comme une liberté de choix.

Deux possibilités existent. Soit l'objet mauvais est identifié comme un bien par l'intellect et il s'agit d'une erreur. Soit l'objet mauvais est voulu pour ce qu'il est réellement et il s'agit d'un péché. Thomas définit l'erreur comme un mal contraire à la nature de l'intellect mais, suivant Aristote, nie qu'elle soit un péché[4]. Mais il admet l'existence du péché. La volonté est spécifiée par le bien ou par le mal mais elle ne se porte ni vers l'un ni vers l'autre de manière nécessaire. Par le pouvoir de son arbitre, elle conserve toujours la possibilité de choisir un autre objet. Si l'objet mauvais est voulu et choisi, il l'est par une volonté défectueuse. Thomas définit la volonté défectueuse comme une volonté qui se porte volontairement sur un autre bien que celui que lui propose la raison droite. Ce choix n'est pas conforme à l'ordre naturel. Il introduit un désordre. Le mal provient de l'introduction de ce désordre. Il est l'effet déficient d'un acte déficient. La volonté est cause déficiente du péché. Thomas admet, à la suite d'Augustin, que seul un être doté de volonté peut pécher. Il admet la nature blessée de l'âme humaine[5]. Mais il subordonne la théorie de l'*Éthique* VII sur les passions

---

1. Thomas d'Aquin, *Scriptum super Sententiis, op. cit.*, II, d. 24, q. 1, a. 1, resp., p. 591 : « Liberum autem arbitrium ad electionis actum se habet quo talis actus efficitur quandoque bene, quandoque quidem male, et indifferenter ».

2. *Cf.* J. Pilsner, *The Specification of Human action in Saint Thomas Aquinas*, Oxford, Oxford University Press, 2006, p. 61-69.

3. Aristoteles Latinus, *Ethica Nicomachea* : libri I - III;VIII.1 - 5 (6) ("recensio pura" - Burgundii translationis recensio), « Aristoteles Latinus » XXVI.1-3, fasc. tertius, ed. R.-A. Gauthier, Leiden/New York, Brill, 1972, p. 141-201.

4. *Cf.* J. L. Price, « Mistakes of Fact and Agent Voluntariness: Aristotle, Aquinas and Conformity to Will », *The Modern Schoolman*, 80, 2003, p. 88-113.

5. *Cf.* T.-D. Humbrecht, « La Nature blessée par le péché originel chez saint Thomas d'Aquin », dans M.-B. Borde (éd.), *Le Mystère du mal, péché, souffrance et rédemption*, Toulouse, Éditions du Carmel, 2001, p. 277-293.

de l'âme à l'enseignement paulinien sur la marque du péché en tout homme. Il restreint cette marque à un *habitus* corrompu qui incline à choisir le mal par habitude. Certes celui qui pèche par habitude aura des difficultés à choisir autre chose que le mal. Mais cette habitude ne nécessite pas le choix.

Thomas lie l'acte de choisir à celui de la conscience. Il définit la conscience comme l'acte de la syndérèse, assimilée, à la suite de saint Jérôme, à une étincelle divine conservée en tout homme, malgré le péché adamique. L'Aquinate en fait un *habitus* naturel des premiers principes[1]. Il distingue deux jugements : celui de la volonté qui porte sur un objet appréhendé comme un bien et celui de la conscience qui confirme ou infirme que cet objet est conforme à la loi naturelle qui est à l'image de la loi divine. La syndérèse juge de la moralité des actes à accomplir ou à éviter. Le jugement de conscience oblige la volonté à choisir ce qui est jugé conforme à la loi naturelle[2]. La volonté est responsable de ses actes face à la conscience. C'est donc le refus de suivre la conscience qui cause le péché. Thomas comprend la liberté comme l'exercice d'un choix moral, conforme à l'obligation normative causée par l'acte de conscience. Le choix du péché se fait en connaissance de cause. Thomas ne retient pas le problème du doute de conscience. La volonté qui se porte vers un bien appréhendé comme mauvais est une volonté mauvaise même si l'appréhension est erronée et l'objet un bien. Mais suivre le jugement de la conscience ne fait pas davantage bien choisir. En effet le choix d'un objet mauvais à la suite d'un jugement erroné de la conscience reste un acte mauvais.

## LE *DE VERITATE* :
### UNE LIBERTÉ DE CHOIX DES MOYENS EN VUE D'UNE FIN

Ma deuxième réflexion porte sur la rupture apportée par le *De Veritate* (1256-1259). Dans les questions 22 et 24, Thomas pose le problème en termes métaphysiques et non plus théologiques : si la volonté, conçue comme un appétit naturel, est mue par le bien comment l'homme peut-il être libre de vouloir un bien ou un autre et de vouloir ou de ne pas vouloir ?

1. Sur ces notions, G. Borgonovo, *Sinderesi e coscienza nel pensiero di san Tommaso d'Aquino. Contributi per un «redimensionamento» della coscienza morale nella teologia contemporanea*, Fribourg, Éditions Universitaires, 1996.
2. Thomas d'Aquin, *Scriptum super Sententiis*, *op. cit.*, II, d. 39, q. 2, a. 3, resp., p. 1002-1003.

Thomas fait de la volonté un «appétit». Il travaille à partir des problématiques aristotéliciennes. Du *De anima*, il retient que toute action se produit en vue d'une fin ; que l'appétit naturel est le moteur de l'action. De l'*Éthique*, il retient que l'homme délibère sur les moyens en vue d'une fin.

Alors qu'Augustin a dissocié la volonté de la force naturelle du désir, Thomas les réunifie et insère la volonté dans l'appétit naturel qu'il présente comme une «puissance spéciale de l'âme»[1]. Il fait de l'appétit une notion essentielle de sa métaphysique. En effet, s'il admet que le bien est un désirable, l'Aquinate définit le souverain bien comme la cause finale qu'il assimile à Dieu. En conséquence, il ne définit pas la notion de désir dans le sens augustinien de convoitise mais dans un sens aristotélicien : le désir est naturel ; il est un «moteur mû» : mû par le désirable, il provoque le mouvement vers le bien ; il relève d'une puissance que Thomas appelle l'appétit supérieur. Cet appétit supérieur est la volonté. Adhérant à ce principe de la *Physique*, l'Aquinate ne remettra jamais en cause la théorie de la détermination du mouvement par une cause antérieure[2]. Il retient que la volonté est inclinée au bien. Le terme d'*inclinatio* peut se définir à la fois comme une disposition à être mue par un objet et une orientation vers un objet inscrite dans la nature de l'être. La volonté naturelle est sans qualité morale mais se porte vers le bien qui lui convient. Cette inclination est naturelle et finalisante. Ainsi la volonté meut-elle toutes les facultés vers leur fin car c'est à elle qu'appartient en propre cet acte premier de «tendre vers» qui est nommé intention. L'importance de l'inclination n'est pas à minimiser : elle est le fondement de l'exercice de la liberté. La volonté se tourne vers la fin comme le terme de son mouvement. Thomas reprend une distinction faite par Augustin[3]. Il admet que la volonté veut le bien sous la contrainte de son inclination naturelle mais nie que cette contrainte soit nécessitante. En effet, l'Aquinate accorde à l'inclination de se déterminer elle-même. Il fait de l'adhésion de la volonté à sa fin dernière la racine de toute action volontaire. Le vouloir est à la fois naturel, spontané et libre de toute contrainte. Thomas accorde à la volonté de nommer l'inclination même de l'homme.

1. Thomas d'Aquin, *Quaestiones disputatae de ueritate*, éd. Léonine, Rome, t. 22, q.22, a. 3, resp., p. 618 : «quod appetitus est specialis potentia animae» ; L. Donohoo, *The Nature of Desire*, thesis, Washington D. C., Dominican House of Studies, 1989.

2. Aristoteles Latinus, *Physica*, Translatio vetus, ed. F. Bossier et J. Brams, «Aristoteles Latinus» VII/1.2, Leiden-New York, Brill, 1990, VII, 1, 241 b 24.

3. Augustin d'Hippone, *De Civitate Dei*, V, c. 10, p. 682-686.

Thomas ne fait pas de la volonté un simple appétit naturel. Liant les théories du *De anima* et de l'*Éthique*, il la définit comme un appétit rationnel. La raison informe la volonté de la présence de l'objet[1]. Dans aucune de ses œuvres, l'Aquinate ne remet en cause ce lien établi entre la volonté et l'intellect. L'action humaine n'est pas seulement accomplie en vertu d'un principe intrinsèque à l'agent, elle suppose la connaissance de sa fin. Mais l'acte de la volonté n'est pas déterminé. Dans le *Commentaire sur les Sentences,* Thomas distinguait dans la volonté deux actes : le vouloir qui porte sur le bien final, et le choix qui porte sur les biens intermédiaires. Dans le *De Veritate*, l'Aquinate définit les actes de la volonté comme étant « vouloir, choisir et tendre vers ». Il unifie ces actes avec la notion d'intention. La fin et les moyens sont un seul objet s'ils sont étudiés en relation[2]. S'il est naturel de vouloir la fin, il est également naturel de vouloir les moyens. L'intention de la fin est également une intention des moyens. Aussi l'intention de la fin coïncide-t-elle avec la volonté des moyens. Mais si la volonté veut nécessairement la fin, elle est indéterminée vis-à-vis des moyens pour y parvenir. La volonté agit toujours librement car elle possède la liberté de l'arbitre.

Thomas dote la volonté de la liberté de choix. Il réutilise la notion d'*electio* désormais définie comme « le choix des moyens en vue d'une fin ». Il approfondit sa théorie du choix mais son concept ne correspond pas de manière parfaitement identique à la notion aristotélicienne de l'*electio*[3]. Aristote évoquait plutôt un « désir délibératif » et accordait la délibération à la raison. Thomas fait toujours de l'*electio* un acte de la volonté. Il apporte une précision par rapport au *Commentaire sur les Sentences* : « l'homme est cause pour lui-même en jugeant »[4]. Il insiste sur l'acte de juger : « le jugement auquel la liberté est attribuée est le jugement du choix »[5]. Il lie les théories aristotéliciennes de la causalité et du choix et la théorie boécienne

---

1. La distinction thomasienne faite entre la notion de *voluntas ut natura* et la notion de *voluntas ut ratio* a été longuement étudiée. G. Montanari, « Distinzione tra la "voluntas ut natura" et "voluntas ut ratio" nelle dottrina tomista della libertà », *Aquinas* 5, 1962, p. 58-100 ; T. Alvira, *Naturaleza y Libertad. Estudio de los conceptos tomistas de « voluntas ut natura » y « voluntas ut ratio »*, Pamplona, Eunsa, 1985.

2. Thomas d'Aquin, *Quaestiones disputatae de ueritate, op. cit.*, q. 22, a.14, ad. 4 : « quod finis et id quod est ad finem, sunt unum obiectum, in quantum consideratur unum in ordine ad aliud ».

3. Aristote traite de la *proairesis* qui peut se définir comme le choix motivé d'un objet au détriment d'un autre. Aristote, *Éthique à Nicomaque*, III, 2.

4. Thomas d'Aquin, *Quaestiones disputatae de ueritate, op. cit.*, q. 24, a. 1, resp., p. 680 : « Homo non est solum causa sui ipsius in movendo sed in iudicando ».

5. *Ibid.* : « quod iudicium cui attribuitur libertas est iudicium electionis ».

du jugement de l'arbitre. Ce jugement est celui de la volonté qui n'est pas une simple puissance exécutrice. La volonté est une puissance des opposés qui, par l'exercice de son arbitre, cause ses actes. La liberté ne réside pas dans la seule possession de l'arbitre mais dans son activité qui est le jugement, assimilé au choix des moyens. Le choix ne porte plus sur un bien ou sur un autre mais sur un moyen en vue d'une fin qui est le bien final[1]. Suivant l'*Éthique*, Thomas admet que ces moyens doivent être adaptés. Seuls des moyens justes permettent d'atteindre le bien final. Thomas lie l'acte de la volonté au jugement de la vertu de prudence qui définit ces moyens adaptés en vue d'une fin bonne[2]. Celle-ci parfait toutes les autres vertus et oriente l'agir vers le bien.

J'estime que Thomas accorde, dès les questions disputées *De Veritate*, la double liberté d'exercice et de spécification à la volonté[3]. Odon Lottin affirmait que cette théorie ne se trouvait théorisée que dans la *Question* 6 du *De Malo*[4]. Je pense qu'il n'en est rien ou, tout au moins, que les prémices de cette théorie se trouvent déjà dans le *De Veritate*. L'Aquinate affirme que la volonté est libre car elle possède la liberté de l'arbitre. Celui-ci est néces-saire à la volonté pour être cause de son mouvement. En effet, il est le principe intrinsèque du mouvement libre et il est la cause seconde de l'acte libre. Contrairement au vouloir, l'arbitre est libre de toute contrainte natu-relle. La liberté d'exercice caractérise l'action de l'arbitre puisque, sans cette liberté d'exercice, le choix serait impossible. Il est possible d'envi-sager l'existence d'une liberté d'exercice tout en niant l'existence de la liberté de spécification mais je ne crois pas que cela soit la théorie de Thomas, y compris dans le *De Veritate*. L'arbitre peut choisir un moyen ou un autre et la volonté peut ne pas vouloir ce moyen qui se présente à elle.

---

1. Thomas d'Aquin, *Quaestiones disputatae de ueritate*, *op. cit.*, q. 22, a. 15, resp.

2. *Cf.* D. M. Nelson, *Priority of Prudence: virtue and natural law in Thomas Aquinas and the implication for modern ethics*, University Park, Pennsylvania State University Press, 1992.

3. Thomas d'Aquin, *Quaestiones disputatae de ueritate*, *op. cit.*, q. 22, a. 6.

4. O. Lottin, « La date de la Question Disputée De Malo de Saint Thomas d'Aquin », *Revue d'Histoire ecclésiastique*, 24, 1928, p. 373-388; « Le libre arbitre chez saint Thomas d'Aquin », *Revue Thomiste*, 12, 1929; « Liberté humaine et motion divine de s. Thomas d'Aquin à la condamnation de 1277 », *Recherches de Théologie Ancienne et Médiévale*, 7, 1935, p. 52-69/p. 156-173; « La preuve de la liberté humaine chez S. Thomas d'Aquin », *Recherches de Théologie Ancienne et Médiévale*, 23, 1956; *Psychologie et Morale aux XIIᵉ et XIIIᵉ siècles*, I, Louvain, Abbaye du Mont-César-Gembloux, Duculot, 1942.

LA *SOMME CONTRE LES GENTILS* :
UNE LIBERTÉ D'*OPERATIO*

Ma troisième réflexion porte sur la structure étonnante et originale de la théorie de la liberté dans la *Somme contre les Gentils* (1265-1266)[1]. Dans le Livre I et surtout le Livre II, Thomas discute les théories qui déterminent les actes humains. Il pose le problème en termes physiques et méta-physiques : s'il s'insère dans une série de chaines causales, l'homme dispose-t-il de la capacité de rompre l'enchainement causal et d'agir librement ?

Thomas affirme que les êtres intellectuels se meuvent eux-mêmes. Suivant le *Mouvement des animaux* d'Aristote[2], il admet que tous les êtres sont dotés de cette capacité à s'auto-mouvoir et possèdent une forme de liberté d'action. Cette capacité à s'auto-mouvoir est la condition de l'agir libre : « Ceux qui ne sont pas la cause de leur agir ne sont pas libres de leur action »[3]. L'Aquinate reprend à son compte cette formule de la *Physique* : « est libre ce qui est cause pour soi »[4]. Il s'appuie sur la distinction faite dans la *Métaphysique* entre le mouvement (*kinesis*) et l'activité (*energeia*)[5]. Se mouvoir et agir librement sont deux actes distincts. Certes, l'un et l'autre impliquent de posséder en soi-même le principe de son action mais la nature de ce principe diffère. Pour l'animal, il s'agit du désir sensible du bien sensible. Ce désir est déterminé : il ne peut pas ne pas vouloir le bien présent. Pour l'homme, il s'agit du désir intellectuel de voir Dieu.

Influencé par l'*Éthique* X, marqué par l'enseignement d'Albert le Grand, Thomas fait du désir du bonheur ce qui meut l'homme à agir. L'homme n'est pas libre de décider de la fin ultime de son existence, du bonheur auquel il aspire par nature. Étant naturel, le désir du bien ne

1. Pour une version plus complète de ce paragraphe, J.-M. Goglin, « La liberté humaine dans la Somme contre les Gentils de Thomas d'Aquin : une liberté d'operatio », *Revue Thomiste*, 113/2, avril-juin 2013, p. 235-261.

2. Aristoteles Latinus, *De motu animalium*, dans M. C. Nussbaum, *Aristotle's De motu animalium. Text and translation*, Princeton, Princeton University Press, 1975, I, 698 b 6-7.

3. Thomas d'Aquin, *Summa contra Gentiles*, éd. Léonine, Rome, Liber II, c. 48, n°24873, trad. fr. C. Michon, Paris, Garnier-Flammarion, 1999, n°3, p. 204 : « Quod ergo non est sibi causa agendi, non est liberum in agendo ».

4. Aristoteles Latinus, *Physica*, *op. cit.*, Liber I, 982 b 26.

5. Aristoteles Latinus, *Metaphysica*, *op. cit.*, 1048 b 18-35.

peut rester vain[1]. Aussi est-il déterminé par le Bien final. Si Thomas accepte cette détermination au bien, il refuse toute nécessitation. Le bien ne nécessite pas l'action. L'être intellectuel dispose de la faculté à se mettre lui-même en action parce qu'il dispose de la maîtrise de ses actes par son intellect. L'intellect est de nature indéterminée car son appréhension porte sur tous les biens existants et pas seulement sur un seul. En effet, l'intellect appréhende naturellement les universaux et l'universel contient en puissance de nombreux particuliers[2]. Cette appréhension permet un jugement indéterminé. Thomas définit l'arbitre comme le jugement de l'intellect et non plus comme le jugement de la volonté. Cette indétermination permet à l'homme de se porter vers un bien ou vers un autre. De manière contradictoire, l'Aquinate admet implicitement la possibilité de la frustration de l'appétit et donc du désir. Selon lui, l'indétermination de l'intellect prouve l'indétermination de la volonté. Mais être indéterminé ne signifie pas être cause de son agir.

Dans la *Physique*, Aristote affirme que « tout ce qui est mû est mû par un autre »[3]. Thomas introduit une difficulté majeure : comment une chose peut-elle être à la fois en acte et en puissance par rapport à un autre acte ? Seuls les êtres qui possèdent eux-mêmes le principe de leur mouvement sont libres car ils possèdent la maîtrise de leurs actes. L'Aquinate conteste que l'homme n'exerce sur son agir qu'une causalité accidentelle. Le problème retenu est d'abord théologique : il s'agit du problème de la toute-puissance divine. Il est également physique et métaphysique : il s'agit du problème de la « prémotion » divine, même si Thomas ne cite pas ce terme. Le dominicain veut prouver que la toute-puissance divine n'ôte en rien à l'homme la causalité de son acte. Il pose le problème en termes d'*operatio* : la volonté peut-elle être la cause de son opération[4] ? Il vise explicitement Platon, bien qu'il n'en connaisse les théories que de manière indirecte, et les auteurs identifiés comme platoniciens : Avicenne[5], les

1. Thomas d'Aquin, *Summa contra Gentiles*, Liber II, c. 48, trad. fr. n°11, p. 131 : « Impossibile est naturale desiderium esse inane : natura enim nihil facit frustra ».

2. Thomas d'Aquin, *Summa contra Gentiles*, Liber II, c. 48, n°24875, trad. fr. n°5, p. 205 : « Intellectus autem est naturaliter universalium apprehensivus. Ad hoc igitur quod ex apprehensione intellectus sequatur motus aut quaecumque actio, oportet quod universalis intellectus conceptio applicetur ad particularia. Sed universale continet in potentia multa particularia ».

3. Aristoteles Latinus, *Physica, op. cit.*, Liber VI, 5, 236 a.

4. Thomas d'Aquin, *Summa contra Gentiles, op. cit.*, Liber II, c. 66-67-69.

5. Avicenna Latinus, *Liber de philosophia prima sive scientia divina*, éd. S. Van Riet, introduction doctrinale G. Verbeke, Louvain, Peeters-Leiden, Brill, tract. I-IV, 1977;

ash'arites[1] et Avicébron[2], connus soit directement soit par Maïmonide[3]. L'Aquinate leur reproche de retirer aux choses naturelles «leur action propre». Il vise, volontairement sans les distinguer, toutes les théories qui réduisent la liberté d'action de l'homme, qu'elles soient occasionnalistes ou réductionnistes.

Pour démontrer la liberté d'action de la volonté, Thomas utilise les notions d'essence, de puissance et d'opération trouvées dans le Pseudo-Denys. Dans le *Commentaire sur les Sentences* et le *De Veritate*, il s'efforçait de réserver le terme d'*actio* pour l'acte qui passe au dehors et le terme d'*operatio* pour celui qui demeure au-dedans. Dans la *Somme contre les Gentils*, plus précisément, l'Aquinate utilise le terme d'*operatio* dans le sens d'«exercice de la causalité efficiente». En revanche, il ne théorise pas la liberté humaine comme un absolu. Il fait de la volonté la cause instrumentale de son acte. Mais il accorde une particularité à cette cause instrumentale. Davantage que dans le *Commentaire sur les Sentences* et le *De Veritate*, il met en valeur la notion de coaction. Pour cela, il utilise deux propositions relevées dans le *Liber de Causis*: la première proposition subordonne la cause seconde à la cause première[4]; la quatrième récuse que la cause seconde puisse agir sans la cause première[5]. Thomas infléchit la théorie du *Liber de Causis*. Les causes de l'action sont totales et simultanées: Dieu cause totalement l'acte de la volonté mais la volonté cause également totalement son acte:

tract. V-X, 1980; M. Sebti, *Avicenne. L'âme humaine*, Paris, P.U.F., 2000, p. 8-50: «L'âme et le corps».

1. Al-Ash'ari, Kitab al-Luma', *The Theology of Ash'ari*, éd. R. J. McCarthy, Beyrouth, Impression catholique, 1953, chap. V, 82-121, p. 39, 18-19.

2. Avencebrolis, *Fons vitae*. Ex arabico in latinum translatus ab Iohanne Hispano et Dominico Gundissalino, ed. C. Baeumker, Münster, Aschendorff, 1995 [1892-1895], Tract. II, 9-10, p. 39-42; M. Verité, «S. Thomas d'Aquin lecteur du Liber Fontis Vitae d'Avicébron», *Revue des Sciences Philosophiques et Théologiques*, 86, 2002, p. 443-448; F. Brunner, *Platonisme et aristotélisme. La critique d'Ibn Gabirol par saint Thomas d'Aquin*, Louvain/Paris, Publications Universitaires de Louvain, 1965, p. 78-81.

3. Maïmonide, *Dux seu director dubitantium*, I, cap. 71 et 73-76, Bâle, 1520, trad. fr. S. Munk, *Le Guide des Égarés* [1886], Paris, Maisonneuve et Larose, 2003, p. 332-353 et p. 375-459; M. Fakhry, *Islamic Occasionalism and its Critique by Averroës and Aquinas*, London, Allen and Unwin, 1958, p. 25-32: «Maimonides and his account of Kalam».

4. P. Magnard, O. Boulnois, B. Pinchard, J.-L. Solère (éd.), *La Demeure de l'être. Autour d'un anonyme. Étude et traduction du* Liber de Causis, Paris, Vrin, 1990, chap. I, n° 1 p. 38: «Omnis causa primaria plus est influens super causatum suum quam causa universalis secunda».

5. *Liber de Causis*, op. cit., n°4, p. 38: «Cum ergo agit causa secunda quae sequitur causatum, non excusat ipsius actio a causa prima quae est supra ipsam».

> Il est en outre évident que le même effet n'est pas attribué à la cause natu-
> relle et au pouvoir divin comme s'il était produit en partie par Dieu et en
> partie par l'agent naturel ; mais il est produit tout entier par l'un et l'autre,
> selon un mode différent, tout comme le même effet est attribué tout entier à
> l'instrument, et tout entier aussi à l'agent principal [1].

Les termes employés lui permettent de distinguer avec précision la causalité divine et la causalité naturelle. Ainsi Thomas utilise-t-il la notion de
pouvoir en rapport avec la causalité divine et la simple notion de causalité
en rapport avec la causalité de l'agent humain. La cause instrumentale
n'agit que par et sous la motion de la cause principale dont elle transmet
l'efficience jusqu'à l'effet produit. L'Aquinate écarte la théorie d'une
causalité parallèle au profit d'une causalité subordonnée. S'appuyant sur
sa théorie de la discontinuité des étants, cherchant à s'éloigner de toute
théorie panthéiste, le dominicain assujettit la cause seconde à la cause
première. Mais la volonté n'est pas qu'un « moteur mû ». Certes, l'opération humaine est avant tout un effet de la causalité divine. Certes, la
volonté n'est que cause seconde de son agir mais elle est la cause par
laquelle l'effet, c'est-à-dire l'acte, se réalise. Elle est une puissance
opérative. Thomas fait de la notion de puissance, non pas une passivité,
mais la condition de l'activité. Le sens de cette notion est proche de celui de
synergie. La volonté possède sa propre force opérative qui, elle-même,
participe à la puissance opérative de la Cause première. Ainsi Thomas
définit-il l'acte libre comme une opération causée par l'homme lui-même.
L'acte humain est donc défini comme un effet produit par deux causes.
L'Aquinate propose ainsi une théorie de la causalité instrumentale innovante. À la théorie avicennienne de la causalité instrumentale dispositive, il
substitue celle de la causalité instrumentale perfective [2].

   Thomas n'a pas encore prouvé que l'homme agit librement. En effet,
si causer un acte revient à produire un effet, il semble que tout effet causé
dans la nature soit déterminé. En conséquence, pour être considéré comme
libre, l'homme doit pouvoir produire plusieurs effets. Thomas s'arrête sur
une difficulté nouvelle : celle de la conciliation entre providence divine et

---

1. Thomas d'Aquin, *Summa contra Gentiles*, Liber III, cap. 70, n°2466, trad. fr. n° 8,
p. 249-250 : « Patet etiam quod non sic idem effectus causae naturali et divinae virtuti attribuitur quasi partim a Deo, et partim a naturali agente fiat, sed totus ab utroque secundum
alium modum : sicut idem effectus totus attribuitur instrumento, et principali agenti etiam
totus ».

2. H.-D. Dondaine, « À propos d'Avicenne et de saint Thomas. De la causalité dispositive
à la causalité instrumentale », *Revue Thomiste*, 51, 1951, p. 441-453.

contingence des effets[1]. Il reconnaît que la volonté est libre en raison de sa nature. Il insère la volonté dans une chaîne causale. En cela Thomas rompt avec la définition traditionnelle d'Augustin pour qui la volonté est hors de la nature. Mais l'Aquinate nie que son action soit nécessitée. S'il reconnait le caractère émanatif de l'opération, il n'admet pas son caractère nécessaire. L'homme ne peut être une simple cause dispositive de son acte. Auquel cas il ne serait pas pleinement auteur de son acte et donc réellement libre. Thomas admet que la matière et la forme possèdent leur propre capacité d'action. Ainsi la créature a-t-elle le pouvoir de causer ses propres actes. Dans le *De Veritate*, l'Aquinate définissait la volonté comme une nature. Dans la *Somme contre les Gentils*, il prouve qu'elle est libre en raison même de sa nature. Il s'appuie sur la distinction faite entre «être contingent» et «être causé de manière contingente». La contingence existe en toute chose, y compris en l'homme. Thomas s'écarte de la tradition théologique qui, à la suite d'Augustin et d'Anselme de Cantorbéry, fait dépendre la contingence de l'acte volontaire. Il définit la nature de la volonté comme contingente. Il ne lie pas la contingence à une déficience mais à une perfection. Cette contingence comporte de l'indétermination. Cette indétermination n'est pas une condition de l'exercice de l'acte libre mais une qualité des êtres créés qui leur permet d'agir d'une façon ou d'une autre. L'action de la volonté n'est pas déterminée par une cause extérieure puisqu'elle possède le pouvoir causer des effets contingents : la volonté «n'a pas un pouvoir limité à un seul effet, mais a la puissance de produire tel effet ou un autre ; c'est pourquoi elle est contingente à l'égard de l'un et de l'autre»[2]. La réalisation de l'effet n'est qu'un «possible». L'acte de la volonté est donc contingent. Cet acte contingent se limite à se porter ou non vers tel bien particulier appréhendé par l'intellect. Thomas restreint la liberté d'action de la volonté par rapport à ses écrits antérieurs.

---

1. Thomas d'Aquin, *Summa contra Gentiles*, Liber III, cap. 71, n° 2469, trad. fr. n° 3, p. 251 : «Non est igitur ad divinam providentiam pertinens ut omnino malum a rebus prohibeat».

2. *Ibid.*, cap. 73, n° 2488, trad. fr. n° 2, p. 257 : «Quod autem voluntas sit causa contingens, ex ipsius perfectione provenit : quia non habet virtutem limitatam ad unum, sed habet in potestate producere hunc effectum vel illum».

LA SOMME DE THÉOLOGIE :
UNE LIBERTÉ DE VOULOIR ET DE CHOIX

Ma quatrième réflexion porte sur la complémentarité des deux premières parties de la *Somme de théologie*[1]. Dans la *Prima Pars* (1269-1272), Thomas présente l'homme en condition de liberté. Il renoue avec les grandes questions théologiques du *Commentaire sur les Sentences*. De nouveau, il pose le problème de la liberté de l'arbitre. Dans la *Prima Secundae Pars* (1271), il présente l'homme exerçant son acte libre. Il pose le problème du volontaire et de la liberté de choix. Il approfondit sa théorie à l'aide du traité *De l'âme* et de l'*Éthique à Nicomaque* dont il vient de réaliser deux commentaires littéraux. La volonté dispose-t-elle de la liberté de l'arbitre ? Veut-elle et choisit-elle librement ?

Thomas définit le libre arbitre comme la volonté qui opère des choix. L'identification de la volonté et de l'arbitre pose problème. L'un des termes désigne une puissance et l'autre désigne une action. Thomas propose une solution innovante. Il accorde de plus en plus d'importance à l'anthropologie aristotélicienne. Désormais, il lie trois sources : l'*Éthique* d'Aristote, la *Nature de l'homme* de Némésius d'Émèse et la *Foi orthodoxe* de Jean Damascène. De ces textes, tous traduits par Burgundio de Pise[2], Thomas retire une idée essentielle : la volonté se manifeste toujours par un acte tant dans l'acte volontaire qu'involontaire.

Thomas reprend deux notions : celle de *thelèsis* et celle de *boulèsis*. La difficulté est de proposer une solution qui ne fasse pas de l'acte de l'arbitre un mouvement spontané. Il identifie la *thelèsis* à la volonté et la *boulèsis* au libre arbitre[3]. L'acte de vouloir et le choix relèvent de la volonté. L'Aquinate transforme le sens aristotélicien de la *boulèsis* puisque cette notion se distingue du choix sur trois points : elle peut porter sur l'impossible ; elle peut porter sur ce qui est accompli par d'autres ; elle porte sur la fin et non sur les moyens. Mais Thomas peut définir le choix comme l'acte de vouloir une chose en vue d'en obtenir une autre. Il montre que la volonté agit de manière volontaire. Pour Augustin, le mouvement de la volonté est, par définition, volontaire. Définir la volonté comme une

1. Voir J.-M. Goglin, « Thomas d'Aquin et la faiblesse de la volonté », *Bulletin théologique du C.T.U. de Rouen*, septembre 2014, p. 7-10.

2. F. Bossier, « L'élaboration du vocabulaire philosophique chez Burgundio de Pise », dans J. Hamesse (éd.), *Aux origines du lexique philosophique européen. L'influence de la Latinitas*, Louvain-la-Neuve, Brepols, 1997, p. 81-116.

3. Sur ces notions, M. Gigante, « Thelesis e boulesis in S. Tommaso », *Aquinas,* 36, 1979, p. 265-273.

nature remet en cause cette évidence. Aristote enseigne dans l'*Éthique* que certains actes volontaires ne sont pas causés par la volonté. C'est le cas des actes réalisés par les animaux[1]. De l'*Éthique*, Thomas retient que l'acte, pour être libre, doit être de plein gré et, en conséquence, qu'il doit être causé par un principe intrinsèque. L'action spécifiquement humaine ne peut être causée ni par le désir ni par la connaissance. Sinon, elle ne différerait pas de l'action de l'animal. Elle résulte d'une faculté que l'homme possède en propre : la volonté.

Thomas distingue les actes réalisés « sans gré », à « contre gré » et « de plein gré »[2]. L'acte « sans gré » résulte d'un principe organique. Il ne dépend pas de la volonté. L'acte réalisé à « contre gré » est causé par le désir ou l'imagination. Seul l'acte « de plein gré » est causé par la volonté. L'Aquinate insiste sur l'importance de l'intention dont il fait le propre de l'homme[3]. Agir avec intention consiste à connaître sa fin et à choisir des moyens adaptés en vue d'atteindre cette fin. La volonté agit alors volontairement et fermement[4]. Thomas nie que l'intention nécessite le choix. Avoir l'intention de la fin et des moyens n'est ni décider ni choisir. Les actes de plein gré ne sont pas tous délibérés. Seuls les actes délibérés sont choisis et véritablement libres.

Thomas affirme que la volonté s'auto-détermine à vouloir ou ne pas vouloir. Utilisant un passage de la *Physique*[5], il apporte une précision essentielle : « la volonté possède en permanence une partie d'elle-même en acte ». L'Aquinate écarte la théorie selon laquelle la volonté serait une puissance passive. La volonté est à la fois active et passive. En tant qu'appétit, la volonté est en puissance vis-à-vis du bien conçu comme cause finale. Mais en tant que volonté, elle s'auto-détermine à vouloir les moyens. La fin est première dans l'ordre de l'intention mais elle est dernière dans l'ordre de l'exécution. La volonté est donc première dans l'ordre de l'exécution. Si cette précision apporte une solution, elle introduit également une nouvelle difficulté : comment ses actes s'articulent-ils ? Je ne pense pas, à la suite de Servais Pinckaers, que Thomas envisage que les actes se suivent de manière chronologique mais plutôt que les actes sont

---

1. M. C. Nussbaum, « Self Motion in VIII Physics », dans A. Laks et M. Rashed (éd.), *Aristote et le mouvement des animaux. Dix études sur le* De motu animalium, Lille, Presses Universitaires du Septentrion, 2004, p. 69-79.

2. Thomas d'Aquin, *Summa theologiae*, Ia-IIae, q. 1-3, éd. Léonine, Rome, 1891.

3. *Ibid.*, q. 12.

4. Sur ce point, É. Durand, « L'intentionnalité de la volonté », dans T.-D. Humbrecht (éd.), *Saint Thomas d'Aquin*, Paris, Cerf, 2010, p. 215-235.

5. Aristoteles Latinus, *Physica, op. cit.*, Liber VIII, 5, 257 b 28-258 a 29.

simultanés[1]. L'Aquinate accorde à la volonté de commander la réalisation des actes qu'elle veut. La volonté est la puissance qui « autorise » le mouvement de l'appétit sensible qui « attend son commandement »[2]. Elle est la puissance qui meut les autres puissances. Elle ordonne les actes de plein gré. L'acte de vouloir la fin est premier. L'acte d'ordonner les moyens pour obtenir cette fin est second. La volonté est « le premier moteur de l'exercice de l'acte », avant la raison[3]. L'action de la volonté rend l'homme maître de ses actions. Or seules les actions dont il est maître sont spécifiquement humaines[4]. Thomas présente la volonté comme ce qui constitue l'acte propre de l'homme[5].

Thomas fait du bien la fin connaturelle de la volonté. Il définit ce qui est connaturel comme ce qui convient à la nature. Cette connaturalité implique une disposition et une habilitation à cette fin particulière par des vertus proportionnées. Elle n'est pas seulement le fait de la nature de l'être incliné vers sa fin. Le préfixe « co » marque une relation. Thomas définit le Bien comme ce qui convient à la volonté et la parfait. La volonté aime le Bien d'un amour naturel et s'unit à lui. La liberté de la volonté n'est pas une liberté d'indifférence : la volonté est orientée vers le bien. La liberté s'accomplit dans la *fruitio*.

La caractérisant comme naturellement attirée par le bien, Thomas accorde à la volonté de fuir le mal. Contrairement à ce qu'il dit dans le *Commentaire sur les Sentences*, il ne la définit plus comme indifférente. Il écarte une théorie qui laisserait supposer une forme de passivité de la volonté vis-à-vis du mal. Il rejoint la notion de « voluntas aversionis » utilisée par Augustin et Grégoire le Grand, sans pour autant utiliser ce terme. Or il admet que le mal peut spécifier la volonté. C'est le cas si l'intellect a identifié, par erreur, l'objet comme un bien. Le bien est alors la cause indirecte du mal[6]. L'intellect est cause du mal car déficient. Thomas définit le mal rétroactivement, comme le résultat d'un acte manqué. L'effet mauvais produit est « hors d'intention » (*praeter intentionem*). Cela pourrait signifier que Thomas déresponsabilise l'homme de certains de ses actes. Se tromper, notamment sur les effets de l'acte commis, n'est pas pécher.

---

1. *Cf.* S. Pinckaers, « La structure de l'acte humain suivant S. Thomas », *Revue Thomiste*, 55, 1955, p. 393-412.
2. Thomas d'Aquin, *Summa theologiae, op. cit.*, Ia, q. 81, a. 3.
3. *Ibid.*, Ia-IIae, q. 17, a. 1.
4. *Ibid.*, q. 1, a. 1.
5. *Ibid.*, Ia, q. 48, a. 6, concl.
6. *Cf.* L. Sentis, *Saint Thomas d'Aquin et le Mal*, Paris, Beauchesne, 1992, p. 163-171 : « Comment le mal est-il causé par le bien ».

Le péché est une action réalisée en connaissance de cause. Or Thomas ne nie pas la responsabilité humaine. Il introduit la notion de *noluntas* (non volonté). Celle-ci porte sur le mal. L'Aquinate modifie ainsi la théorie aristotélicienne de l'appétit. Il admet qu'il existe dans la volonté un manque qui influence son agir et peut l'empêcher d'atteindre sa fin vers laquelle elle est pourtant naturellement inclinée.

Mais, cherchant à concilier les théories d'Aristote et d'Augustin, Thomas admet que la volonté est inclinée au mal. L'ignorance[1], la passion et la malice[2] peuvent causer des actes désordonnés[3]. Il adapte le problème aristotélicien de l'*akrasia*, connu depuis la complète traduction de l'*Éthique*, réalisée en 1247[4]. L'Aquinate admet que la privation totale du jugement exonère du péché. Le fou ne contrôle pas ses actes et n'en est pas responsable[5]. L'irrationalité des actes empêche toute responsabilité des actes. En revanche, l'ignorance volontaire est cause du péché. Cette ignorance n'est pas la cause directe du péché mais une cause indirecte : elle fausse le choix car elle fausse la majeure du syllogisme pratique qui aurait dû aboutir au choix du bien. Thomas souligne que l'ignorance n'est jamais totale. Aussi cette ignorance est-elle voulue. La volonté choisit l'ignorance pour pouvoir pécher librement et s'exempter de la faute. Le péché par ignorance n'est donc pas un péché par faiblesse.

Alors qu'Aristote lie le problème de l'*akrasia* à la raison et à la connaissance, Thomas le rattache à la volonté. Il restreint le péché causé par faiblesse au seul acte causé par la passion. Il lie le problème du péché à celui aristotélicien de l'incontinence. Suivant le Livre VII de l'*Éthique*[6], l'Aquinate retient deux formes d'incontinence. La première forme est une forme impétueuse, lorsque la volonté cède par passion avant la

1. Thomas d'Aquin, *Summa theologiae, op. cit.*, Ia-IIae, q. 76, a. 1.

2. *Ibid.*, q. 78, a. 1.

3. *Cf.* N. Kretzmann, « Warring against the Law of my Mind: Aquinas on Romans 7 », dans T. V. Morris (ed.), *Philosophy and the Christian Faith*, Notre Dame (Ind.), Notre Dame University Press, 1988, p. 172-195.

4. Aristote, *Éthique à Nicomaque*, VII. Même lorsque Paul de Tarse admet ne pouvoir faire le bien qu'il veut, il ne s'intéresse pas au lien existant entre le jugement et la volition mais plutôt au lien existant entre la volition et l'action. Paul de Tarse, *Épître aux Romains*, 7, 15-20.

5. Thomas d'Aquin, *Quaestiones disputatae de ueritate, op. cit.*, q. 22, a. 9, ad. 6 ; *ibid.*, Ia-IIae, q. 76, a.3, sol. 3 ; *De Malo*, q. 3, a. 10.

6. Aristoteles Latinus, *Ethica Nicomachea*, libri IV-VII ; VIII.5 (6) –X (« recensio pura »), Robertus Grosseteste translator uel reuisor translationis Aristotelis, « Aristoteles Latinus » XXVI.1-3, fasc. tertius, ed. R.A. Gauthier, 1972, p. 202-270, VII, 3 ; A. W. Price, « Acrasia and Self-control », dans R. Kraut (ed.), *The Blackwell Guide to Aristotle's Nicomachean Ethics*, Oxford, Blackwell Publising, p. 234-254.

délibération. Les passions peuvent être si fortes qu'elles peuvent conduire à des actes irrationnels. Mais ces passions ne sont jamais suffisamment fortes pour empêcher l'action volontaire[1]. La deuxième forme est une forme de faiblesse, lorsque la volonté ne commande pas l'acte en fonction de la délibération. Thomas qualifie alors le choix de «négligent»[2]. Dans ce cas, la raison de l'incontinent est aussi droite que celle du continent. En l'absence de passion, l'incontinent ne suit pas plus que le continent les désirs illicites. Autrement dit, il a la connaissance du bien et du mal et reconnait quel objet est bon et lequel est mauvais. L'incontinent a des principes moraux justes mais n'a pas la volonté suffisamment forte pour agir selon ces principes[3]. Thomas admet que la volonté possède une «faiblesse». En effet, elle peut être entravée dans son activité et ne plus agir de manière ordonnée. Mais si elle ne semble plus exercer de choix, la volonté continue néanmoins de posséder la liberté de l'arbitre. Cette liberté est inamissible.

Thomas affirme que la résistance de la volonté est possible. Certes elle ne peut pas éviter tous les actes incontinents sans l'aide de la grâce mais la volonté dispose de la force de pouvoir agir naturellement avec perfection si elle le veut. Pour Thomas, l'*akrasia* ne correspond pas à une perte de contrôle totale ou partielle de ses actes qui deviendraient irrationnels mais à une forme de vouloir. La volonté veut ne pas faire ce qu'elle juge pourtant devoir faire. Le choix du mal est un péché contre Dieu mais c'est aussi une action contre la volonté elle-même.

Tributaire d'Aristote sur ce point, Thomas lie ce problème à la vertu de tempérance. Il définit la tempérance comme la vertu morale par laquelle les désirs de l'appétit sensible sont rendus conformes à ce que l'intellect estime convenable pour l'homme[4]. La tempérance est une vertu. L'intempérance est un vice. Thomas définit la volonté de l'intempérant comme une volonté inclinée au péché par son choix propre (*ex propria electione*) et il définit la volonté de l'incontinent comme une volonté inclinée par la passion (*ex passione*). Thomas précise que l'ignorance de l'intempérant est plus grande que celle de l'incontinent: l'intempérant ignore la fin à

---

1. Thomas d'Aquin, *Summa theologiae*, Ia-IIae, q. 77, a. 7, resp.

2. *Ibid.*, q. 156, a. 2, ad. 2 : « Ad secundum dicendum quod in eo qui est incontinens vincitur iudicium rationis, non quidem ex necessitate, quod auferret rationem peccati, sed ex negligentia quadam hominis non firmiter intendentis ad resistendum passioni per iudicium rationis quod habet ».

3. Aristoteles Latinus, *Ethica Nicomachea*, libri IV-VII;VIII.5 (6) –X, *op. cit.*, p. 202-270, VII, 10, 1152 a 6-9.

4. Thomas d'Aquin, *Summa theologiae*, *op. cit.*, II-IIae, q. 141, a. 2-4.

poursuivre alors que l'incontinent se trompe sur la nature du bien qu'il appréhende. L'homme peut vaincre l'incontinence mais à cause de la marque du péché, il ne peut atteindre la tempérance parfaite. La grâce est nécessaire. Elle seule perfectionne l'essence de l'âme comme *habitus* infus.

## LA QUESTION 6 DU *DE MALO* :
### UNE LIBERTÉ DE VOULOIR OU DE NE PAS VOULOIR

Ma cinquième réflexion porte sur la centralité de la question 6 du *De Malo* (v. 1270) dans l'articulation de la pensée thomasienne. Thomas rédige cette question un peu avant ou un peu après la condamnation du 10 décembre 1270[1]. Il répond à deux théories mentionnées dans la condamnation de 1270 : thèse 3 : « La volonté humaine veut et choisit nécessairement »[2] ; thèse 9 : « Le libre arbitre est une puissance passive et non active ; et qui nécessairement est mû par l'appétible »[3]. L'Aquinate centre sa réflexion sur la notion d'*electio*, citée dès le titre : l'homme dispose-t-il, en toute circonstance, de la liberté de choix ?

Thomas cherche à approfondir une notion due à l'*Éthique*[4] et à justifier sa propre théorie de la liberté de choix face aux attaques de Gauthier de Bruges et de Gérard d'Abbeville qui lui reprochent de faire de la volonté une puissance passive[5]. Le texte de la *Somme de théologie* est clairement visé[6]. Aussi Thomas retient-il en objection sa propre théorie et centre sa réflexion sur la possession par l'homme d'un principe intrinsèque de l'agir libre.

1. Pour une présentation du contexte, O. Boulnois, « La crise intellectuelle des années 1270. Bonaventure et Thomas d'Aquin », dans O. Boulnois (éd.), *Philosophie et théologie au Moyen Âge. Anthologie*, t. II, Paris, Cerf, 2009, p. 277-281.

2. *Chartularium Universitatis Parisiensis*, éd. H. Denifle et É. L. M. Chatelain, Paris, Université de Paris, 1889, I, n° 432, propositio 3, p. 486 : « Voluntas hominis ex necessitate vult vel eligit ».

3. *Chartularium Universitatis Parisiensis*, *op. cit.*, I, n° 432, propositio 9, p. 487 : « Liberum arbitrium est potentia passiva, non activa;et quod necessitate movetur ab appetibili ».

4. Thomas d'Aquin, *Scriptum super Sententiis*, *op. cit.*, II, d. 25, a. 2 ; *Quaestiones disputatae de ueritate*, *op. cit.*, q. 22, a. 5-6.

5. Gauthier de Bruges, *Quaestiones Disputatae*, éd. É. Longpré, Louvain, Éditions de l'Institut Supérieur de Philosophie, 1928, q. 4, p. 34-47 : « Quaeritur utrum voluntas necessitetur ab appetibili suo, hoc est utrum voluntas id quod vult de necessitate velit » ; Gérard d'Abbeville « Le quodlibet 14 de Gérard d'Abbeville », éd. P. Legrand, *Archives d'Histoire Doctrinale et Littéraire du Moyen Âge*, 31, 1964, q. 2, p. 243-244.

6. Thomas d'Aquin, *Summa theologiae*, *op. cit.*, Ia, q. 82, a. 1.

Thomas affirme que la thèse déterministe est non seulement hérétique mais qu'elle détruit la philosophie morale toute entière[1]. Il définit l'intellect et la volonté comme des puissances universelles. La volonté, principe actif des actes humains, est rapportée au bien absolu et non pas à un bien en particulier. Plus précisément que dans la question 22 du *De Veritate*, l'Aquinate distingue l'accomplissement de l'acte par le sujet de la détermination de l'acte par l'objet. Poussant toute puissance à agir, la volonté meut également l'intellect à connaître le bien.

Thomas bénéficie de sa réflexion menée à l'occasion du commentaire du *De anima* d'Aristote. S'il admet toujours que la volonté est un moteur mû, il a, de manière nouvelle, précisé que « tout ce qui désire en tant qu'il désire est mû »[2]. Il défend la simultanéité de l'acte du désir et de la motion par l'objet voulu. Aussi accorde-t-il à la volonté d'être dotée d'un auto-mouvement, sans pour autant en faire une puissance de l'âme « active », selon l'expression d'Odon Lottin, ou « radicalement active », selon l'expression d'Henri Manteau-Bonamy[3]. L'Aquinate propose une nou-veauté essentielle : la volonté initie l'acte de vouloir et cause un effet qui lui est propre. La volonté se meut spontanément à vouloir. Cet acte précède la délibération intérieure. Thomas doit cette théorie au *Liber de Bona fortuna*[4]. Il dote la volonté d'un principe meilleur que la raison : Dieu. Celui-ci est l'objet voulu qui meut la volonté en l'intime d'elle-même. L'auto-mouvement de la volonté n'est pas un mouvement causé dans sa totalité par la volonté. Mais la volonté, jusque-là définie comme une cause instrumentale de son agir, devient la cause efficiente de son acte.

Conscient de l'impasse doctrinale de la théorie aristotélicienne de l'appétit, Thomas accorde à cette notion une dimension spirituelle qu'il trouve dans le Pseudo-Denys. Celui-ci propose une doctrine selon laquelle l'amour est un principe d'union et de perfection. Aussi l'Aquinate fonde-t-il l'action de la volonté sur l'amour du Bien. Il utilise cette notion depuis le

---

1. Thomas d'Aquin, *Quaestiones disputatae De Malo*, éd. Léonine, Paris/Rome, 1992, q. 6, resp.

2. Thomas d'Aquin, *Sentencia Libri de anima*, éd. Léonine, Paris/Rome, 1984, III, cap. 9, 433 b 13-433 b 20.

3. H.-M. Manteau-Bonamy, « La liberté de l'homme selon Thomas d'Aquin. La datation de la Question Disputée De Malo », *Archives d'Histoire Doctrinale et Littéraire du Moyen Âge*, 46, 1979, p. 7-34.

4. Le *Liber de Bona fortuna* correspond à un extrait du chap. II du Livre VIII de l'*Éthique à Eudème*. T. Deman, « Le *Liber de Bona fortuna* dans la théologie de s. Thomas d'Aquin », *Revue des Sciences Philosophiques et Théologiques*, 17, 1928, p. 39 : « Toutes les citations de saint Thomas [...] sont circonscrites entre les lignes 12 et 27 (1248 a 17-32) ».

*Commentaire sur les Sentences* mais lui accorde une importance accrue depuis son *Commentaire sur les Noms divins*[1]. Il définit l'amour comme la première détermination de l'appétit par rapport au bien. Tout être se définit par l'amour de son bien propre. Concernant l'homme, cet amour porte sur le Bien final. Thomas ne définit pas cet amour naturel comme un simple *habitus* mais comme une inclination et une impulsion que possède la volonté en tant que nature. Cet amour naturel est le principe causal interne qui meut la volonté. Thomas écarte ainsi toute forme de nécessitation, notamment physique. Il écarte les notions de puissance et d'acte. Suivant le Pseudo-Denys, il fait de cet amour un principe participé d'union et de perfection. Dans son *Commentaire sur les Noms divins*, il introduit la notion d'adaptation (*coaptatio*). Cette notion permet de définir la relation d'amour en tant qu'altération dispositive[2]. Elle souligne l'actuation progressive de la volonté par le Bien et sa transformation, elle-aussi progressive, par l'union amoureuse. Plus l'homme aime Dieu, moins son appétit est un appétit. Thomas n'oppose pas amour naturel et amour de charité[3]. Il s'appuie sur une définition univoque de l'amour. Il fait de l'amour la racine du vouloir et du choix. Seul l'amour permet le retour et l'union à la Cause finale.

### LE COMMENTAIRE DU NOTRE PÈRE :
### LA LIBERTÉ DE VOULOIR NE PLUS VOULOIR

Thomas pose que la volonté parfaite veut et choisit en un même mouvement. Dans son *Commentaire sur le Notre Père*, il s'interroge sur le verset « que Votre Volonté soit faite sur la terre comme au Ciel »[4]. Il pose que la volonté divine devient à la fois la majeure et la mineure du syllogisme pratique. La volonté doit choisir ne plus vouloir vouloir son propre vouloir. En ce cas, la volonté possède une capacité d'auto-résiliation.

---

1. Thomas d'Aquin, *Super librum Dionysii De divinis nominibus*, édition de Parme, Parme, t. 15, 1950, IV, 1, 9, n°84852 ; C. J. Malloy, « Thomas and the Order of Love and Desire : A Development of Doctrine », *The Thomist*, 71, 2007, p. 65-87.
2. Aristote parle d'altération-alloiôsis, changement qualitatif, *cf.* Aristote, *Catégories*, 15 a 13-15 b 16.
3. *Cf.* M. S. Sherwin, *By Knowledge and by Love: Charity and Knowledge in the Moral Theology of St Thomas Aquinas*, Washington DC, Catholic University of America Press, 2005.
4. Thomas d'Aquin, *Collationes in orationem dominicam*, édition de Parme, Parme, t. 16, p. 123-151.

Vouloir revient à vouloir ce que Dieu veut que la volonté veuille. Cela implique que la volonté choisisse de renoncer à vouloir un bien moindre pour ne vouloir vouloir que le salut éternel. La volonté doit porter sur le bien le meilleur et le choisir. Vouloir le vouloir divin revient à vouloir dans le même mouvement à la fois le salut et les moyens d'atteindre le salut. L'acte du choix n'est plus distinct de celui de vouloir. L'unification de ces deux actes révèle l'unité de l'action humaine. C'est alors que l'acte de la volonté est parfaitement libre et que la volonté parvient à sa perfection. Le vertueux délibère, veut et choisit quasi-infailliblement dans un même acte. En cela, il se rapproche de l'exemplarisme christique.

En conclusion :

Thomas défend une théorie positive de la liberté de la volonté dès son *Commentaire sur les Sentences*. Il la définit comme une liberté de choix. Dans l'ensemble de ses œuvres, il propose une théorie qui tient compte à la fois du désir du bien, de la liberté de choix et de la marque du péché en tout homme. Il définit la volonté comme un appétit qui désire naturellement le bien. Si l'Aquinate accepte une détermination, il rejette toute nécessitation. Il n'a de cesse d'approfondir et de modifier sa théorie de la liberté de la volonté. Il distingue de plus en plus précisément l'accomplissement de l'acte de son contenu objectif. Du point de vue de l'accomplissement de l'acte, la volonté se meut elle-même non seulement à vouloir un bien mais à vouloir. Elle se meut spontanément à vouloir dans un premier acte de la volonté qui précède même la délibération intérieure. Du point de vue du contenu de l'acte, la volonté n'est pas déterminée puisqu'elle peut vouloir ou non le bien appréhendé. Dans la question 6 du *De Malo*, Thomas affirme que la volonté peut ne pas vouloir Dieu lui-même.

Thomas défend une théorie de plus en plus précise de la liberté de la volonté. Dans le *Commentaire sur les Sentences*, il prouve que la volonté dispose du pouvoir inamissible de choisir. Dans le *De Veritate*, il montre que la volonté veut de manière naturelle, spontanée et libre de toute contrainte et nécessité et qu'elle choisit en déterminant son objet. Dans la *Somme contre les Gentils*, il montre que la volonté est la cause instrumentale de son acte. Dans la *Somme de théologie*, il accorde à la volonté de s'autodéterminer à vouloir. Dans la question 6 du *De Malo*, il accorde à la volonté d'initier l'acte de vouloir et de coopérer avec Dieu à la création de son acte. Dans son *Commentaire du Notre Père*, il affirme que la volonté possède la capacité d'auto-résilier de son propre vouloir et que la perfection réside dans l'unification des actes de vouloir et de choisir afin de vouloir ce que Dieu veut qu'elle veuille.

Thomas doit l'évolution de sa théorie de la liberté de la volonté à sa connaissance de plus en plus précise des œuvres d'Aristote mais aussi de la tradition patristique grecque par l'intermédiaire du Pseudo-Denys, de Némésius et de Jean Damascène.

Jean-Marc GOGLIN
École Pratique des Hautes Études

# INDIFFÉRENCE, INDÉTERMINATION, INFINITÉ.
## LA MÉTAPHYSIQUE ET LA LIBERTÉ DE LA VOLONTÉ CHEZ HENRI DE GAND ET DUNS SCOT

Comment penser la liberté humaine ? Sans doute plusieurs tentatives eurent-elles lieu, tout au long du Moyen Age. Augustin privilégia une approche physique ou cosmologique de la volonté humaine (celle-ci est présentée comme un mouvement de l'âme), quand, quelques siècles plus tard, Jean Scot Erigène chercha dans les ressources de la logique un outillage conceptuel à même d'en rendre compte[1]. Olivier Boulnois a montré comment Duns Scot élaborait sa métaphysique en la libérant de la tutelle de la cosmologie[2]. Or, cette libération à l'égard du cosmologique n'est pas sans répercussion sur l'éthique, et donc aussi sans doute sur la façon de penser la liberté de la volonté.

Une certaine conceptualité héritée de la métaphysique ne peut-elle en effet être convoquée pour rendre compte de la liberté des actions humaines ? À cet égard le couple de la puissance et de l'acte n'offre-t-il pas un terreau conceptuel privilégié pour rendre compte de la réalisation, ou non, de certaines potentialités ? Certainement, se trouve ici en jeu l'interprétation de l'*energeia* en termes d'acte, *operatio* ou *actus* en latin. Une collusion conceptuelle de la problématique, métaphysique, de l'*energeia*, et de l'interrogation, éthique, sur la *praxis*, a ainsi traversé le Moyen Age, et a trouvé son acmé au moment où l'ensemble de l'œuvre d'Aristote fut

---

1. Voir mon article «Liberté de l'homme et sagesse du monde. Augustin, Érigène et Guillaume d'Auvergne», dans *L'avenir du passé. Autour de la pensée de Rémi Brague*, Budapest, Publications de l'Institut français, 2013, p. 69-91.

2. Voir «Au-delà de la physique ?», dans O. Boulnois *et al.* (éd.), *Duns Scot à Paris*, Turnoult, Brepols, 2004, p. 219-254.

reçue, à savoir plus particulièrement au XIIIᵉ siècle quand la conceptualité aristotélicienne a investi le travail philosophique[1].

Or, le recours à l'outillage de la métaphysique ne fut sans doute pas sans poser de problèmes aux auteurs médiévaux. Un travail sur les concepts de la métaphysique aristotélicienne, qui ne pouvaient rester indemnes, s'imposait ainsi assurément. On le sait, le XIIIᵉ siècle est le siècle où naît l'idée d'une liberté d'indifférence. L'appel au concept d'indifférence se redouble alors d'une réflexion sur l'indétermination. Il fallut donc donner à l'indéterminé, ou à l'indéfini, une acception nouvelle, pour penser l'indétermination comme ouverture des possibles, plutôt que comme défaut, ou défaillance[2].

Rappelons que la reconnaissance de l'indétermination constitue un réquisit pour les auteurs de la fin du XIIIᵉ siècle. Au nombre des articles condamnés en 1277, se trouvent les deux affirmations suivantes : « Quod nullum agens est ad utrumlibet, immo determinatur »[3] ; « Quod voluntas secundum se est indeterminata ad opposita, sicut materia ; determinatur autem ab appetibili, sicut materia ab agente »[4]. Ainsi donc, la reconnaissance de la libre volonté impose de reconnaître l'indétermination, et conjointement de distinguer cette indétermination de celle de la matière. À cet égard, l'on peut mentionner Pierre de Falco. Celui-ci cherche à démarquer l'indétermination de la volonté de toute forme de passivité, et ainsi à marquer sa perfection :

---

1. Je me permets de renvoyer à mon ouvrage *La liberté en actes. Éthique et métaphysique d'Alexandre d'Aphrodise à Jean Duns Scot*, Paris, Vrin, 2015.

2. Voir déjà Richard Rufus de Cornouailles, *Memoriale in Metaphysicam Aristotelis*, IX, q. 1 : « Ad ultimum [3] dicendum quod non semper est propter ignobilitatem quod potentia sit contrariorum, sed aliquando est propter nobilitatem, quia in potentia materiali est propter ignobilitatem, quoniam propter indeterminationem ; in potentia vero immateriali est propter nobilitatem » (transcription Rega Wood et Neil Lewis, The Richard Rufus of Cornwall Project, http://rrp. standford.edu/MMet.shtml).

3. Art. nᵒ 160 (101), dans D. Piché (éd.), *La condamnation parisienne de 1277*, Paris, Vrin, 1999, p. 128 ; voir R. Hissette, *Enquête sur les 219 articles condamnés à Paris le 7 mars 1277*, Paris/Louvain, Vander-Oyez/Publications Universitaires, 1977, p. 171.

4. Art. nᵒ135 (143), dans *La condamnation parisienne de 1277, op. cit.*, p. 120. Voir Averroès, *Commentaria in libros Physicorum*, II, comm. 48, *Aristotelis Opera cum Averrois Commentariis*, Venise, Apud Junctas, 1562 (reprint : Francfort sur le Main, Minerva, 1962), t. IV, f. 66v-67r.

Ad illud : voluntas est indeterminata ; ergo est potentia passiva ; ergo de se non est libera ; respondeo : voluntas est indifferens ad multa non ex imperfectione et privatione, sicut materia, immo ex perfectione[1].

En ce sens donc, il convient de ne pas voir dans l'indétermination, ou indifférence de la volonté, une quelconque imperfection, mais au contraire la marque de sa perfection.

La voie est ainsi ouverte : l'indifférence de la volonté est irréductible à l'indétermination de la matière. On cherchera donc à distinguer une indétermination, qui est défaut ou imperfection, l'indétermination de la matière, d'une autre indétermination, qui est perfection, celle de la volonté.

Or, si la liberté de la volonté est indifférence, comme aiment à le rappeler les franciscains, si elle découvre donc, en la créature, une indétermination qui doit ainsi être comprise positivement, ne faut-il pas également voir dans la volonté une forme d'infinité ?

Indifférence, indétermination, infinité : ces trois termes semblent devoir aller ensemble. L'indifférence de la volonté, retravaillée à partir du concept d'indétermination, ne fait-elle pas surgir l'infinité, amenant ainsi à penser à nouveaux frais le rapport de la créature, finie, à son Créateur, infini ? À cet égard, il est effectivement à constater que l'on rencontre, chez les auteurs franciscains, promoteurs de l'indifférence de la volonté, une attention renouvelée à l'infini, appliqué à Dieu, mais aussi et plus radicalement une reconnaissance, au cœur de la volonté humaine, d'une forme d'infinité, par laquelle la créature ressemble, en quelque manière, à son Créateur. Nous pouvons à cet égard simplement ici citer Olivi (Pierre de Jean Olieu) : « [...] quodam intimo sensu sentimus cor nostrum quasi in infinitum excedere omnem alium modum existendi »[2]. Nous avons ainsi le sentiment intime que nous dépassons tout autre mode d'existence.

Notre question se précise dès lors : au travers de la volonté, indifférente ou indéterminée, est-ce l'infini qui s'immisce au cœur du fini ? Cette question se retrouvera assurément chez Descartes[3], qui finalement ne

---

1. *Quaestiones disputatae ordinariae*, q. 15, ad 4, éd. A.-J Gondras, Paris/Louvain, Nauwelaerts, 1968, 3 t., t. II, p. 551. Voir O. Boulnois, *« Libertas indifferentiae*. Figures de la liberté d'indifférence au Moyen Âge »*, dans I. Atucha *et al* (éd.), *Mots médiévaux*, Turnhout, Brepols, 2011, p. 357-370.

2. *Quaestiones in IIum librum Sententiarum*, q. 57, éd. B. Jansen, Grottaferrata, Quarrachi, 1922-1926, 3 vol., t. II, p. 334.

3. Voir notamment la *Lettre à Mersenne du 25 décembre 1639*, dans *Œuvres*, éd. C. Adam et P. Tannery, Paris, Vrin, 1996, 11 t., t. II, p. 628, l. 3-9 : « Le désir que chacun a d'avoir toutes les perfections qu'il peut concevoir, et par conséquent toutes celles que nous croyons être en Dieu, vient de ce que Dieu nous a donné une volonté qui n'a point de bornes.

manque pas de nuancer l'affirmation de l'infinité de la volonté humaine par l'ajout d'un *quasi*[1]. On va le voir, rendre compte d'un sens positif de l'indétermination à même de rendre compte de l'indifférence de la volonté libre, n'a pas pour nécessaire corollaire l'affirmation d'une infinité de la volonté humaine[2].

Nous envisagerons à cet égard le travail sur la conceptualité aristotélicienne effectué, au tournant des XIIIe et XIVe siècles, par Henri de Gand et Duns Scot.

### HENRI DE GAND :
### L'INDÉTERMINATION DANS LA CRÉATURE ET L'INFINITÉ DIVINE

On sait comment la position d'Henri de Gand sur la volonté (en tant qu'est déniée toute causalité à l'objet) pourra apparaître à Duns Scot comme une position extrême. Or, promoteur de la volonté, Henri de Gand n'a pas manqué d'être aussi un promoteur de l'infinité divine, à laquelle il a, l'un des premiers, donné une acception positive. Pourtant, nous allons le voir, Henri de Gand tient à marquer un écart entre les volontés humaines et divine ; plus précisément, il ne présente pas la volonté humaine comme elle-même infinie, mais use plutôt du vocabulaire et de la conceptualité de l'indétermination.

*Indétermination, volonté et intellection*

Examinons à cet égard l'article 45, question 3, de la *Summa*[3].

En premier lieu, la question de la liberté appelle un examen des différentes formes d'indétermination que l'on rencontre dans les créatures. Dans l'intention d'établir la liberté de la volonté divine, Henri dessine en effet dans ce texte les grands traits d'une cosmologie. On distinguera ainsi les étants mondains selon les degrés de perfection. Quand les étants privés de toute connaissance ont en eux-mêmes un principe les inclinant à un

Et c'est principalement à cause de cette volonté infinie qui est en nous, qu'on peut dire qu'il nous a créés à son image. » Cf. *Méditations*, IV.

1. « Voluntas vero infinita quodammodo dici potest, quia nihil unquam advertimus, quod alicujus alterius voluntatis, vel immensæ illius quæ in Deo est, objectum esse possit, ad quod etiam nostra non se extendat », *Principia Philosophiae*, I, art. 35, t. VIII, p. 18, l. 13-16. Sur cette non-infinité de la volonté cartésienne, *cf.* D. Kambouchner, *Ce que Descartes n'a pas dit*, Paris, Les Belles Lettres, 2015, p. 101 *sq.*

2. Je reprends ici des remarques esquissées dans *La liberté en actes*, *op. cit.*, chap. V.

3. *Opera omnia*, éd. R. Macken *et al.*, Louvain, Leuven University Press, 1979 *sq.*, t. XXIX, p. 110 *sq.*

mouvement sans qu'ils aient prise dessus, ceux qui disposent d'une connaissance se meuvent, quant à eux, eux-mêmes[1]. Différentes façons de penser l'indétermination se rencontrent alors. Dans les étants dotés de la seule sensibilité, l'indétermination initiale de leur mouvement cède la place à une détermination venue de l'objet[2] ; ils ne sont donc pas capables de déterminer leur propre mouvement, ce qui caractérise les étants de nature rationnelle ou intellectuelle, seuls proprement libres[3]. La noétique rend compte de ces différents appétits. Est en effet décisif le rapport de la forme pensée à la matière :

> [...] ipse appetitus immaterialis et abstractus se ipso habet se determinare sua electione. [...] In rationalibus ergo et intellectualibus non determinatur motus ipsi principio motivo ab appetibili apprehenso et diiudicato per rationem, sed omnino habet in sua potestate motum, ut non sit necessarium inclinare secundum determinationem appetibilis apprehensi secundum quod apprehensum est.

L'abstraction à l'égard de la matière déleste l'appétit de toute servitude à l'égard de l'objet connu. Se découvre dès lors un lien étroit entre la liberté et l'indétermination conçue comme capacité d'auto-détermination, capacité de se déterminer, sur fond d'une quête du bien universel, connu d'une manière indéterminée, vers tel bien particulier[4]. Telle apparaît la liberté de l'homme qui suppose, à sa racine, une indétermination ainsi conçue.

L'indétermination que l'on rencontre dans le cas de la liberté humaine ne doit toutefois pas être confondue avec l'infinité dont fait preuve la volonté divine. Si l'homme se distingue en effet des *bruta*, une nouvelle hiérarchie se met en place parmi les étants dotés de liberté. Après avoir affirmé que « Voluntas in hominibus, quia libere et eligibiliter appetit, excedit in gradu quodam appetitum brutum », Henri ne manque en effet pas de marquer que cette liberté de l'homme est toutefois « infime »[5]. Un double dépassement est à l'œuvre, lorsque l'on veut appréhender la liberté de Dieu. D'une part, « Voluntas [...] angelorum eligibiliter et libere appetendo excedit in gradu appetitum hominum »[6]. D'autre part, « Voluntas [...] divina in libere et eligibiliter appetendo excedit super omnem gradum appetitum et voluntatem angelorum »[7]. L'excès, qui permet de passer du

---

1. *Ibid.*, p. 112, l. 54-55.
2. *Ibid.*, p. 112, l. 68-73.
3. *Ibid.*, p. 113, l. 77-83.
4. *Ibid.*, p. 114-115, l. 17-58.
5. *Ibid.*, p. 116, l. 73-74, puis 75.
6. *Ibid.*, p. 117, l. 98-99.
7. *Ibid.*, p. 118, l. 25-26.

degré animal à celui de l'homme, puis de l'homme à l'ange, se fait littéralement outrepassement, au-delà de tout degré, lorsque l'on accède au divin. Un écart infini sépare ainsi Dieu de toute créature : « propterea in infinitum fortior et firmior sit libertas voluntatis in Deo quam in angelis, […] »[1], qui n'est pas sans faire écho au *Quodlibet* II, q. 8 : « […] excedit in simplicitate in infinitum essentia Dei essentiam cuiuslibet creaturae… »[2].

*Un sens positif de l'indétermination ?*

Henri prend donc en considération l'indétermination et l'infinité ; il associe la première à la créature, la seconde à Dieu. Reste qu'un travail sur le concept d'indétermination s'impose, dans le cas de la volonté, pour ne pas l'assigner à une quelconque forme de déficience, travail sur l'indétermination qui n'est assurément pas sans rappeler des problématiques similaires à propos de l'infinité.

Ainsi l'article 47, q. 1, de la *Summa* examine le concept d'indétermination[3] et reconnaît, à l'instar de l'infini négatif, distingué de l'infini privatif, un sens négatif de l'indétermination, distingué d'un sens privatif. On rencontre cette distinction dans l'article 21 de la *Summa* ; l'indéterminé négatif se dit alors du divin :

> quia duplex est indeterminatio, una negativa, altera vero privative dicta. Est enim negativa indeterminatio quando indeterminatum non est natum determinari, ad modum quo Deus dicitur esse infinitus, quia non est natus finiri. Est autem privativa indeterminatio quando indeterminatum natum est determinari, ad modum quo punctus dicitur infinitus cum non est determinatus lineis quibus natus est determinari. Secundum istam autem duplicem indeterminationem oportet intelligere quod concipiendo esse simpliciter et indeterminate quod est Dei, tunc est indeterminatio negativa, quia esse Dei nullo est natum determinari[4].

Ce sens négatif permet, dans l'article 47, d'octroyer à la volonté une portée active. La volonté en effet n'est pas à proprement parler mue par l'objet intelligé, au contraire de l'appétit animal. La volonté est indépendante de l'intellect, aussi la dira-t-on indéterminée en un sens négatif, et non pas seulement privatif : « Ab eo vero quod est indifferens et indeterminatum secundo modo, scilicet negative, bene procedit actio, quia se

---

1. *Opera omnia*, t. XXIX, p. 118, l. 29-30.
2. *Quodlibeta*, II, q. 8, in *Opera omnia*, t. VI, p. 46, l. 53-54.
3. *Opera omnia*, t. XXX, p. 6-7, l. 54-70.
4. Q. 2, 125rP-Q, texte latin et trad. angl. R. Teske, Paris/Louvain/Dudley, Peeters, 2005, p. 56.

ipsum habet determinare libertate propria »[1]. Dans cette optique, la volonté nous permet d'agir, au lieu d'être agi : « Aliter enim in volendo non ageret, sed potius pateretur vel ageretur »[2].

L'indétermination se dit donc privativement, ou négativement[3]. Le sens négatif de l'indétermination permet d'aller au-delà du sens privatif, associé à l'idée d'un certain manque.

Mais n'est-il pas précisément ici remarquable que, justement, Henri ne parle pas d'un sens positif de l'indétermination (concept qu'il applique à la volonté), comme il peut en aller pour l'infinité ou l'illimitation[4] lorsqu'on les applique au divin ?

Pour le Gantois en effet, qui de ce point de vue outrepasse Thomas d'Aquin ou Bonaventure[5], Dieu n'est pas seulement infini en un sens négatif (par opposition à l'infini privatif) ; mais il l'est fondamentalement en un sens positif. L'article 44, question 2, distingue trois sens de l'infini, et fait ainsi émerger l'acception positive de l'infinité conçue comme *protensio*[6] :

> Tertio modo dicitur infinitum, cuius processus semper protenditur, et non habet finem in quo deficit, nec natum est finiri, et iuxta hunc modum, ut credimus, debet Deus dici infinitus. Et est infinitum secundum istum modum vere positivum alicuius in re, etsi secundum rationem et impositionem nominis negationem importat[7].

Henri de Gand est donc parfaitement net à cet égard : « infinitum principaliter significat aliquid positive in Deo »[8], la détermination négative de l'infinité devant être rapportée au défaut de notre intellect.

Or, cette avancée du Gantois, dans l'article 44 de la *Summa*, en direction de la reconnaissance de la positivité de l'infinité ne le conduit pas

1. *Summa*, a 47, q. 1, *Opera omnia*, t. XXX, p. 7-8, l. 83-86

2. *Ibid.*, q. 5, in *Opera omnia*, t. XXX, p. 28.

3. Sur le double sens, privatif et négatif, de l'indétermination, voir également *Summa*, a. 21, q. 2, éd. Teske, p. 56, puis *Summa*, a. 24, q. 7, éd. Teske, p. 246-248 ; voir à ce sujet J. Paulus, *Henri de Gand. Essai sur les tendances de sa métaphysique*, Paris, Vrin, 1938, p. 59, ainsi qu'A. Ashley Davenport, *Measure of a Different Greatness. The Intensive Infinite (1250-1650)*, Leiden/Boston /Cologne, Brill, 1999, p. 98-99.

4. Sur le sens positif de l'illimitation, que l'on peut appliquer à Dieu, conjointement à son infinité, voir *Quodlibeta*, II, q. 9, *Opera omnia*, t. VI, p. 70-71.

5. Henri mentionne ainsi ceux qui attribuent à Dieu l'infinité au sens négatif du terme (*Opera Omnia*, t. XXIX, p. 89, puis p. 90).

6. Voir D. Arbib, « Henri de Gand : la *protensio* et le tournant de l'infini », *Les études philosophiques*, 2009, XLI, 4, p. 477-503, notamment p. 493 *sq*.

7. *Opera omnia*, t. XXIX, p. 89.

8. *Ibid.*, p. 94.

à parler, semblablement, dans l'article 47, de l'indétermination de la volonté humaine comme « positive ».

Tout indique donc qu'Henri de Gand a cherché à maintenir l'écart irréductible de la créature, dotée d'auto-détermination, et de Dieu, infini en un sens positif. Or, sans nul doute, Duns Scot poursuit le geste henricien de reconnaissance de l'auto-détermination de la volonté, jusqu'à voir, semble-t-il, dans l'indétermination ainsi comprise positivement le lieu d'une ressemblance entre l'homme et Dieu.

## DUNS SCOT : L'INDÉTERMINATION COMME EXCÈS

À la suite d'Henri de Gand, Duns Scot s'attache à penser la liberté de la volonté comme auto-détermination.

### La puissance rationnelle et l'indétermination comme auto-détermination

Lisant le livre 9 de la *Métaphysique* d'Aristote, Duns Scot reçoit, avec la distinction aristotélicienne des puissances irrationnelles et rationnelles, une distinction entre des puissances déterminées à un effet, ou ouvertes aux opposés. Associant la puissance rationnelle à la volonté, il peut dès lors se servir de cette distinction pour exhiber l'idée de détermination ou d'absence de détermination imposée.

La question 15 du livre IX des *Questions sur la métaphysique* s'intéresse à la légitimité de cette distinction. Scot s'en sert alors pour penser la différence de la nature et de la volonté :

> Si ergo huius differentiae quaeritur causa, quare scilicet natura est tantum unius (hoc est, cuiuscumque vel quorumcumque sit determinate ex se est illius vel illorum), voluntas autem est oppositorum (id est, ex se indeterminate huius actionis vel oppositae, seu actionis vel non actionis), dici potest quod huius nulla est causa[1].

La volonté est donc *ex se indeterminata*. Mais affirmer une telle puissance indéterminée à l'origine d'un acte est problématique. La difficulté est celle du passage à l'acte :

> Secundo dubitatur circa praedicta quomodo reducetur talis causa ad actum si indeterminata est ex se ad agendum et non agendum. Responsio: est

---

1. *Quaestiones in Metaphysicam*, IV, q. 15, § 24, *Opera Philosophica* [dorénavant cité *OP*], t. IV, Saint-Bonaventure, The Franciscan Institute, 1997, p. 681.

quaedam indeterminatio insufficientiae, sive ex potentialitate et defectu actualitatis, sicut materia non habens formam est indeterminata ad agendum actionem formae; est alia superabundantis sufficientiae, quae est ex illimitatione actualitatis, vel simpliciter vel quodam modo[1].

Il faut donc distinguer deux sens de l'indétermination :

– l'une qui révèle une insuffisance, une déficience ontique, un défaut d'actualité (c'est le sens classique de l'indétermination, celui de l'indétermination de la matière, qui n'est rien sans la forme) ;

– l'autre, qui témoigne d'une surabondance ontique, d'une «illimitation» de l'être-en-acte. Bien loin d'être un défaut, bien loin de désigner ce qui ne se suffit pas à soi-même, cette seconde indétermination se pense par excès.

Duns Scot n'est bien évidemment pas le premier à distinguer ces deux sens de l'indétermination. L'intérêt est dans la manière dont il réinvestit ces deux sens pour penser la liberté de la volonté. Ces deux sens sont en effet la clef pour répondre au problème posé par le passage à l'acte. Le passage à l'acte requiert en effet une détermination ; comment ce qui est indéterminé peut-il passer à l'acte ? La solution consiste à voir dans le deuxième sens de l'indétermination non pas seulement ce qui n'est pas déterminé, mais ce qui peut se déterminer soi-même. L'indétermination de la volonté s'accompagne ainsi d'une capacité (active) d'auto-détermination :

Primo modo indeterminatum non reducitur ad actum nisi prius determinetur ad formam ab alio; secundo modo indeterminatum potest se determinare. Si enim posset hoc si haberet actum limitatum, quanto magis si illimitatum, cum nullo tunc careat quod fuit simpliciter principium agendi ? Alioquin Deus, qui est summe indeterminatus ad quamcumque actionem indeterminatione illimitationis, non posset aliquid agere; quod est falsum[2].

«Ce qui est indéterminé, de la seconde manière, peut se déterminer» ; Duns Scot est ici particulièrement clair : si l'indétermination prise au premier sens requiert une détermination venue d'autre chose pour accéder à l'acte, la même indigence ne se rencontre pas avec l'indétermination prise au second sens.

Avec l'illimitation, qui accompagne l'élucidation de l'indétermination prise en ce second sens, apparaît un nouvel argument, tiré non du fonctionnement de la volonté, mais du concept d'infini, tel qu'il s'applique positi-

---

1. *Ibid.*, § 31, *OP* IV, 683.
2. *Ibid.*, § 32, *OP* IV, 683.

vement à Dieu. L'indétermination de la volonté se pense sur le modèle de l'indétermination de Dieu, présenté comme « souverainement indéterminé ». Dieu, souverainement indéterminé en son être, peut toutefois s'auto-déterminer dans ses actes. La puissance divine infinie constitue le modèle pour rendre compte de la puissance rationnelle qu'est la volonté.

L'indétermination prise au second sens, indétermination qui se pense comme un double pouvoir, se pense en effet comme un ajout par rapport au pouvoir d'un seul acte. Ainsi Duns Scot prend l'exemple du feu, à qui l'on donnerait, outre le pouvoir de chauffer, celui de refroidir, la perfection du froid :

> Exemplum huius, ignis est calefactivus, nec quaeritur extrinsecum a quo determinetur ad agendum. Si tunc, nulla deminutione facta in perfectione daretur sibi perfectio frigoris, quare non ita ex se determinari posset ad calefaciendum ut prius [1] ?

Il faut donc ne pas voir dans l'indétermination de la volonté, qui en fait une puissance des contraires, une quelconque imperfection, mais au contraire une forme d'excellence :

> Indeterminatio autem quae ponitur in voluntate non est materialis, nec imperfectionis in quantum ipsa est activa, sed est excellentis perfectionis et potestative, non alligatae ad determinatum actum [2].

Que la volonté ne soit pas cantonnée à un seul acte déterminé (prédéterminé), voilà qui révèle son excellence.

Ainsi donc, Duns Scot fonde la distinction aristotélicienne des puissances irrationnelles et rationnelles en découvrant l'auto-détermination de la volonté. La dualité caractéristique de la puissance rationnelle se pense en effet comme une indétermination, qui a pour revers une puissance d'auto-détermination, pensée sur le modèle de l'infinité divine. La fondation métaphysique de la volonté (puisque c'est ce que fait Duns Scot en intégrant ce questionnement à ses *Questions sur la Métaphysique*) ne conduit pas seulement Duns Scot à donner une portée pratique au couple métaphysique de la puissance et de l'acte, mais tout autant, et tout aussi fondamentalement, à la penser conjointement au concept (métaphysique) d'infini. La question des liens entre la volonté et l'infini se trouve dès lors relancée. L'indétermination positive de la volonté conduit-elle à la penser comme « infinie » ?

1. *Quaestiones in Metaphysicam*, IV, § 33, *OP* IV, 683.
2. *Ibid.*, § 34, *OP* IV, 683-684.

### Indétermination de la volonté et infinité divine

Un premier constat s'impose : sauf erreur, l'infini ne se trouve jamais qualifier la volonté comme telle. Quand Duns Scot parle de *voluntas infinita*, c'est à propos de Dieu. Tout au plus, la volonté humaine apparaît-elle « ad infinitum », orientée vers l'infini. Scot est très clair à ce sujet : « Haec capacitas animae finita est et tamen est ad infinitum »[1]. Il faut donc distinguer l'*indeterminatio* et l'*illimitatio*, que Duns Scot emploie à propos de la volonté (humaine) et l'*infinitas*, qu'il semble réserver à Dieu. La volonté humaine est une puissance indéterminée et illimitée, mais non point pour autant infinie. Duns Scot pense assurément l'indétermination de la volonté sur le modèle de l'infini positif, l'infini intensif en acte, mais il n'identifie pas les deux.

Bien plutôt, s'il marque une séparation nette entre la nature et la volonté, il reconnaît d'abord une indétermination naturelle.

Précisons : l'indétermination naturelle (sur laquelle Duns Scot met l'accent) n'est pas seulement l'indétermination au premier sens du terme, au sens de la puissance passive, qui indique une défectuosité ontique (l'indétermination de la matière). Cette indétermination se dit aussi des puissances actives naturelles. Duns Scot donne à ce sujet l'exemple du soleil : « Sol est indeterminatus ad producendum vermen et plantem tanquam ad diversa positiva »[2]. Se séparant de ce point de vue de Thomas d'Aquin[3], Scot soutient qu'une certaine indétermination, prise en un sens positif, peut se rencontrer dans une puissance active naturelle. Des puissances actives naturelles, le soleil, ou l'intellect, ne sont pas limitées à un seul effet.

Il y a donc une *indeterminatio illimitata* dans des puissances naturelles. Comment dès lors penser la distinction de la volonté à l'égard de la nature ? Ainsi que Scot l'explicite[4] : le soleil a certes la puissance de produire les opposés, mais cela se fait par la nécessité de la nature. Si l'on approchait de lui quelque chose qui pourrait pâtir selon ces deux actes (la liquéfaction et la coagulation), le soleil effectuerait ces deux actes en même temps. Il ne produit donc pas un opposé plutôt que l'autre. Le soleil ne se détermine donc pas. Ainsi en va-t-il également de l'intellect. Si donc l'agent naturel

---

1. *Lectura*, I, d. 1, p. 1, q. 1, n. 22, *Opera Omnia*, cura et studio commissionis scotisticae, ed. C. Balič, Vatican [désormais cité Vat.], 1950 *sq.*, t. XVI, 68.

2. *Ordinatio* I, d. 28, q. 3, n. 106, Vat. VI, 161.

3. *Summa contra Gentiles*, III, 73, n. 2

4. Voir *Ordinatio* I, d. 2, p. 2, q. 1-4, n. 349-350, Vat. II, 334-335, ou *Lectura* I, d. 2, p. 2, q. 1-4, n. 226, Vat. XVI, 197.

est *illimitatum*, il ne s'agit pas proprement d'une puissance *ad contradictoria*, précisément dans la mesure où son action est nécessaire[1].

Par conséquent, l'indétermination illimitée de la volonté se distingue de l'indétermination illimitée des puissances actives naturelles en ce que cette indétermination s'accompagne d'une capacité de se déterminer à l'un, plutôt qu'à l'autre, des contradictoires.

Cette indétermination de la volonté de l'homme lui est assurément commune avec Dieu, premier agent volontaire. Le rapprochement de l'indétermination de la volonté et de Dieu est clairement effectué dans les *Questions sur la Métaphysique*, livre IX, q. 15. On le retrouve dans les commentaires des *Sentences* :

> Deus non erat indeterminatus ad causandum prima indeterminatione sed secunda, et hoc non ad plura disparata (ad quorum quodlibet est naturaliter determinatus), sicut sol se habet ad multos effectus suos quos potest, sed indeterminatus ad contradictoria, ad quorum utrumlibet poterat ex libertate sua determinari. Ita et voluntas nostra est indeterminata hoc modo, virtualiter, indeterminatione potentiae activae ad utrumque contradictoriorum et ex se potest determinari ad hoc vel illud[2].

Le parallèle entre la volonté humaine et Dieu est ici particulièrement manifeste. Comme Dieu, la volonté de l'homme, indéterminée, peut se déterminer à ceci, ou à cela. La différence entre l'indétermination de Dieu et celle du soleil se retrouve tout autant entre la volonté et le soleil.

On ne peut toutefois pas assimiler cette indétermination positive à une « infinitisation » de la volonté, comme peut le suggérer François Loiret[3]. Certes, Scot s'attache à penser un sens positif de l'indétermination de même qu'il s'attache à penser un sens positif de l'infini. Mais toujours il parle en termes d'indétermination et d'illimitation, plutôt que d'infini pour penser la volonté. C'est notamment le cas dans les commentaires des *Sentences*, II, d. 25, sur la cause du vouloir.

La *Lectura*, souvent considérée comme le premier de ces commentaires, se trouve ainsi proche, à la fois dans la terminologie, et dans la conceptualité mobilisée, du texte du livre IX des *Quaestiones in Metaphysicam* :

---

1. Voir encore *Ordinatio* IV, d. 12, q. 3, [19], *Opera omnia*, editio minor, a cura di G. Lauriola, Alberobello, editrice AGA, 1998-2001, t. III/2, p. 784.

2. *Ordinatio* I, d. 8, p. 2, n. 298, Vat. IV, 324.

3. F. Loiret, *Volonté et infini chez Duns Scot*, Paris, Kimé, 2003.

[...] indeterminatio duplex est. Quaedam est potentiae passivae, et ista indeterminatio est ex carentia actus ; et quod sic est indeterminatum, non potest esse principium actionis. Alia est indeterminatio potentiae activae, quae non est ex carentia formae, sed ex aliqua illimitatione et perfectione formae et actus ad diversos effectus et oppositos [...] et licet indeterminatum primo modo non determinetur ex se, tamen indeterminatum secundo modo ex se potest determinari [...] voluntas quae est libere agens et indeterminata ad opposita et ex actualitate sua libera determinatur a se[1].

Les autres commentaires semblent plus frileux dans leur emploi du terme « illimitation » : ils l'emploient certes, à propos de Dieu, mais aussi à propos de la volonté, en adjoignant toutefois bien souvent l'adverbe « quasi »[2]. Tout se passe donc comme si Duns Scot, sentait bien le danger posé par l'usage d'un concept d'illimitation, en tant qu'il semblerait immiscer l'infini dans la créature.

Peut-être d'ailleurs que la reconnaissance dans la *Lectura* d'une causalité partielle de l'objet[3] permettait d'éviter ce danger. Cette causalité de l'objet se voit justifiée par le refus de l'infinité de la volonté : « aliter enim voluntas esset infinita »[4].

Kristell TREGO
Université Clermont Auvergne –
Institut Universitaire de France

---

1. *Lectura*, II, d. 25, n. 92, Vat. XIX, 260-261.

2. « omnis indifferentia in actibus, potest reduci ad voluntatem, quasi ad causam illimitatam », *Reportata parisiensia*, II, d. 25, q. un., [17], éd. Lauriola, t. II/2, p. 81. Scot n'a pas abandonné le modèle de l'illimitation, mais il semble éviter de trop rapprocher la volonté créée de l'infinité divine. L'*Ordinatio* maintient l'illimitation pour penser l'indétermination divine (*Ordinatio*, I, d. 7, q. 1, n. 21, Vat. IV, 115 ; cf. *Lectura*, I, d. 7, q. un., n. 27, Vat. XVI, 482). Elle intervient encore, à propos de l'intellect, au moment d'ailleurs où il est question du rôle de l'objet (*Ordinatio*, I, d. 3, p. 3, q. 2, [39], n. 545, Vat. III, 325-326) : le soleil apparaît comme illustration d'une puissance active illimitée (voir de même *Lectura*, I, d. 7, q. un., n. 26, Vat. XVI, p. 481-482), notons l'expression employée pour l'intellect : « indeterminatio actualitatis quasi illimitatae ».

3. Voir St. Dumont, « Did Duns *Scotus Change His Mind* on the Will ? », dans J. Aertsen *et al.* (Hrsg.), *Nach der Verurteilung von 1277*, Berlin, W. De Gruyter, 2001, p. 719-794.

4. *Lectura*, II, d. 25, n. 98, Vat. XIX, 263.

# TABLE DES MATIÈRES

Achevé d'imprimer par Corlet Numérique - 14110 Condé-sur-Noireau
N° d'Imprimeur : 143641 - Dépôt légal : décembre 2017 - *Imprimé en France*